Strafprozeßordnung

nebst Einführungsgesetz und Gerichtsverfassungsgesetz

Insbesondere für die Beamten und Behörden des Polizei- und Sicherheitsdienstes

kurz erläutert unter Mitwirkung von

Dr. Bernhard Weiß und Dr. Alfred Unger

Polizeivizepräsident in Berlin — Amtsgerichtsrat in Berlin

von

Dr. Helmuth Lehmann

Landgerichtsdirektor in Berlin

1928

München, Berlin, Leipzig

J. Schweitzer Verlag (Arthur Sellier) München

Printed in Germany
Druck von Dr. F. P. Datterer & Cie., Freising-München.

Vorwort.

Wenn die Verfasser es unternehmen, die zahlreich vorhandenen Ausgaben der Strafprozeßordnung um eine neue zu vermehren, so geschieht dies nicht wahllos. Eine Ausgabe der Strafprozeßordnung, die insbesondere den Zwecken der Behörden und Beamten des Polizei- und Sicherheitsdienstes gewidmet ist, fehlt bisher. Und doch ist sie ein Erfordernis des Rechtslebens. Sie ist auch im jetzigen Zeitpunkte ein Bedürfnis. Der Gang der Strafrechtsreform ist so schleppend geworden, daß, wenn überhaupt neben dem neuen Strafgesetzbuch und dem Strafvollzugsgesetz eine gegenüber der jetzigen wesentlich veränderte Strafprozeßordnung kommt, doch bis zu deren Inkrafttreten günstigenfalls eine ganze Reihe von Jahren verstreichen wird. Während dieser Zeit wird die Strafprozeßordnung in ihrer jetzigen Gestalt anzuwenden sein. Es erschien daher angebracht, mit der Herausgabe des Buches nicht länger zu warten.

Art und Umfang der Erläuterung sind durch seinen Zweck bestimmt. Es will versuchen, den mit der Handhabung der Strafprozeßordnung betrauten Behörden und Beamten des Polizei- und Sicherheitsdienstes ein knapper und doch zuverlässiger Führer zu sein. Zu diesem Zwecke sind Rechtsprechung und Schrifttum eingehendst berücksichtigt Es ist aber davon abgesehen worden, möglichst viele Entscheidungen und Schriften anzuführen. Das führt erfahrungsgemäß für den Gebrauch des täglichen Dienstes zu nichts. Dagegen ist besonderer Wert auf einleuchtende, möglichst der Gerichtspraxis entnommene Beispiele gelegt worden, die durch besondere Schriftart hervorgehoben sind. Daß ein Buch, wie das vorliegende, sich auch möglichst gemeinverständlicher Ausdrucksweise bedienen muß, ergibt sich von selbst. Der sachliche Wert braucht darunter sicherlich nicht zu leiden.

Besonderen Dank meinen Mitarbeitern. Herr Polizeivizepräsident Weiß hat den Zweck des Buches durch Bereitstellung umfangreichen, bisher nirgends veröffentlichten Materials gefördert.

Es ist aber noch mehr, was durch die Mitarbeit des Herrn Dr. Weiß bestätigt wird. Wenn zwei praktische Richter und ein im höheren Polizeidienst stehender Verwaltungsbeamter sich zu gemeinsamer Arbeit verbunden haben, so bringen sie dadurch zum Ausdruck, was ohnehin jedem Verständigen klar ist. Nicht neben oder gar gegeneinander, sondern nur miteinander können Gericht und Polizei das erreichen, was sie erstreben: Die Durchsetzung des Rechts.

Berlin, im September 1928.

Lehmann.

Inhaltsverzeichnis.

Abkürzungen.

Anm.	=	Anmerkungen
Art.	=	Artikel
EGStPO.	=	Einführungsgesetz zur Strafprozeßordnung
GVG.	=	Gerichtsverfassungsgesetz
JGG.	=	Jugendgerichtsgesetz
JMBl.	=	Preußisches Justizministerialblatt
PrLVG.	=	Preußisches Landesverwaltungsgesetz
RGBl.	=	Reichsgesetzblatt
RV.	=	Reichsverfassung
StA.	=	Staatsanwaltschaft
StGB.	=	Strafgesetzbuch
StPO.	=	Strafprozeßordnung

Einführungsgesetz zur Strafprozeßordnung.

Vom 1. Februar 1877.
(RGBl. S. 346.)

§ 1. Die Strafprozeßordnung tritt im ganzen Umfange des Reichs[1] gleichzeitig mit dem Gerichtsverfassungsgesetze in Kraft[2].

1. Jetzt durch den Versailler Friedensvertrag vom 28. Juni 1919 vermindert.

2. StPO. und GVG. sind am 1. Oktober 1879 in Kraft getreten, in Helgoland erst am 1. April 1891.

§ 2 ist gegenstandslos.

§ 3. Die Strafprozeßordnung findet auf alle Strafsachen[1] Anwendung, welche vor die ordentlichen Gerichte[2] gehören.

Insoweit die Gerichtsbarkeit in Strafsachen, für welche[3] besondere Gerichte zugelassen sind, durch die Landesgesetzgebung den ordentlichen Gerichten übertragen wird, kann diese ein abweichendes Verfahren gestatten.

Die Landesgesetze können anordnen, daß Forst- und Feldrügesachen durch die Amtsgerichte in einem besonderen Verfahren, sowie ohne Zuziehung von Schöffen verhandelt und entschieden werden.

1. Zu den Strafsachen gehören nicht die Dienststrafsachen. Häufig besteht ein Zusammenhang zwischen Dienststrafverfahren und Strafsachen, weil viele Straftaten gleichzeitig zum Gegenstande eines Dienststrafverfahrens zu machen sind. Keineswegs stellt aber jedes Dienstvergehen eine Straftat oder jede Straftat ein Dienstvergehen dar.

Beispiel 1: Polizeiwachtmeister Schmidt spielt gewerbsmäßig als Musiker ohne Erlaubnis: Dienstvergehen, aber keine Straftat.

Beispiel 2: Kriminalkommissar Hoffmann fährt in seiner freien Zeit auf dem Rad spazieren und fährt eine Frau an, die sich ein Bein bricht: Straftat der fahrlässigen Körperverletzung, aber kein Dienstvergehen.

Beispiel 3: Der Beamte Weber behält Geld, das ihm zur Ablieferung an die Polizeikasse übergeben ist, für sich: Straftat und Dienstvergehen.

2. Ordentliche Gerichte sind die Amtsgerichte, Landgerichte, Oberlandesgerichte und das Reichsgericht.

Die erstgenannten drei sind Gerichte der Länder, das Reichsgericht ist, wie sein Name sagt, ein Gericht des Reichs. Doch gibt es auch auf Grund von Staatsverträgen zwischen den Ländern gemeinschaftliche Gerichte, wie z. B. das Landgericht in Meiningen, das mit thüringischen und preußischen Richtern besetzt ist, oder das Hanseatische Oberlandesgericht in Hamburg. Daneben gibt es noch Gerichte eines einzelnen Landes, denen Sachen aus anderen Ländern oder Landesteilen zugewiesen sind.

3. Die Vorschriften der StPO. sind nicht ausnahmslos anwendbar bei Strafsachen, die der Zuständigkeit ausländischer Gerichte unterstehen; sie können z. B. nicht auf eine zum Zwecke der Auslieferung vorgenommene Verhaftung angewendet werden.

Beispiel: Die Pariser Polizei ersucht das Polizeipräsidium Berlin drahtlich um Festnahme eines französischen Juwelendiebes. Auf Grund des Festnahmeersuchens wird auf ihn gefahndet und seine Verhaftung glückt. Er kann im Polizeigewahrsam Berlin bis zum Eintreffen des Auslieferungsersuchens zurückgehalten werden, ohne daß die zum Schutz der persönlichen Freiheit gegebenen Vorschriften der StPO. (z. B. §§ 128, 132 StPO.) auf ihn Anwendung finden.

§ 4 jetzt bedeutungslos.

§ 5. Die prozeßrechtlichen Vorschriften der Reichsgesetze werden durch die Strafprozeßordnung nicht berührt.

Wird in den Fällen des § 101 der Seemannsordnung gegen den Bescheid des Seemannsamtes auf gerichtliche Entscheidung angetragen, so finden auf das weitere Verfahren die §§ 455—458 der Strafprozeßordnung[1] entsprechende Anwendung.

1. Jetzt §§ 415—418.

§ 6. Die prozeßrechtlichen Vorschriften der Landesgesetze treten für alle Strafsachen, deren Entscheidung in Gemäßheit des § 3 nach den Vorschriften der Strafprozeßordnung zu erfolgen hat, außer Kraft, insoweit nicht in der Strafprozeßordnung auf sie verwiesen ist.

Unberührt bleiben die landesgesetzlichen Bestimmungen:

1. über die Voraussetzungen, unter welchen gegen Mitglieder einer gesetzgebenden Versammlung während der Dauer einer Sitzungsperiode eine Strafverfolgung eingeleitet oder fortgesetzt werden kann.[1]
2. (Aufgehoben durch § 23 VereinsG. v. 19. 4. 08);
3. über das Verfahren im Verwaltungswege bei Übertretungen, wegen deren die Polizeibehörden zum Erlaß einer Strafverfügung befugt sind, und bei Zuwiderhandlungen gegen die Vorschriften über die Erhebung öffentlicher Abgaben und Ge-

fälle, insoweit nicht die §§ 453, 454, 455 und 459—463 der Strafprozeßordnung abändernde Bestimmungen treffen.

1. Jetzt hat Art. 37 der Reichsverfassung eine einheitliche, erschöpfende Regelung für die Mitglieder des Reichstages und der einzelstaatlichen Landtage getroffen, vgl. a. Vorbem. 5 vor § 94 und 2 d vor § 112.

Art. 37 RV. lautet: „Kein Mitglied des Reichstags oder Landtags kann ohne Genehmigung des Hauses, dem der Abgeordnete angehört, während der Sitzungsperiode [a] wegen einer mit Strafe bedrohten Handlung zur Untersuchung gezogen [b] oder verhaftet [c] werden, es sei denn, daß das Mitglied bei Ausübung der Tat oder spätestens im Laufe des folgenden Tages festgenommen ist.

Die gleiche Genehmigung ist bei jeder anderen Beschränkung der persönlichen Freiheit [d] erforderlich, die die Ausübung des Abgeordnetenberufs beeinträchtigt.

Jedes Strafverfahren gegen ein Mitglied des Reichstags oder eines Landtags und jede Haft oder sonstige Beschränkung seiner persönlichen Freiheit wird auf Verlangen des Hauses, dem der Abgeordnete angehört, für die Dauer der Sitzungsperiode aufgehoben."

a) Sitzungsperiode bedeutet den zwischen Eröffnung und Schließung des Parlaments liegenden Zeitraum einschließlich der Zeit der „Vertagung".

b) „Zur Untersuchung gezogen" bedeutet auch die Einleitung eines polizeilichen Ermittlungsverfahrens. Dagegen ist die Fortführung eines bereits vor Anfang der Sitzungsperiode eingeleiteten Verfahrens durch Artikel 37 nicht verboten.

c) „Verhaftet" bedeutet nicht die zum Zwecke der Strafvollstreckung erfolgende Festnahme (aber hier gilt Abs. 2: Beschränkung der persönlichen Freiheit).

d) „Beschränkung der persönlichen Freiheit" umfaßt auch die Fälle der §§ 51, 70, 95, 134, 230, 231, 236 letzter Satzteil StPO.

Im übrigen s. die Verweisungen oben Abs. 1.

§ 7. Gesetz im Sinne der Strafprozeßordnung und dieses Gesetzes ist jede Rechtsnorm.[1]

1. Der Ausdruck „Rechtsnorm" ist im weitesten Sinne zu verstehen. Er umfaßt nicht bloß die ausdrücklichen Bestimmungen des Gesetzes, sondern alle Grundsätze, die sich aus dem Sinn und Zusammenhang der gesetzlichen Vorschriften ergeben.

§§ 8, 9, 10 enthalten jetzt bedeutungslose Übergangsvorschriften.

§ 11. Die Verfolgung von Beleidigungen und Körperverletzungen findet nur nach den Vorschriften der Strafprozeßordnung statt.

§ 11 Abs. 2 und **§ 12** enthalten jetzt bedeutungslose Übergangsvorschriften.

Strafprozeßordnung.

vom 1. Februar 1877 (RGBl. S. 253 ff.) in der Fassung der Bekanntmachung vom 22. März 1924 (RGBl. I S. 299, 322 ff.), abgeändert durch das Gesetz zur Abänderung der Strafprozeßordnung vom 27. Dezember 1926 (RGBl. I S. 529 ff.).

Erstes Buch:

Allgemeine Bestimmungen.

Erster Abschnitt: Sachliche Zuständigkeit der Gerichte.

§ 1 (1). **Die sachliche Zuständigkeit der Gerichte wird durch das Gesetz über die Gerichtsverfassung[1] bestimmt.[2]**

1. Die wichtigsten Bestimmungen dieses Gesetzes (GVG.) sind S. 185 f. abgedruckt.

2. Zuständigkeit bedeutet die Befugnis des Gerichts zur Erledigung eines bei ihm eingeleiteten Verfahrens. Es ist zu unterscheiden zwischen der örtlichen (§§ 7—21 StPO.) und sachlichen Zuständigkeit (§§ 1—6 StPO. und GVG.).

Durch die im GVG. geregelte sachliche Zuständigkeit ist seit dem 1. April 1924 der Geschäftskreis der einzelnen Strafgerichte dahin bestimmt:

I.

Gerichte der I. Instanz:

1. Das Reichsgericht (5 Richter) entscheidet über die Fälle des Hochverrats, des Landesverrats, des Kriegsverrats gegen das Reich und der Verbrechen gegen die §§ 1, 3 des Gesetzes gegen den Verrat militärischer Geheimnisse vom 3. Juni 1914 (§ 134 GVG.).

2. Die Oberlandesgerichte (5 Richter) entscheiden über die ihnen gemäß § 134 Abs. 2 GVG. überwiesenen Fälle des Landesverrats und des Verrats militärischer Geheimnisse (§ 120 GGV.).

3. Die bei den Landgerichten gebildeten Schwurgerichte (3 Richter und 6 Geschworene) sind für alle Verbrechen (§ 1 Abs. 1 StGB.) zuständig, deren Erledigung durch das GVG. keinem anderen Gerichte zugewiesen ist (§ 80 GVG.).

4. Die Schöffengerichte (1 oder 2 Richter [s. unten] und 2 Schöffen), die bei den Amtsgerichten gebildet werden, haben über die zur Zuständigkeit der Amtsgerichte, d. h. weder vor das Reichsgericht noch die Oberlandesgerichte noch das Schwurgericht gehörigen Strafsachen zu entscheiden, sofern nicht der Amtsrichter allein (s. Nr. 5) entscheidet (§ 28 GVG.). Ob das Schöffengericht außer mit den beiden Schöffen mit einem (sogenanntes kleines Schöffengericht) oder zwei Amtsrichtern (er-

weitertes oder großes Schöffengericht) besetzt ist, hängt vom Antrage der Staatsanwaltschaft (StA.) ab.

5. Der Amtsrichter allein ist zuständig (§§ 25—26 GVG.):

a) für Vergehen, die mit keiner höheren Strafe als 6 Monate Gefängnis bedroht sind,
b) für alle sonstigen Vergehen, wenn es die StA. beantragt,
c) für alle Übertretungen,
d) in Privatklageverfahren,
e) für die Verbrechen des schweren Diebstahls, der Gewerbs- und gewohnheitsmäßigen Hehlerei und bei den nur infolge des Rückfalls zu Verbrechen gewordenen Straftaten (z. B. Rückfalldiebstahl, Rückfallbetrug), wenn die StA. die Verhandlung vor dem Einzelrichter beantragt und der Angeklagte nicht widerspricht.

II.

Berufungsgerichte sind die Strafkammern der Landgerichte:

1. Die große Strafkammer (3 Richter und 2 Schöffen) wenn die Urteile des Schöffengerichts oder des Jugendgerichts angefochten werden (§§ 74, 76 GVG., § 17 JGG.).

2. Die kleine Strafkammer (1 Richter und 2 Schöffen) als Berufungsinstanz für die Urteile des Amtsrichters allein (§§ 74, 76 GVG.).

III.

Revisionsgerichte, die zur Nachprüfung des tatsächlichen Sachverhalts nicht befugt, sondern lediglich auf die Feststellung beschränkt sind, ob das vorher entscheidende Gericht das Gesetz richtig angewendet hat:

1. Das Reichsgericht (5 — früher 7 — Richter) entscheidet über die Revisionen gegen Urteile des Schwurgerichtes und der großen Strafkammer, sofern das Schöffengericht, dessen Urteile von der großen Strafkammer nachgeprüft werden, mit 2 Richtern und 2 Schöffen besetzt war (§ 135 GVG.).

2. Die Oberlandesgerichte (3 Richter) entscheiden über die Revisionen gegen die Urteile der kleinen Strafkammer und der großen Strafkammer, sofern das Schöffengericht nur mit 1 Richter und 2 Schöffen besetzt war. Sie entscheiden ferner über alle sonstigen Revisionen, wenn allein die Verletzung landesrechtlicher Normen gerügt wird. Ferner sind die Oberlandesgerichte Revisionsinstanzen für die auf Freisprechung oder lediglich auf Geldstrafen lautenden Urteile des Amtsrichters in Übertretungssachen, für die unter den vorbezeichneten Voraussetzungen (Freisprechung oder Geldstrafen) die Berufung ausgeschlossen ist (§ 121 GVG.).

§ 2 (2). Zusammenhängende[1] Strafsachen, welche einzeln zur Zuständigkeit von Gerichten verschiedener Ordnung gehören würden, können verbunden bei dem Gericht anhängig gemacht werden, welchem die höhere Zuständigkeit beiwohnt.

Aus Gründen der Zweckmäßigkeit kann durch Beschluß dieses Gerichts die Trennung der verbundenen Strafsachen angeordnet werden.

1. Was unter „zusammenhängenden" Strafsachen im Sinne des § 2 StPO. zu verstehen ist, sagt § 3.

§ 3 (3). Ein Zusammenhang ist vorhanden, wenn eine Person mehrerer strafbarer Handlungen beschuldigt wird, oder wenn bei einer strafbaren Handlung mehrere Personen als Täter, Teilnehmer, Begünstiger oder Hehler beschuldigt werden.[1]

1. *Beispiel: Der reisende Handwerksbursche Müller begeht in München einen Mord, für dessen Aburteilung das Schwurgericht München zuständig ist und in München einen Diebstahl, der vom Amtsrichter allein oder vom Schöffengericht abzuurteilen wäre. Es können nun beide Straftaten der Entscheidung des Schwurgerichts München unterbreitet werden, sofern das zweckmäßig erscheint. Ebenso kann, wenn Müller des Mordes und der Kaschemmenwirt Schulze seiner Begünstigung, für die der Amtsrichter oder das Schöffengericht zuständig ist, beschuldigt wird, gegen Müller und Schulze ein Verfahren vor dem Schwurgericht eingeleitet werden. Die Verfahren können auch dann in München eingeleitet werden, wenn Müller den Diebstahl in Berlin begangen hat, und Schulze in Karlsruhe wohnt.*

Trotzdem die Gerichte als solche Ländergerichte (Anm. 3 zu § 3 EG. StPO.) sind, spielen die Landesgrenzen innerhalb des Deutschen Reiches bei der gerichtlichen Strafverfolgung keine Rolle. Bezüglich der Polizeibeamten s. § 167 GVG. und die Anmerkungen zu diesem.

Über die örtliche Zuständigkeit vgl. übrigens §§ 7—21 und Vorbemerkung dazu, bes. auch § 15.

§ 4 (4). Eine Verbindung[1] zusammenhängender oder eine Trennung verbundener Strafsachen kann auch nach Eröffnung der Untersuchung auf Antrag der Staatsanwaltschaft oder des Angeschuldigten oder von Amts wegen durch gerichtlichen Beschluß angeordnet werden.

Zuständig für den Beschluß ist das Gericht, zu dessen Bezirk die übrigen Gerichte gehören. In Ermangelung eines hiernach zuständigen Gerichts erfolgt die Beschlußfassung durch das gemeinschaftliche obere Gericht.

1. Vgl. Anm. 1 zu § 2.

§ 5 (5). Für die Dauer der Verbindung ist der Straffall, welcher zur Zuständigkeit des Gerichts höherer Ordnung gehört, für das Verfahren maßgebend.[1]

1. z. B. die Vorschriften über die notwendige Verteidigung (§ 140).

§ 6 (6). Das Gericht hat seine sachliche Zuständigkeit in jeder Lage des Verfahrens von Amts wegen zu prüfen.[1 2]

1. Diese Vorschrift wird durch § 269 StPO. insofern eingeschränkt, als in der Hauptverhandlung das Gericht sich nicht für unzuständig erklären darf, weil die Sache vor ein Gericht niederer Ordnung gehört.

2. Die Maßnahmen eines sachlich unzuständigen Gerichts sind nicht wegen dieser Unzuständigkeit ungültig. Dasselbe gilt für die Untersuchungsverhandlungen eines örtlich unzuständigen Gerichts (§ 20 StPO.).

Zweiter Abschnitt: Gerichtsstand.

Vorbemerkung.

§§ 7—21 regeln die örtliche Zuständigkeit. Die StA. kann bei Einleitung des Verfahrens zwischen dem Gerichtsstand des Ortes der Begehung (§ 7) und dem des Wohnsitzes (§ 8) frei wählen. Das Gericht, das die Untersuchung eröffnet hat, hat für die Fortführung des Verfahrens vor den anderen — an sich gleichfalls zuständigen Gerichten — den Vorzug (§ 12).

Als ergänzender Gerichtsstand ist für die Fälle der Begehung im Auslande das Gericht des Ortes der Ergreifung bestimmt (§ 9), sofern der Täter im Inland weder Wohnsitz noch Aufenthaltsort hat. Vgl. die Anm. zu § 9 und die dort gegebenen Beispiele. Weitere Zuständigkeitsvorschriften finden sich in §§ 98 Abs. 2, 100, 125 Abs. 2, 128, 132, 162, 165, 166, 462 Abs. 3 StPO.

S. auch § 167 GVG., der den Sicherheitsbeamten jedes deutschen Landes das Recht gibt, zwecks Verfolgung und Ergreifung eines Flüchtigen die Gebietsgrenze des eigenen Landes zu überschreiten. Vgl. Anm. 1 zu § 3.

§ 7 (7). Der Gerichtsstand ist bei dem Gerichte begründet, in dessen Bezirk die strafbare Handlung begangen ist.[1]

Wird der Tatbestand der strafbaren Handlung durch den Inhalt einer im Inland erschienenen Druckschrift begründet, so ist als das nach Abs. 1 zuständige Gericht nur das Gericht anzusehen, in dessen Bezirk die Druckschrift erschienen ist. Jedoch ist in den Fällen der Beleidigung, sofern die Verfolgung im Wege der Privatklage stattfindet, auch das Gericht, in dessen Bezirk die Druckschrift verbreitet worden ist, zuständig, wenn in diesem Bezirk die beleidigte Person ihren Wohnsitz oder gewöhnlichen Aufenthalt hat.[2]

1. Ort der Begehung ist jeder Ort, an dem der strafbare Tatbestand ganz oder teilweise erfüllt wird.

Beispiel 1: Der Täter schießt dicht an der Grenze der Gemeinde Berlin auf eine Person, die schon auf dem Boden der Gemeinde Potsdam steht. Dann ist sowohl die Gemeinde Berlin wie die Gemeinde Potsdam als Tatort anzusehen.

Beispiel 2: In Dresden wird ein Brief geschrieben und zur Post gegeben, der eine Bedrohung des in Magdeburg wohnenden Empfängers enthält. Tatort: Dresden und Magdeburg.

Beispiel 3: Der Schreiber Franz fälscht in Stuttgart eine Urkunde und läßt sich auf Grund dieser in Königsberg 1000 Mk. auszahlen. Tatort: Stuttgart und Königsberg.

2. Der Abs. 2 des § 7 ist durch Gesetz vom 13. Juni 1902 (RGBl. S. 227) hinzugefügt, um den sogenannten fliegenden Gerichtsstand der Presse zu beseitigen.

§ 8 (8). Der Gerichtsstand ist auch bei dem Gerichte begründet, in dessen Bezirk der Angeschuldigte zur Zeit der Erhebung der Klage seinen Wohnsitz[1] hat.

Hat der Angeschuldigte einen Wohnsitz im Deutschen Reich nicht, so wird der Gerichtsstand auch durch den gewöhnlichen Aufenthaltsort und, wenn ein solcher nicht bekannt ist, durch den letzten Wohnsitz bestimmt.

1. Über Wohnsitz vgl. §§ 7—11 BGB. Als Wohnsitz gilt der Ort, an dem eine Person den Mittelpunkt ihrer Lebensverhältnisse hat. Eine Person kann mehrere Wohnsitze und somit auch mehrere Gerichtsstände nach § 8 StPO. haben.

Beispiel: Ein Großkaufmann hat in Berlin und Dresden Geschäftsunternehmungen und in beiden Orten auch Wohnungen.

§ 9 (9). Wenn die strafbare Handlung im Auslande begangen[1] und ein Gerichtsstand in Gemäßheit des § 8 nicht begründet ist, so ist das Gericht zuständig[2], in dessen Bezirk die Ergreifung erfolgt.[3] Hat eine Ergreifung nicht stattgefunden, so wird das zuständige Gericht vom Reichsgericht bestimmt.

Gleiches gilt, wenn eine strafbare Handlung im Inlande begangen ist, jedoch weder der Gerichtsstand der begangenen Tat noch der Gerichtsstand des Wohnsitzes ermittelt ist.

1. Die Voraussetzungen, unter denen im Auslande begangene Straftaten verfolgt werden, enthalten die §§ 4—6, 8 StGB.

2. § 9 findet keine Anwendung, wenn die Straftat auch nur zum Teil im Inlande begangen ist. Denn dann ist sie eben nicht im Auslande begangen.

Beispiel: Der Angestellte Krause in Schneidemühl schreibt an seinen früheren, in dem jetzt in Polen liegenden Bromberg wohnenden Lehrherrn einen Brief, der den Tatbestand einer versuchten Erpressung darstellt. Die versuchte Erpressung ist (auch) im Inlande begangen. Vgl. Anm. 1 zu § 7.

3. Unter „Ergreifung" ist jede Festnahme durch einen Beamten und, im Falle des § 127 Abs. 1 StPO., auch durch eine Privatperson zu verstehen. Ein Entweichen des Ergriffenen hebt den durch die Festnahme einmal begründeten Gerichtsstand nicht wieder auf.

Beispiel: Ein in der früher deutschen, jetzt polnischen Stadt Bromberg lebender Bromberger, der für Deutschland optiert hat und Deutscher geblieben ist, hat einem deutschen Bauern, der auch Besitz in Neupolen noch hat, dort Vieh gestohlen. Er wird bei Überschreiten der deutschen Grenze im Bezirk des Amtsgerichtes Meseritz ergriffen, entweicht aber wieder. Er wird später bei Marienwerder festgenommen. Meseritz bleibt zuständig.

§ 10 (10). Ist die strafbare Handlung auf einem deutschen Schiffe[1] im Ausland oder in offener See begangen, so ist das Gericht zuständig, in dessen Bezirk der Heimatshafen oder der deutsche Hafen liegt, welchen das Schiff nach der Tat zuerst erreicht.

1. Deutsche Kriegsschiffe sind nach völkerrechtlichen Grundsätzen immer gleichsam schwimmende Gebietsteile des Deutschen Reiches. Sie unterliegen niemals einer fremden Staatshoheit und einem fremden Strafrecht. Für Handelsschiffe gilt das nur insoweit, als sie sich auf offener See befinden. Soweit sie sich in einem fremden Hafen oder in fremden Hoheitsgewässern aufhalten, unterliegen sie grundsätzlich der Staats- und damit der Strafgewalt des fremden Staates. Entsprechendes gilt für fremde Schiffe in deutschen Häfen. Die deutsche Polizei darf niemals auf fremden Kriegsschiffen, wohl aber auf fremden Handelsschiffen in deutschen Häfen Diensthandlungen vornehmen. Vgl. §§ 18 ff. GVG. und Anmerkungen dazu.

§ 11 (11). Deutsche, welche das Recht der Exterritorialität genießen,[1] sowie die im Ausland angestellten Beamten des Reichs oder eines deutschen Landes[2] behalten in Ansehung des Gerichtsstandes den Wohnsitz, welchen sie in dem Heimatstaate hatten. In Ermangelung eines solchen Wohnsitzes gilt die Hauptstadt des Heimatstaats als ihr Wohnsitz; ist die Hauptstadt in mehrere Gerichtsbezirke geteilt, so wird der als Wohnsitz geltende Bezirk von der Landesjustizverwaltung durch allgemeine Anordnung bestimmt. Gehört ein Deutscher keinem deutschen Lande an, so gilt als sein Wohnsitz die Stadt Berlin; ist die Stadt Berlin in mehrere Gerichtsbezirke geteilt, so wird der als Wohnsitz geltende Bezirk von dem Reichsminister der Justiz durch allgemeine Anordnung bestimmt.

Auf Wahlkonsuln[3] finden diese Bestimmungen keine Anwendung.

1. Deutsche, welche das Recht der Exterritorialität genießen, sind teils solche, die im Ausland leben, teils aber auch solche, die sich im Inlande aufhalten. Bezüglich dieser letzteren vgl. § 18 Abs. 2 GVG. Ein bayerisches Reichsratmitglied, das in Berlin lebt, ist der preußischen Gerichtsbarkeit nicht unterworfen. Welche im Ausland lebenden Deutschen das Recht der Exterritorialität genießen, entscheidet das Völkerrecht. Es sind das vor allem die Chefs und Mitglieder der deutschen Gesandtschaften sowie das Gesandtschaftspersonal im Auslande und die Besatzungen der deutschen Kriegsschiffe. Vgl. §§ 18 ff. GVG. und Anm. dazu.

2. Z. B. Zollbeamte, Postbeamte an der Grenze usw. Auch die im Ausland angestellten Beamten der deutschen Reichsbahngesellschaft sind in diesem Sinne den Beamten des Reiches gleichzustellen. Vgl. a. Anm. 3.

3. Im Gegensatz zu Berufskonsuln. Auch Berufskonsuln sind grundsätzlich nicht exterritorial; sie sind aber immer Beamte des Reichs. Ein deutscher Wahlkonsul im Auslande unterliegt der deutschen Gerichtsbarkeit nur unter den in §§ 4 ff. StGB. bestimmten Voraussetzungen. Er kann, wenn er Ausländer ist, von deutschen Behörden also nur wegen Hochverrat, Münzverbrechen oder Amtsvergehen verfolgt werden.

Beispiel: Der deutsche Wahlkonsul Christensen, norwegischer Staatsangehörigkeit, wird von einem in Norwegen lebenden Deutschen während beider Aufenthalte in Berlin wegen eines angeblichen Betruges an dem Deutschen angezeigt. Die Berliner Polizei darf nichts unternehmen, da die angebliche Tat in Deutschland nicht verfolgt werden darf.

§ 12 (12). Unter mehreren nach den Vorschriften der §§ 7 bis 11 zuständigen Gerichten gebührt dem der Vorzug, welches die Untersuchung zuerst eröffnet hat.

Jedoch kann die Untersuchung und Entscheidung einem anderen der zuständigen Gerichte durch das gemeinschaftliche obere Gericht übertragen werden.

§ 13 (13). Für zusammenhängende Strafsachen,[1] welche einzeln nach den Vorschriften der §§ 7 bis 11 zur Zuständigkeit verschiedener Gerichte gehören würden, ist ein Gerichtsstand bei jedem Gerichte begründet, welches für eine der Strafsachen zuständig ist.

Sind mehrere zusammenhängende Strafsachen bei verschiedenen Gerichten anhängig gemacht worden, so können sie sämtlich oder zum Teil durch eine den Anträgen der Staatsanwaltschaft entsprechende Vereinbarung dieser Gerichte bei einem unter ihnen verbunden werden. Kommt eine solche Vereinbarung nicht zustande, so entscheidet, wenn die Staatsanwaltschaft oder ein Angeschuldigter hierauf anträgt, das gemeinschaftliche obere Gericht darüber, ob und bei welchem Gerichte die Verbindung einzutreten habe.

In gleicher Weise kann die Verbindung wieder aufgehoben werden.

1. Vgl. §§ 2, 3.

§ 14 (14). Besteht zwischen mehreren Gerichten Streit über die Zuständigkeit, so bestimmt das gemeinschaftliche obere Gericht das Gericht, welches sich der Untersuchung und Entscheidung zu unterziehen hat.

§ 15 (15). Ist das an sich zuständige Gericht in einem einzelnen Falle an der Ausübung des Richteramts rechtlich[1] oder tatsächlich[2] verhindert, oder ist von der Verhandlung vor diesem Gericht eine Gefährdung der öffentlichen Sicherheit zu besorgen,[3] so hat das zunächst obere Gericht die Untersuchung und Entscheidung dem gleichstehenden Gericht eines anderen Bezirkes zu übertragen.

1. z. B. durch die begründete Ablehnung sämtlicher Richter des Gerichtes.
2. z. B. durch Überschwemmung, schwere Seuchengefahr.
3. z. B. durch Ankündigung von Attentaten auf das Gericht oder einzelne Gerichtspersonen.

§ 16 (16). Der Angeschuldigte muß den Einwand der Unzuständigkeit bis zum Schlusse der Voruntersuchung, falls aber eine solche nicht stattgefunden hat, in der Hauptverhandlung bis zur Verlesung des Beschlusses über die Eröffnung des Hauptverfahrens geltend machen.

§ 17 (17). Durch die Entscheidung, welche die Zuständigkeit für die Voruntersuchung feststellt,[1] wird die Zuständigkeit auch für das Hauptverfahren festgestellt.

1. Hier ist nur die förmliche Voruntersuchung gemeint, deren Voraussetzungen und Verfahren in den §§ 178—197 StPO. geregelt sind. Ein polizeiliches oder staatsanwaltschaftliches Ermittelungsverfahren ist keine Voruntersuchung in diesem Sinne.

§ 18 (18). Nach Eröffnung des Hauptverfahrens darf das Gericht seine Zuständigkeit nur auf Einwand des Angeklagten aussprechen.

§ 19 (19). Haben mehrere Gerichte, von denen eins das zuständige ist, durch Entscheidungen, welche nicht mehr anfechtbar sind, ihre Unzuständigkeit ausgesprochen, so bezeichnet das gemeinschaftliche obere Gericht das zuständige Gericht.

§ 20 (20). Die einzelnen Untersuchungshandlungen eines unzuständigen Gerichts sind nicht schon dieser Unzuständigkeit wegen ungültig.[1]

1. *Beispiel: Das Amtsgericht Landeshut in Schlesien hat eine Beschlagnahme angeordnet, für die das Amtsgericht Landshut in Bayern zuständig war. Die Beschlagnahme bleibt gültig, sofern nicht aus sonstigen Gründen ihre Ungültigkeit herzuleiten ist.*

Der Rechtsgrundsatz des § 20 gilt auch für die Untersuchungshandlungen eines sachlich unzuständigen Gerichts (vgl. Anm. 2 zu § 6).

§ 21 (21). Ein unzuständiges Gericht hat sich den innerhalb seines Bezirkes vorzunehmenden Untersuchungshandlungen zu unterziehen, bei denen Gefahr im Verzug obwaltet.

Dritter Abschnitt:

Ausschließung und Ablehnung der Gerichtspersonen.

Vorbemerkung.

Die §§ 22—32 beziehen sich auf die Fälle, in denen Gerichtspersonen im Einzelfalle ihr Amt nicht ausüben dürfen. Dies kann der Fall sein: 1. wegen bestimmter, im Gesetz aufgeführter Gründe (Ausschließung), oder 2. auf für begründet erachtete Erklärung am Strafverfahren Beteiligter (Ablehnung). Vgl. wegen der Sachverständigen § 74 StPO., wegen der Gerichtsvollzieher § 155 GVG., wegen der Dolmetscher § 191 GVG.

Für die Beamten der StA. und der Polizei fehlen entsprechende gesetzliche Vorschriften. Aber auch ein Staatsanwalt oder Polizeibeamter wird durch Anordnung der vorgesetzten Dienststelle — sei es von Amts wegen, sei es auf Vorstellung der am Ermittlungsverfahren beteiligten Personen hin — von der Betätigung in solchen Fällen zweckmäßig befreit werden, in denen bei einer Gerichtsperson die eine Ausschließung oder Ablehnung begründenden Umstände nach §§ 22 ff. vorliegen. Das Taktgefühl des Beamten selbst erfordert es schon, daß er von sich aus bei einer derartigen Sachlage, z. B. wenn er mit dem Beschuldigten verwandt oder mit dem Verletzten verfeindet ist, seinem Vorgesetzten Mitteilung macht und um Befreiung vom Dienst in dieser Sache bittet. Deshalb dürfte die sinngemäße Anwendung der §§ 22 und 24 StPO. auf Polizeibeamte und Staatsanwälte in der Verwaltungspraxis angebracht erscheinen. Die Durchführung dieser Grundsätze obliegt der dem einzelnen Beamten vorgesetzten Dienststelle.

§ 22 (22). Ein Richter ist von der Ausübung des Richteramts kraft Gesetzes ausgeschlossen:[1] [2]

1. wenn er selbst durch die strafbare Handlung verletzt ist;
2. wenn er Ehegatte oder Vormund der beschuldigten oder der verletzten Person ist oder gewesen ist;[3]
3. wenn er mit dem Beschuldigten oder mit dem Verletzten in gerader Linie verwandt, verschwägert oder durch Annahme an Kindes Statt verbunden, in der Seitenlinie bis zum dritten Grade verwandt oder bis zum zweiten Grade verschwägert ist, auch wenn die Ehe, durch welche die Schwägerschaft begründet ist, nicht mehr besteht;
4. wenn er in der Sache als Beamter der Staatsanwaltschaft, als Polizeibeamter,[4] als Anwalt des Verletzten oder als Verteidiger tätig gewesen ist;

5. wenn er in der Sache als Zeuge oder Sachverständiger vernommen ist.

Nr. 2: G. v. 11. Juli 22 (RGBl. 573).

1. Der kraft Gesetzes ausgeschlossene Richter darf Amtshandlungen selbst bei Gefahr im Verzuge nicht vornehmen. S. aber Anm. 1 zu § 29.

2. Die Mitwirkung eines gemäß § 22 ausgeschlossenen Richters an einem Urteile stellt einen absoluten Revisionsgrund dar (§ 337 Ziff. 2 StPO.).

3. Unter Ziff. 2 fällt nicht der Verlobte des Beschuldigten und Verletzten. Das Verlöbnis bildet aber einen Ablehnungsgrund nach § 24.

4. Die Tätigkeit als Polizeibeamter ist nur dann ein Ausschließungsgrund, wenn der Beamte in dieser Strafsache Ermittlungen angestellt hat, nicht z. B., wenn er nach § 159 StPO. von dem unnatürlichen Tode oder der Auffindung einer unbekannten Leiche der StA. oder dem Amtsrichter Anzeige macht.

§ 23 (23).[1] Ein Richter, welcher bei einer durch ein Rechtsmittel angefochtenen Entscheidung mitgewirkt hat, ist von der Mitwirkung bei der Entscheidung in höherer Instanz kraft Gesetzes ausgeschlossen.

Der Untersuchungsrichter darf in den Sachen, in welchen er die Voruntersuchung geführt hat, nicht Mitglied des erkennenden Gerichts sein, auch nicht bei einer außerhalb der Hauptverhandlung erfolgenden Entscheidung der Strafkammer mitwirken.

1. Der Grundsatz des § 23 läßt sich auf Polizeibeamte und Staatsanwälte nicht etwa sinngemäß anwenden. Im Gegenteil wird gerade die Zuziehung desselben Polizeibeamten und Staatsanwalts in einer Sache, in der z. B. nach Einstellung durch die StA., die Ermittlungen wieder aufgenommen werden, wegen der Vertrautheit des betreffenden Beamten mit den besonderen Verhältnissen durchaus zweckmäßig sein.

§ 24 (24). Ein Richter kann sowohl in den Fällen, in denen er von der Ausübung des Richteramts kraft Gesetzes ausgeschlossen ist, als auch wegen Besorgnis[1] der Befangenheit abgelehnt werden.

Wegen Besorgnis der Befangenheit findet die Ablehnung statt, wenn ein Grund vorliegt, welcher geeignet ist, Mißtrauen gegen die Unparteilichkeit eines Richters zu rechtfertigen.

Das Ablehnungsrecht steht der Staatsanwaltschaft, dem Privatkläger und dem Beschuldigten zu. Den zur Ablehnung Berechtigten sind auf Verlangen die zur Mitwirkung bei der Entscheidung berufenen Gerichtspersonen namhaft zu machen.

1. Eine Ablehnung wegen B e s o r g n i s der Befangenheit ist begründet, wenn die vom Ablehnenden geltend gemachten Tatsachen von seinem Standpunkt aus sich als vernünftige Gründe für die Annahme der Befangenheit des Richters darstellen. Dies wird z. B. der Fall sein, wenn sich der Richter vor der Hauptverhandlung über die Schuld des Angeklagten geäußert und vielleicht gar schon die beabsichtigte Strafe genannt hat, oder wenn der Richter zu dem Angeklagten in einem nahen freundschaftlichen Verhältnis steht. Es braucht nicht etwa tatsächliche Befangenheit vorzuliegen.

§ 25 (25). Die Ablehnung eines Richters wegen Besorgnis der Befangenheit ist in der Hauptverhandlung erster Instanz nur bis zur Verlesung des Beschlusses über die Eröffnung des Hauptverfahrens, in der Hauptverhandlung über die Berufung und die Revision nur bis zum Beginne der Berichterstattung zulässig.[1]

1. Nach der Verlesung des Eröffnungsbeschlusses ist eine Ablehnung auch dann nicht zulässig, wenn der Ablehnungsgrund erst in diesem späteren Zeitpunkte der Verhandlung entstanden ist oder dem Ablehnenden bekannt wird. Z. B. kann der Angeklagte, wenn der Richter sich nach Verlesung des Eröffnungsbeschlusses im Laufe der Beweisaufnahme dahin äußert, daß die Schuld des Angeklagten klar erwiesen sei und er ihm eine ganz gehörige Strafe zuerteilen werde — zweifellos ein Ablehnungsgrund vor der Verlesung des Eröffnungsbeschlusses — auf Grund dieser Tatsache wegen der Überschreitung der im § 25 festgelegten Zeitgrenze die Ablehnung des Richters nicht erreichen.

§ 26 (26). Das Ablehnungsgesuch ist bei dem Gerichte, welchem der Richter angehört, anzubringen; es kann vor der Geschäftsstelle[1] zu Protokoll erklärt werden.

Der Ablehnungsgrund ist glaubhaft zu machen; der Eid ist als Mittel der Glaubhaftmachung ausgeschlossen. Zur Glaubhaftmachung kann auf das Zeugnis des abgelehnten Richters Bezug genommen werden.

Der abgelehnte Richter hat sich über den Ablehnungsgrund dienstlich zu äußern.

1. Vgl. Anm. 1 zu § 153 GVG.

§ 27 (27). Über das Ablehnungsgesuch entscheidet das Gericht, welchem der Abgelehnte angehört.

Wird ein richterliches Mitglied der erkennenden Strafkammer abgelehnt, so entscheidet die Strafkammer in der für Entscheidungen außerhalb der Hauptverhandlung vorgeschriebenen Besetzung. Wird ein richterliches Mitglied des Schwurgerichts abgelehnt, so entscheiden während der Tagung die richterlichen Mitglieder des Schwurgerichts; außerhalb der Tagung entscheidet die Strafkammer.

Wird ein Untersuchungsrichter oder ein Amtsrichter abgelehnt, so entscheidet das Landgericht. Einer Entscheidung bedarf es nicht, wenn der Abgelehnte das Ablehnungsgesuch für begründet hält.

Wird das zur Entscheidung berufene Gericht durch Ausscheiden des abgelehnten Mitglieds beschlußunfähig, so entscheidet das zunächst obere Gericht.

§ 28 (28). Gegen den Beschluß, durch welchen das Ablehnungsgesuch für begründet erklärt wird, findet kein Rechtsmittel, gegen den Beschluß, durch welchen das Gesuch für unbegründet erklärt wird, findet sofortige Beschwerde statt.

Der Beschluß, durch welchen ein gegen einen erkennenden Richter angebrachtes Ablehnungsgesuch für unbegründet erklärt wird, kann nicht für sich allein, sondern nur mit dem Urteil angefochten werden.

§ 29 (29). Ein abgelehnter Richter hat vor Erledigung des Ablehnungsgesuchs nur solche Handlungen vorzunehmen, welche keinen Aufschub gestatten.[1]

1. Im Gegensatz zu dem kraft Gesetzes ausgeschlossenen Richter (vgl. Anm. 1 zu § 22) darf und muß der abgelehnte Richter vor der Entscheidung des Ablehnungsgesuchs, Amtshandlungen vornehmen, wenn Gefahr im Verzuge vorliegt.

§ 30 (30). Das für die Erledigung eines Ablehnungsgesuchs zuständige Gericht hat auch dann zu entscheiden, wenn ein solches Gesuch nicht angebracht ist, ein Richter aber von einem Verhältnis Anzeige macht, welches seine Ablehnung rechtfertigen könnte, oder wenn aus anderer Veranlassung Zweifel darüber entstehen, ob ein Richter kraft Gesetzes ausgeschlossen sei.

§ 31 (31). Die Bestimmungen dieses Abschnitts finden auf Schöffen sowie auf Urkundsbeamte der Geschäftsstelle und andere als Protokollführer zugezogenen Personen entsprechende Anwendung.

Über die Ausschließung oder Ablehnung eines Schöffen entscheidet der Vorsitzende; in der großen Strafkammer entscheiden die richterlichen Mitglieder.

Über die Ausschließung oder Ablehnung eines Urkundbeamten der Geschäftsstelle oder einer anderen als Protokollführer zugezogenen Person[1] entscheidet das Gericht oder der Richter, welchem sie beigegeben sind.

1. Vgl. Anm. 1 zu § 153 GVG.

§ 32 (32). Die Bestimmungen über die Ausschließung und Ablehnung der Schöffen finden auf Geschworene entsprechende Anwendung. Die Entscheidungen treffen die richterlichen Mitglieder des Schwurgerichts.

Vierter Abschnitt:

Gerichtliche Entscheidungen und ihre Bekanntmachung.

§ 33 (33). Die Entscheidungen des Gerichts werden, wenn sie im Laufe einer Hauptverhandlung[1] ergehen, nach Anhörung der Beteiligten, wenn sie außerhalb einer Hauptverhandlung[2] ergehen, nach schriftlicher oder mündlicher Erklärung der Staatsanwaltschaft erlassen.

1. Im Laufe einer Hauptverhandlung:

Beispiel: Der Verteidiger des Angeklagten beantragt die Ladung eines Entlastungszeugen. Nachdem dieser Antrag gestellt ist, muß der Vorsitzende dem Staatsanwalt, dem Verteidiger und dem Angeklagten Gelegenheit geben, sich zu diesem Antrage zu äußern. Dies gilt auch für den Nebenkläger, falls ein solcher beigetreten ist.

2. Außerhalb einer Hauptverhandlung:

Beispiel: Der Angeklagte, der sich in Untersuchungshaft befindet, beantragt nach Eröffnung des Hauptverfahrens die Aufhebung des Haftbefehls. Der Vorsitzende hat die Akten der StA. zur Stellungnahme zu übersenden.

§ 34 (34). Die durch ein Rechtsmittel anfechtbaren Entscheidungen sowie die, durch welche ein Antrag abgelehnt wird, sind mit Gründen zu versehen.[1] [2]

1. Der Zweck dieser Bestimmung ist einmal, daß die Prozeßbeteiligten durch Bekanntgabe der Gründe, die das Gericht zu seiner Entscheidung bestimmt haben, vor dem voreiligen Gebrauch eines Rechtsmittels bewahrt bleiben. Ferner soll diese Vorschrift dem Gericht höherer Instanz die Nachprüfung der Entscheidung erleichtern.

2. Ein Beschluß, der einem gestellten Antrage stattgibt, bedarf keiner Begründung.

§ 35 (35). Entscheidungen, welche in Anwesenheit der davon betroffenen Person ergehen, werden ihr durch Verkündung bekanntgemacht. Auf Verlangen ist ihr eine Abschrift zu erteilen.[1]

Andere Entscheidungen werden durch Zustellung bekanntgemacht.[2]

Dem nicht auf freiem Fuße Befindlichen[3] ist das zugestellte Schriftstück auf Verlangen vorzulesen.

1. Der freigesprochene Angeklagte kann also eine Abschrift des Urteils verlangen, die ihm sogar kostenfrei nach § 467 StPO. erteilt werden muß.

2. Die „Zustellung" (vgl. § 37 StPO. und die Bemerkungen dazu, §§ 166 folg. ZPO.) besteht in der Übergabe einer beglaubigten Abschrift oder einer Ausfertigung des zuzustellenden Schriftstücks.

3. Also z. B. auch die vorübergehend im Polizeigewahrsam befindlichen Personen.

Beispiel: Einem aufgegriffenen Landstreicher wird noch am Tage seiner plötzlichen Festnahme im Polizeigewahrsam die Ladung zur Hauptverhandlung zugestellt. Er kann außer der Übergabe dieses Schriftstücks verlangen, daß der Beamte ihm die Ladung vorliest.

§ 36 (36). Entscheidungen, die einer Zustellung oder Vollstreckung bedürfen, sind der Staatsanwaltschaft zu übergeben, welche das Erforderliche zu veranlassen hat. Auf Entscheidungen, die lediglich den inneren Dienst der Gerichte oder die Ordnung in den Sitzungen betreffen, findet diese Bestimmung keine Anwendung.[1]

Der Untersuchungsrichter und der Amtsrichter können Zustellungen aller Art sowie die Vollstreckung von Beschlüssen und Verfügungen unmittelbar veranlassen.

1. *Beispiel zu Abs. I Satz 2: Ein Angeklagter, der in der Berufungsverhandlung vor der Strafkammer einen Belastungszeugen tätlich angegriffen hat, ist vom Gericht gemäß § 178 GVG. in eine Ordnungsstrafe von 1 Tag Haft genommen. Diese Ordnungsstrafe hat nicht, wie sonst, die StA., sondern der Vorsitzende vollstrecken zu lassen (§ 179 GVG.). In diesem Falle hat die StA. mit der Zustellung des Ordnungsstrafbeschlusses nichts zu tun.*

§ 37 (37). Auf das Verfahren bei Zustellungen finden die Vorschriften der Zivilprozeßordnung über Zustellungen entsprechende Anwendung.[1]

1. Von den die Zustellung behandelnden §§ 166—213 ZPO. kommen für das Strafverfahren folgende in Betracht:

Die §§ 166—168, 170, 171 (nur bezüglich des Privatklägers), 172, 180—188, 190—191, 193—197, 199—212.

§ 38 (38). Die bei dem Strafverfahren beteiligten Personen, denen die Befugnis beigelegt ist, Zeugen und Sachverständige unmittelbar zu laden, haben mit der Zustellung der Ladung den Gerichtsvollzieher zu beauftragen.

1. Nach §§ 195, 220, 386, 397 können der Angeschuldigte in der Voruntersuchung zur Einnahme des richterlichen Augenscheines, der Angeklagte, der Privat- und Nebenkläger sowie der Angeklagte im Privatklageverfahren zur Hauptverhandlung Zeugen und Sachverständige durch den Gerichtsvollzieher laden lassen, wenn der Richter es abgelehnt hat, diese Personen von Amts wegen zu laden.

§ **39** (39). Für das die öffentliche Klage vorbereitende Verfahren, für die Voruntersuchung und für das Verfahren bei der Strafvollstreckung können durch Anordnung der Landesjustizverwaltung einfachere Formen für den Nachweis der Zustellung zugelassen werden.

§ **40** (40). Kann eine Zustellung an einen Beschuldigten, welchem eine Ladung zur Hauptverhandlung noch nicht zugestellt war, nicht in der vorgeschriebenen Weise im Deutschen Reiche bewirkt werden, und erscheint die Befolgung der für Zustellungen im Ausland bestehenden Vorschriften unausführbar oder voraussichtlich erfolglos, so gilt die Zustellung als erfolgt, wenn der Inhalt des zuzustellenden Schriftstücks durch ein deutsches oder ausländisches Blatt bekanntgemacht worden ist und seit dem Erscheinen dieses Blattes zwei Wochen verflossen sind oder wenn das zuzustellende Schriftstück zwei Wochen an der Gerichtstafel des Gerichts erster Instanz angeheftet gewesen ist. Die Auswahl des Blattes steht dem die Zustellung veranlassenden Beamten zu.

War die Ladung zur Hauptverhandlung dem Angeklagten schon vorher zugestellt, so gilt eine weitere Zustellung an ihn, wenn sie nicht in der vorgeschriebenen Weise im Deutschen Reiche bewirkt werden kann, als erfolgt, sobald das zuzustellende Schriftstück zwei Wochen an der Gerichtstafel des Gerichts erster Instanz angeheftet gewesen ist. Von Urteilen und Beschlüssen wird nur der entscheidende Teil angeheftet.

§ **41** (41). Zustellungen an die Staatsanwaltschaft erfolgen durch Vorlegung der Urschrift des zuzustellenden Schriftstücks. Wenn mit der Zustellung der Lauf einer Frist beginnt, so ist der Tag der Vorlegung von der Staatsanwaltschaft auf der Urschrift zu vermerken.

Fünfter Abschnitt:

Fristen und Wiedereinsetzung in den vorigen Stand.

§ **42** (42). Bei der Berechnung einer Frist, welche nach Tagen bestimmt ist, wird der Tag nicht mitgerechnet, auf welchen der Zeitpunkt oder das Ereignis fällt, nach welchem der Anfang der Frist sich richten soll.[1]

1. *Beispiel: Dem Angeklagten wird gemäß § 201 StPO. am Montag vormittag um 11 Uhr die Anklageschrift mit der Aufforderung zugestellt, sich binnen 3 Tagen zu erklären, ob er Beweiserhebung vor der Hauptverhandlung oder eine Voruntersuchung beantragen will. Dieser Aufforderung muß der Angeschuldigte bei sonstiger Verwirkung dieses prozessualen Rechts bis Donnerstag nacht 24 Uhr nachgekommen sein.*

§ 43 (43). Eine Frist, welche nach Wochen oder Monaten bestimmt ist, endigt mit dem Ablauf des Tages der letzten Woche oder des letzten Monats, welcher durch seine Benennung oder Zahl dem Tage entspricht, an welchem die Frist begonnen hat; fehlt dieser Tag in dem letzten Monat, so endigt die Frist mit Ablauf des letzten Tages dieses Monats.

Fällt das Ende einer Frist auf einen Sonntag oder allgemeinen Feiertag, so endigt die Frist mit Ablauf des nächstfolgenden Werktags.

Beispiel: Einem Angeklagten, der Revision gegen das Urteil der Strafkammer eingelegt hat, wird am Sonntag, den 1. Februar, früh, das Berufungsurteil zugestellt. Die Frist zur Begründung der Revision, die nach § 345 StPO. binnen einer Woche nach Zustellung des Urteils zu erfolgen hat, endigt am Montag, den 9. Februar nachts 24 Uhr.

§ 44 (44). Gegen die Versäumung einer Frist kann die Wiedereinsetzung in den vorigen Stand beansprucht werden, wenn der Antragsteller durch Naturereignisse oder andere unabwendbare Zufälle an der Einhaltung der Frist verhindert worden ist. Als unabwendbarer Zufall ist es anzusehen, wenn der Antragsteller von einer Zustellung ohne sein Verschulden keine Kenntnis erlangt hat.[1]

1. *Beispiel: Der Angeklagte ist innerhalb der Revisionsbegründungsfrist so schwer erkrankt, daß er zum Aufsuchen eines Anwalts oder zur Abgabe von Erklärungen auf dem Gericht nicht imstande ist. In diesem Fall ist dem Angeklagten gegen die Versäumung der Revisionsbegründungsfrist Wiedereinsetzung in den vorigen Stand zu gewähren, wenn er binnen einer Woche nach Beendigung der Krankheit das Gesuch um Wiedereinsetzung unter Angabe und Glaubhaftmachung der Versäumungsgründe anbringt und zugleich mit diesem Gesuch die Revisionsbegründung vornimmt (§ 45 StPO.).*

§ 45 (45). Das Gesuch um Wiedereinsetzung in den vorigen Stand muß binnen einer Woche nach Beseitigung des Hindernisses bei dem Gerichte, bei welchem die Frist wahrzunehmen gewesen wäre, unter Angabe und Glaubhaftmachung der Versäumungsgründe angebracht werden.

Mit dem Gesuch ist zugleich die versäumte Handlung selbst nachzuholen.

§ 46 (46). Über das Gesuch entscheidet das Gericht, welches bei rechtzeitig erfolgter Handlung zur Entscheidung in der Sache selbst berufen gewesen wäre.

Die dem Gesuche stattgebende Entscheidung unterliegt keiner Anfechtung.

Gegen die das Gesuch verwerfende Entscheidung findet sofortige Beschwerde statt.

§ 47 (47). Durch das Gesuch um Wiedereinsetzung in den vorigen Stand wird die Vollstreckung einer gerichtlichen Entscheidung nicht gehemmt.

Das Gericht kann jedoch einen Aufschub der Vollstreckung anordnen.

Sechster Abschnitt: Zeugen.

Vorbemerkung.

1. Der Zeuge ist zum Erscheinen (§ 51), zur Aussage (§§ 52—56) und zur Eidesleistung (§§ 57—58) verpflichtet.

2. Zeugen können grundsätzlich auch Kinder und Geisteskranke sein. Eine andere Frage ist es aber, inwieweit den Bekundungen solcher jugendlichen oder geisteskranken Personen Wert beizumessen ist. Hierzu bedarf es eines möglichst genauen Eingehens auf die Seelen- und Gemütsverfassung des Aussagenden. Es wird sich im Vorverfahren bei Vernehmungen, die nach dem Gebahren der vernommenen Person bedenklich erscheinen, empfehlen, diese auffälligen Momente in einer Schlußbemerkung festzuhalten. Bei Kinderaussagen wird stets eine Notiz über die Aufnahmefähigkeit, die Beobachtungsgabe und über die Glaubwürdigkeit erwünscht sein, soweit über diese Umstände bei der Vernehmung etwas erkennbar wird.

Beispiel: Ein Kind wird als Zeuge über einen Raubüberfall vernommen. Als es zu Beginn der Vernehmung im Zusammenhang den Sachverhalt schildert, erzählt es, der Täter habe einen steifen Hut auf dem Kopfe getragen. Als der vernehmende Beamte nach einer halben Stunde die Aussage im Protokoll niederlegt, sagt das Kind, — vielleicht ein für den Sachverhalt nebensächlicher Punkt — der Täter habe eine Schirmmütze in der Hand gehalten. Dieser Widerspruch muß im Protokoll bzw. in einer Nachschrift festgehalten werden, weil er für die Beurteilung der Glaubwürdigkeit und der sonstigen Aufnahmefähigkeit des Kindes hinsichtlich seiner sämtlichen Beobachtungen bedeutsam sein kann.

3. Über die Vernehmung Jugendlicher in Sittlichkeitsverfahren sind in verschiedenen Ländern besondere Verfügungen erlassen wor-

den. Vgl. z. B. für Preußen Allgemeine Verfügung vom 18. Dezember 1920 (JMBl. S. 741), für Bayern Bekanntmachung vom 9. Januar 1923 (Bay. GVBl. 15).

4. Die mehreren Mitbeschuldigten eines Verfahrens kommen als Zeugen auch dann nicht in Frage, wenn der eine nur über die Beteiligung des anderen vernommen werden soll; dies läßt sich nur durch eine Trennung der verbundenen Strafsachen gemäß § 2 Abs. 2, 4 StPO. erreichen.

5. Die Zeugnispflicht besteht auch für Ausländer, sofern sie nicht das Recht der Exterritorialität genießen (s. § 18 GVG. u. Anmerkung dazu, sowie § 11 StPO. u. Anmerkung). In letzterem Falle — also z. B. bei ausländischen Gesandten und Mitgliedern der Gesandtschaft — dürfen diese als Zeugen nicht vorgeladen werden. Dagegen besteht kein Bedenken, sie als Zeugen zu vernehmen, wenn sie sich auf Anfrage hierzu bereit erklären.

§ 48 (48). Die Ladung der Zeugen geschieht unter Hinweis auf die gesetzlichen Folgen des Ausbleibens.[1] [2]

Die Ladung eines Soldaten[3] als Zeugen erfolgt durch Ersuchen der Militärbehörde.

1. Die Ladung erfolgt im allgemeinen schriftlich oder telegraphisch, sie kann aber auch ordnungsmäßig mündlich unter Hinweis auf die gesetzlichen Folgen des Ausbleibens (§ 51 StPO.) geschehen: letzteres ist häufig bei Vertagung der Hauptverhandlung der Fall.

2. Polizeiliche Ladungen erfolgen je nach Bedarf schriftlich oder mündlich. Postkarten wird man zweckmäßig nicht verwenden.

Die Vorladungen werden zweckmäßig so erfolgen, daß dem Vorgeladenen ausreichende Zeit zur Information und zur Benachrichtigung seiner Dienst- oder Arbeitsstelle verbleibt. Vorladungen an Beamte sind, wenn irgend angängig, so abzusenden, daß seitens der vorgeladenen Beamten Benachrichtigung ihrer vorgesetzten Dienststelle zwecks Regelung des Dienstes erfolgen kann.

Es ist aber immer zu prüfen, ob eine Ladung wirklich erforderlich ist. Häufig wird eine Befragung oder sonstige Erkundigung genügen. Im allgemeinen erhalten die Zeugen bei polizeilichen Vernehmungen keine Entschädigung (vgl. Anm. 1 zu § 71). Darauf ist Rücksicht zu nehmen. Häufig wird es z. B. möglich sein, dem Zeugen die Zeit des Erscheinens während der Geschäftsstunden freizustellen. Ein gesetzliches Verbot von Vorladungen auf Sonn- und Feiertage besteht nicht. Doch werden solche nur bei Gefahr im Verzuge oder auf Wunsch der Beteiligten als zweckmäßig zu erachten sein.

3. Nicht auch Heeresbeamte.

§ 49 (—). Der Reichspräsident und der Präsident eines deutschen Landes sind in ihrer Wohnung zu vernehmen.[1] Zur Hauptverhandlung werden sie nicht geladen. Das Protokoll über ihre gerichtliche Vernehmung ist in der Hauptverhandlung zu verlesen.

1. Die Prozeßbeteiligten haben bei solchen Vernehmungen im Gegensatz zu sonstigen, nicht an Gerichtsstelle erfolgenden Vernehmungen im Hauptverfahren (z. B. § 223, 224, 233 StPO.) keinen Anspruch auf Anwesenheit. Vgl. a. § 50 u. Anm. 2 daselbst.

§ 50 (49). Die Mitglieder der Reichsregierung oder einer Landesregierung sind an ihrem Amtssitz[1] oder, wenn sie sich außerhalb ihres Amtssitzes aufhalten, an ihrem Aufenthaltsorte zu vernehmen.

Die Mitglieder des Reichsrats oder des Staatsrats eines deutschen Landes sind während ihres Aufenthalts am Sitze des Reichsrats oder des Staatsrats an diesem Sitze, und die Mitglieder des Reichstags, des Reichswirtschaftsrats oder eines Landtags während der Tagung und ihres Aufenthalts am Orte der Versammlung an diesem Orte zu vernehmen.[2]

Zu einer Abweichung von den vorstehenden Bestimmungen bedarf es:

für die Mitglieder der Reichsregierung der Genehmigung der Reichsregierung,

für die Mitglieder einer Landesregierung der Genehmigung der Landesregierung,

für die Mitglieder des Reichstags, des Reichsrats, des Reichswirtschaftsrats, eines Landtags oder eines Staatsrats der Genehmigung dieser Versammlungen.

1. Die Minister haben nur Anspruch auf Vernehmung am Orte ihres Amtssitzes bezw. ihres Aufenthalts. Im Gegensatz zum Reichs- und Landespräsidenten (§ 49) müssen sie aber an Gerichtsstelle erscheinen und können nicht verlangen, in ihrer Wohnung vernommen zu werden.

2. Die im Abs. 2 bezeichneten Personen sind an den Orten der Versammlung der betreffenden Körperschaft — an Gerichtsstelle, nicht in der Wohnung — zu vernehmen, sofern zur Zeit der Vernehmung die Körperschaft tagt und die Personen sich außerdem zu dieser Zeit an dem Orte der Tagung aufhalten. Sie sind sonst zu behandeln, wie jeder andere Zeuge. Sie haben auch nicht etwa das Recht, sich lediglich schriftlich zu äußern oder Akteneinsicht zu verlangen.

§ 51 (50).[1 2 3 4 5] Ein ordnungsmäßig geladener Zeuge, welcher nicht erscheint, ist in die durch das Ausbleiben verursachten Kosten sowie zu einer Ordnungsstrafe in Geld und für den Fall, daß diese nicht beigetrieben werden kann, zur Strafe der Haft bis zu sechs Wochen zu verurteilen. Auch ist die zwangsweise Vorführung des Zeugen zulässig. Im Falle wiederholten Ausbleibens kann die Strafe noch[6] einmal erkannt werden.[7 8]

Die Verurteilung in Strafe und Kosten unterbleibt, wenn das Ausbleiben des Zeugen genügend entschuldigt ist. Erfolgt nachträglich genügende Entschuldigung, so werden die gegen den Zeugen getroffenen Anordnungen wieder aufgehoben.[9 10]

Die Befugnis zu diesen Maßregeln steht auch dem Untersuchungsrichter, dem Amtsrichter im Vorverfahren sowie dem beauftragten und ersuchten Richter zu.

Angehörige der Reichswehr werden durch die Militärbehörde vorgeführt.

1. Diese Vorschrift bezieht sich nur auf die Pflicht, vor Gericht als Zeuge zu erscheinen. Über die Frage der Verpflichtung des Staatsbürgers vor der StA. und Polizei gegebenenfalls als Zeuge zu erscheinen vgl. §§ 161, 163 nebst Anmerkungen.

2. § 51 behandelt nur die Verletzung der Zeugnispflicht, die in dem Erscheinen vor Gericht besteht. Die weiteren möglichen Verletzungen der dem Zeugen obliegenden Pflicht — unberechtigte Verweigerung der Aussage und der Eidesleistung — werden im § 70 erörtert.

3. Der Zeuge muß sich nötigenfalls auch außerhalb der Gerichtsstelle einfinden.

4. Ausländer sind in demselben Umfange zur Ablegung des Zeugnisses verpflichtet, soweit sie nicht als Mitglieder fremder Gesandtschaften usw. das Recht der sogenannten Exterritorialität genießen, vgl. § 18 GVG. u. Anm.

5. Auch ein Zeuge, der zur Zeugnisverweigerung berechtigt zu sein glaubt, muß der Ladung nachkommen.

Beispiel: Der Bruder des Angeklagten — er ist nach § 52 Ziff. 3 StPO. zur Zeugnisverweigerung berechtigt — wird zur Hauptverhandlung ordnungsmäßig geladen. Er muß erscheinen. Zweckmäßig wird es allerdings in solchen Fällen sein, alsbald nach Empfang der Ladung dem Gericht von dem die Zeugnisverweigerung begründenden Umstand und von der Absicht, die Aussage zu verweigern, Mitteilung zu machen. Wenn gegen die Richtigkeit der tatsächlichen Angaben kein Bedenken besteht, wird der Zeuge vor dem Termin abbestellt werden.

Beispiel: Im Laufe einer Hauptverhandlung wird die Einnahme eines Augenscheins am Tatort erforderlich. Hierbei ist die Vernehmung der Tatzeugen an Ort und Stelle zur Klärung des Sachverhalts unerläßlich. Die Zeugen müssen einer Ladung zum Tatort bei Vermeidung der Bestrafung Folge leisten.

6. Bei Abgeordneten des Reichstages oder eines Landtages während der Sitzungsperiode sind die Bestimmungen des Artikels 37 Abs. 1, 2 der Reichsverfassung zu beachten. Diese Vorschriften finden zwar grundsätzlich auf Ordnungs- und Zwangsstrafen keine Anwendung, so daß die Bestrafung und Vorführung eines Abgeordneten gemäß § 51

StPO. trotz seiner Abgeordneteneigenschaft erfolgen kann. Soweit aber die Bestrafung mit Haft während der Tagung erfolgt, enthält sie regelmäßig eine Beschränkung der persönlichen Freiheit, die die Ausübung der Abgeordnetenberufe beeinträchtigt. Die Vollstreckung einer (Zwangs-) Haftstrafe ist also nicht ohne Genehmigung der parlamentischen Körperschaften zulässig. Die zwangsweise Vorführung ist zulässig, soweit sie nicht geeignet ist, die Ausübung des Abgeordnetenberufes zu beeinträchtigen. Ob dies der Fall sein wird, ist im Einzelfalle sorgfältig zu prüfen.

Über den besonderen Schutz der Parlamentspräsidenten und der Ausschußmitglieder vgl. Art. 40a der Reichsverfassung.

7. Die Ordnungsgeldstrafe beträgt nach Artikel II Absatz 2 der Verordnung vom 6. Februar 1924 (RGBl. 45) 1—1000 *RM*. Ihre Höhe wird in der Praxis nach den Vermögens- und Einkommensverhältnissen des Zeugen unter Berücksichtigung des Grundes seines Nichterscheinens und der in diesen nach den Umständen liegenden gröblichen Mißachtung des Gerichts abgestuft.

8. Der unentschuldigt ausgebliebene Zeuge hat an Kosten insbesondere die durch eine Verlegung des Termins und die erneute Ladung der übrigen Zeugen und Sachverständigen entstehenden Auslagen zu tragen.

9. Die auf Grund der Absätze 1 und 2 ergehenden Beschlüsse sind mit der Beschwerde, die keine aufschiebende Wirkung hat (§ 307), anfechtbar (vgl. §§ 304 Absatz 2, 3).

10. Ein Zeuge, der zur Rechtfertigung seines Nichterscheinens sich mit unwahren Angaben entschuldigt, ist nach § 138 StGB. strafbar.

§ 52 (51). Zur Verweigerung des Zeugnisses[1] sind berechtigt:

1. der Verlobte[2] des Beschuldigten;
2. der Ehegatte des Beschuldigten, auch wenn die Ehe nicht mehr besteht;[3]
3. wer mit dem Beschuldigten in gerader Linie verwandt,[4] verschwägert[4] oder durch Annahme an Kindes Statt verbunden oder in der Seitenlinie bis zum dritten Grade verwandt[5] oder bis zum zweiten Grade verschwägert[6] ist,[7] auch wenn die Ehe, durch welche die Schwägerschaft begründet ist, nicht mehr besteht.

Die bezeichneten Personen sind vor jeder Vernehmung über ihr Recht zur Verweigerung des Zeugnisses zu belehren.[8] Sie können den Verzicht auf dieses Recht auch während der Vernehmung widerrufen.

1. Zur Zeugnisverweigerung ist auch derjenige berechtigt, der nur zu einem von mehreren Mitbeschuldigten in einem der unter Ziffer 1 bis 3 aufgeführten Beziehungen steht.

2. Ein Verlöbnis liegt vor, wenn zwei Personen sich gegenseitig ein ernstliches Eheversprechen gegeben haben, ohne daß für diesen Begriff die Öffentlichkeit des Eheversprechens zu fordern ist. Das Tragen von Ringen ist kein zwingender Beweis für ein Verlöbnis, dessen Bestehen der Richter auf Grund der tatsächlichen Beziehungen der angeblich Verlobten zueinander nach freiem Ermessen zu entscheiden hat. Wenn zwei Leute „miteinander gehen", liegt kein Verlöbnis im Sinne des Gesetzes vor.

3. *Beispiel: Die Eheleute Huber sind seit dem 1. Oktober 1927 rechtskräftig geschieden. Frau Huber kann auch nach dem 2. Oktober 1927 oder an einem beliebigen späteren Tage ihr Zeugnis gegen den Ehemann Huber verweigern. Sie kann dies auch noch tun, nachdem sie Schmitz geheiratet hat.*

Ob die Ehe mit Huber geschieden, angefochten oder für nichtig erklärt ist, bleibt gleichgültig.

4. Der Begriff der Verwandtschaft und Schwägerschaft ist in den §§ 1589, 1590 BGB. bestimmt. Schwägerschaft ist nur das Verhältnis des einen zu den Blutsverwandten des anderen Ehegatten.

Beispiel: Lotte und Klara Müller sind Schwestern. Lotte ist mit Krause, Klara ist mit Schulze verheiratet. Verschwägert im Sinne des Gesetzes sind nur Lotte mit Schulze und Klara mit Krause. Dagegen sind gesetzlich nicht verschwägert Schulze und Krause. Nach dem Sprachgebrauch und der Volksgewohnheit fühlen sie sich selbstverständlich als Schwäger.

5. Verwandte in gerader Linie sind Eltern, Großeltern, Urgroßeltern usw., Kinder, Enkel, Urenkel usw.

6. Verschwägerte in gerader Linie sind Schwiegereltern, Schwiegerkinder, Stiefeltern, Stiefkinder usw.

7. Der Grad der Seitenlinie wird nach der Zahl der die Verwandtschaft bezw. Schwägerschaft vermittelnden Geburten berechnet. Zu beachten ist dabei, daß nach einem falschen Sprachgebrauch Halbgeschwister häufig als Stiefgeschwister bezeichnet werden. Halbgeschwister sind selbstverständlich blutsverwandt, Stiefgeschwister verschwägert.

Beispiel: Verwandt im dritten Grade der Seitenlinie sind Onkel und Neffe, verschwägert im zweiten Grade der Seitenlinie ist ein Bruder mit der Ehefrau des anderen Bruders.

8. Dies gilt auch für die Vernehmungen vor der Polizei.

§ 53 (52). Zur Verweigerung des Zeugnisses sind ferner berechtigt:

1. Geistliche über das, was ihnen bei Ausübung der Seelsorge anvertraut ist;
2. Verteidiger [1] des Beschuldigten über das, was ihnen in dieser ihrer Eigenschaft anvertraut ist; [2]
3. Rechtsanwälte und Ärzte über das, was ihnen bei Ausübung ihres Berufes anvertraut ist; [2]
4. Redakteure, Verleger und Drucker einer periodischen Druckschrift, sowie die bei der technischen Herstellung der Druckschrift beschäftigten Personen über die Person des Verfassers oder Einsenders einer Veröffentlichung strafbaren Inhalts,

wenn ein Redakteur der Druckschrift als Täter bestraft ist oder seiner Bestrafung kein rechtliches Hindernis entgegensteht.[3 4]

Die unter Nr. 2, 3 bezeichneten Personen dürfen das Zeugnis nicht verweigern, wenn sie von der Verpflichtung zur Verschwiegenheit entbunden sind.[5]

1. Ziffer 2 bezieht sich auch auf die Verteidiger, die nicht Rechtsanwälte sind. Über die Fähigkeit, als Verteidiger vor Gericht aufzutreten, vgl. §§ 138, 139, 144 StPO.

Der jetzige oder frühere Verteidiger ist nicht nur hinsichtlich der Tatsachen zur Zeugnisverweigerung berechtigt, die ihm von der gerade zur Zeit beschuldigten Person anvertraut sind. Er kann vielmehr über alle ihm jemals in seiner Eigenschaft als Verteidiger von irgend einer Person anvertrauten Angelegenheiten die Aussage verweigern.

2. Die Frage, ob die Nichtverweigerung des Zeugnisses für die unter Ziffer 2 und 3 bezeichneten Personen eine Strafbarkeit wegen unbefugter Offenbarung von Privatgeheimnissen nach § 300 StGB. begründet, ist bestritten, aber nach richtiger Ansicht zu verneinen.

3. Ziffer 4 ist erst durch Gesetz vom 27. Dezember 1926 — in Kraft seit 13. Juni 1927 — eingefügt. (Reichsgesetzblatt 26, 529.)

4. Abgeordnete sind zur Verweigerung des Zeugnisses berechtigt, jedoch nur über Personen, die ihnen in ihrer Eigenschaft als Abgeordnete Tatsachen anvertrauen, oder denen sie in Ausübung ihres Abgeordnetenberufes solche anvertraut haben. Dies gilt auch für die Tatsachen selbst. Art. 38 der Reichsverfassung. Ein weitergehendes Zeugnisverweigerungsrecht haben die Mitglieder des Reichstags und des Landtags nicht.

5. Die Entbindung von der Schweigepflicht kann wirksam widerrufen werden.

§ **54** (53). Öffentliche Beamte, auch wenn sie nicht mehr im Dienste sind, dürfen über Umstände, auf welche sich ihre Pflicht zur Amtsverschwiegenheit[1] bezieht, als Zeugen nur mit Genehmigung[2] ihrer vorgesetzten Dienstbehörde[3] oder der ihnen zuletzt vorgesetzt gewesenen Dienstbehörde vernommen werden.[4] Für die Mitglieder der Reichsregierung bedarf es der Genehmigung der Reichsregierung, für die Mitglieder einer Landesregierung der Genehmigung der Landesregierung.

Die Genehmigung darf nur versagt werden, wenn die Ablegung des Zeugnisses dem Wohle des Reichs oder eines deutschen Landes Nachteil bereiten würde.

Der Reichspräsident und der Präsident eines deutschen Landes können unter der Voraussetzung des Abs. 2 das Zeugnis verweigern. Dies gilt auch für einen früheren Präsidenten, soweit es sich um Tatsachen handelt, die sich während seiner Amtsführung ereignet haben, oder die ihm infolge seiner Amtsführung bekanntgeworden sind.

1. Die Polizeibeamten werden jede ihnen zugestellte Zeugenladung daraufhin zu prüfen haben, ob deren Anlaß oder der ihnen etwa bekannt gewordene Beweisgegenstand auf die Erörterung von Angelegenheiten schließen läßt, die dem Amtsgeheimnis unterworfen sind. Wenn letzteres zutrifft, so wird die Ladung zur dienstlichen Vorlage zu bringen sein. In zweifelhaften Fällen, in denen der Beamte nicht weiß, ob ein dienstliches Interesse durch seine Aussage berührt wird, wird er tunlichst Rückfrage beim Gericht über das Beweisthema halten. Über Erscheinungspflicht vgl. Anm. 1 zu § 220.

2. Da für den Richter eine gesetzliche Verpflichtung, den Beamten an das Recht etwaiger Zeugnisverweigerung zu erinnern, nicht besteht, so hat der Beamte seinerseits, wenn bei der Zeugenvernehmung dienstliche Angelegenheiten berührt werden, zunächst selbst zu ermessen, ob und inwieweit ihm die Pflicht der Amtsverschwiegenheit die Aussage verbietet. Gegebenenfalls hat er die Verpflichtung, sein Zeugnis bis zur Erteilung einer ausdrücklichen Genehmigung auszusetzen.

3. Zur Entscheidung darüber, ob durch die Vernehmung eine Pflicht zur Amtsverschwiegenheit verletzt wird, ist in Zweifelsfällen die vorgesetzte Dienststelle zuständig. Wenn der Beamte bei seiner Vernehmung eine solche mögliche Verletzung geltend macht, so muß das Gericht die Entscheidung der vorgesetzten Dienststelle einholen. Gegen die Verweigerung der Genehmigung ist nur eine Beschwerde bei der übergeordneten Dienststelle möglich. Dies gilt z. B. auch für die Frage der Namhaftmachung von Vertrauensleuten.

4. Die Einholung der Genehmigung hat grundsätzlich durch das Gericht zu erfolgen. Doch wird es sich empfehlen, daß der zu einem Termin vorgeladene Beamte sich auch selbst um die Erteilung der Aussagegenehmigung bemüht und diese zum Termin schriftlich mitbringt. Liegt die Genehmigung nicht vor, darf er nicht vernommen werden.

§ 55 (54). Jeder Zeuge kann die Auskunft auf solche Fragen verweigern, deren Beantwortung ihm selbst oder einem der im § 52 Nr. 1 bis 3 bezeichneten Angehörigen die Gefahr strafgerichtlicher Verfolgung[1] zuziehen würde.

1. Die Gefahr einer Verfolgung nur im Wege des Dienststrafverfahrens berechtigt nicht zur Aussageverweigerung.

Beispiel: Der Polizeiwachtmeister Müller wird als Zeuge über einen von dem Angeklagten angeblich geleisteten Widerstand gegen die Staatsgewalt in der Hauptverhandlung vernommen. Auf die Frage des Verteidigers, ob er, Müller, zur Zeit der Amtshandlung betrunken gewesen sei, darf er die Antwort nicht verweigern, obwohl Trunkenheit im Dienst sich bei Zivilbeamten als Dienstvergehen darstellt. Bei Militärpersonen ist übrigens Trunkenheit im Dienst strafbar, § 151 MStGB.

§ 56 (55). Die Tatsache, auf welche der Zeuge die Verweigerung des Zeugnisses in den Fällen der §§ 52, 53, 55 stützt, ist auf Verlangen glaubhaft zu machen.[1] Es genügt die eidliche Versicherung des Zeugen.[2]

1. Ob das Gericht schon die bloße Erklärung des Zeugen zur Begründung der Zeugnisverweigerung für ausreichend erachtet, ist seinem Ermessen überlassen.

2. Eidliche Versicherung des Zeugen bedeutet nicht eidesstattliche Versicherung, sondern die Leistung eines Eides.

§ 57 (56).[1] Unbeeidigt[2] sind zu vernehmen:

1. Personen, welche zur Zeit der Vernehmung das sechzehnte Lebensjahr noch nicht vollendet oder wegen mangelnder Verstandesreife oder wegen Verstandesschwäche von dem Wesen und der Bedeutung des Eides keine genügende Vorstellung haben;
2.[3] Personen, welche nach den Bestimmungen der Strafgesetze unfähig sind, als Zeugen eidlich vernommen zu werden;
3.[4] Personen, welche wegen der den Gegenstand der Untersuchung bildenden Tat als Teilnehmer, Begünstiger[5] oder Hehler verdächtig[6] oder bereits verurteilt sind.

1. Sofern keiner der in den §§ 57, 58 aufgeführten Gründe vorliegt, muß jeder Zeuge beeidigt werden.

2. Der Grund der Nichtbeeidigung muß im Protokoll ausdrücklich festgestellt werden.

3. Ziffer 2 bezieht sich auf den Fall, daß einer wegen Meineides verurteilten Person, wie es § 161 StGB. zwingend vorschreibt, die Fähigkeit abgesprochen ist, als Zeuge eidlich vernommen zu werden.

4. Ziffer 3 liegt nur vor, wenn der Zeuge hinsichtlich der den Gegenstand des Verfahrens bildenden Tat als Teilnehmer — Mittäter, Anstifter, Gehilfe — Begünstiger oder Hehler verdächtig oder bereits verurteilt ist. Der Umstand, daß der Zeuge selbst eine strafbare Handlung begangen hat, ist auf die Frage der Notwendigkeit seiner Beeidigung ohne Einfluß, wenn er nicht etwa durch die Tat der Beteiligung an der dem Beschuldigten zur Last gelegten Straftat verdächtig erscheint.

Beispiel: Hoffmann ist angeklagt, weil er dem Meier gedroht hat, ihn wegen eines — von Meier tatsächlich begangenen — Diebstahls anzuzeigen, falls Meier ihm nicht 100 Mk. von der Beute abgibt. In dem gegen Hoffmann eingeleiteten Strafverfahren wegen versuchter Erpressung muß Meier als Zeuge eidlich vernommen werden. Er kann allerdings auf die Frage, ob er den Diebstahl begangen hat, nach § 55 die Aussage verweigern.

5. Ein Fall der Begünstigung im Sinne der Ziffer 3 (vgl. § 257 StGB.) liegt nur vor, wenn die dem Beschuldigten geleistete Hilfe zeitlich vor der Vernehmung des Zeugen liegt. Ein Grund zur Nichtbeeidigung liegt nicht vor, wenn der Zeuge gerade erst durch seine Aussage dem Beschuldigten helfen will.

6. Zur Nichtbeeidigung genügt auch ein entfernter Verdacht, dessen Vorhandensein das Gericht nach seinem freien Ermessen aus der Gesamtheit der vorliegenden Tatsachen feststellen kann. Auch ein in derselben Strafsache (durch ein früheres Urteil) Freigesprochener kann in einem gegen einen anderen Beschuldigten anhängig gemachten Verfahren trotzdem noch verdächtig erscheinen. Er muß in diesem Fall unbeeidigt bleiben.

§ 58 (57). Stehen Personen zu dem Beschuldigten in einem Verhältnis, welches sie nach § 52 zur Verweigerung des Zeugnisses berechtigt, so hängt es von dem richterlichen Ermessen[1] ab, ob sie unbeeidigt zu vernehmen oder zu beeidigen sind.

Sie können auch nach der Vernehmung die Beeidigung des Zeugnisses verweigern und sind über dieses Recht zu belehren.

1. Über die Frage der Beeidigung oder Nichtbeeidigung von Angehörigen des Beschuldigten befindet in der Hauptverhandlung zunächst der Vorsitzende. Seine Entscheidung kann aber durch Gerichtsbeschluß abgeändert werden.

§ 59 (58). Jeder Zeuge ist einzeln und in Abwesenheit der später abzuhörenden Zeugen zu vernehmen.[1]

Eine Gegenüberstellung mit anderen Zeugen oder mit dem Beschuldigten findet im Vorverfahren nur dann statt, wenn sie ohne Nachteil für die Sache nicht bis zur Hauptverhandlung ausgesetzt bleiben kann.[2] [3]

1. Die Bestimmung, daß die Zeugen einzeln und in Abwesenheit der später abzuhörenden Zeugen zu vernehmen sind, findet auch auf das polizeiliche Ermittlungsverfahren Anwendung. Die Gegenüberstellung von Zeugen untereinander oder von Zeugen mit dem Beschuldigten wird sich bei den Vorermittlungen der Polizei zur Klärung des Sachverhaltes, insbesondere zur Wiedererkennung von Personen und zur Beseitigung von unlösbaren Widersprüchen sehr häufig als notwendig erweisen. Vgl. auch die Bestimmung des § 163 StPO., nach der die Beamten des Polizei- und Sicherheitsdienstes alle keinen Aufschub gestattenden Anordnungen zu treffen haben, um die Verdunkelung der Sache zu verhüten.

2. Auf die Gegenüberstellung mehrerer Beschuldigter, die jederzeit angeordnet werden kann, bezieht sich § 59 überhaupt nicht.

3. Die Behörde, welche die Gegenüberstellung vornimmt, kann auch, und zwar Zeugen gegenüber mit Mitteln des Zeugniszwanges (§ 51 StPO.), die Kleidung bestimmen, sofern dies nicht eine unbillige Beschwerung des Zeugen bedeutet.

Beispiel: In einem gegen den Wilderer Müller wegen Mordes eingeleiteten Verfahren behauptet der Beschuldigte, am Tage der Tat sich überhaupt in einem anderen Orte befunden zu haben. Der Volksschüler Krause glaubt, Müller mit dem reisenden Handwerksburschen Schmidt nachmittags um 5 Uhr auf der Landstraße gesehen zu haben.

Um die genaue Wiedererkennung des Schmidt durch Krause zu ermöglichen, ist dem Schmidt aufzugeben, zum Vernehmungstermin vor der Polizei oder auch in der Hauptverhandlung in derselben Kleidung zu erscheinen, die er an dem fraglichen Tage getragen hat.

§ 60 (59). Vor der Leistung des Eides hat der Richter den Zeugen in angemessener Weise auf die Bedeutung des Eides hinzuweisen.[1]

1. Eine Verletzung dieser Vorschrift ist auf die Wirksamkeit des Eides und auf den Bestand des Urteils ohne Einfluß. Eine Belehrung des Zeugen wird auch zweckmäßig darüber zu erfolgen haben, daß er an Stelle der im § 63 StPO. vorgeschriebenen Form den Eid unter Weglassung der religiösen Eidesformel leisten darf (Artikel 136 Abs. 4, 177 Reichsverfassung).

§ 61 (60). Jeder Zeuge ist einzeln und vor seiner Vernehmung zu beeidigen. Die Beeidigung kann jedoch aus besonderen Gründen, namentlich wenn Bedenken gegen ihre Zulässigkeit obwalten, bis nach Abschluß der Vernehmung ausgesetzt werden.[1]

1. Bei Zeugen, die nach dem Inhalt der Akten oder nach ihrem Auftreten der Mittäterschaft, Beihilfe oder Begünstigung verdächtig erscheinen, wird sich die vorläufige Aussetzung der Beeidigung, zunächst bis zum Schluß der Vernehmung, empfehlen.

Über den Zeitpunkt der Beeidigung, die grundsätzlich vor der Vernehmung erfolgen soll, entscheidet zunächst der Vorsitzende; jedoch kann jeder Prozeßbeteiligte eine Abänderung dieser Entscheidung durch Herbeiführung eines Gerichtsbeschlusses versuchen.

§ 62 (61). Der vor der Vernehmung zu leistende Eid[1] lautet:

daß Zeuge nach bestem Wissen die reine Wahrheit sagen, nichts verschweigen[2] und nichts hinzusetzen werde;

der nach der Vernehmung zu leistende Eid lautet:

daß Zeuge nach bestem Wissen die reine Wahrheit gesagt, nichts verschwiegen[2] und nichts hinzugesetzt habe.

1. Die höchstrichterliche Rechtsprechung zu den Eidesverbrechen (§§ 153 ff. StGB.) ist sehr streng. Der Eid bezieht sich auch auf die Fragen zur Person (Name, Alter, Beruf, Wohnort, verwandtschaftliche Beziehungen zum Beschuldigten).

2. Ein Verschweigen liegt vor, wenn der Zeuge über eine mit dem Gegenstand seiner Vernehmung im Zusammenhang stehende erhebliche Tatsache nichts mitteilt. Der Zeuge muß auch über die nebensächlichsten Punkte, die nach seiner Meinung mit der Strafsache nichts zu tun haben, die volle Wahrheit sagen.

§ 63 (62). Der Eid beginnt mit den Worten:

„Ich schwöre bei Gott dem Allmächtigen und Allwissenden" und schließt mit den Worten:

„So wahr mir Gott helfe."[1]

1. ist durch Artikel 136 Abs. 4, 177 Reichsverfassung insofern geändert, als der Zeuge jetzt die Wahl hat, den Eid entweder in der religiösen Form des § 63 StPO. oder in der weltlichen Form — unter Weglassung der Anrufung Gottes — mit den Worten: „Ich schwöre, daß . . ." usw. zu leisten. Über die Belehrungspflicht des Vorsitzenden vgl. Anm. 1 zu § 60.

§ 64 (63). Der Eid wird mittels Nachsprechens oder Ablesens der die Eidesnorm enthaltenen Eidesformel geleistet.[1] Der Schwörende soll bei der Eidesleistung die rechte Hand erheben.

Stumme, welche schreiben können, leisten den Eid mittels Abschreibens und Unterschreibens der die Eidesnorm enthaltenden Eidesformel.

Stumme, welche nicht schreiben können, leisten den Eid mit Hilfe eines Dolmetschers durch Zeichen.

1. Beamte haben denselben Eid wie Privatpersonen zu leisten. Die Berufung auf den Diensteid genügt nicht.

§ 65 (64). Der Eidesleistung wird gleichgeachtet, wenn ein Mitglied einer Religionsgesellschaft, welcher das Gesetz den Gebrauch gewisser Beteuerungsformeln an Stelle des Eides gestattet, eine Erklärung unter der Beteuerungsformel dieser Religionsgesellschaft abgibt.[1]

1. Z. B. bestehen in Preußen Vorschriften, durch die Mennoniten und Philipponen von der Leistung eines körperlichen Eides befreit sind (Preuß. Gesetzessammlung 1827 S. 28).

§ 66 (65). Die Beeidigung der Zeugen erfolgt, vorbehaltlich der Bestimmungen des § 223, in der Hauptverhandlung.

Sie kann schon in der Voruntersuchung erfolgen, wenn voraussichtlich der Zeuge am Erscheinen in der Hauptverhandlung verhindert oder sein Erscheinen wegen großer Entfernung besonders erschwert sein wird, oder wenn die Beeidigung als Mittel zur Herbeiführung einer wahrheitsgemäßen Aussage erforderlich erscheint.

In dem vorbereitenden Verfahren[2] ist die Beeidigung nur zulässig, wenn Gefahr im Verzug obwaltet, oder wenn die Beeidigung als Mittel zur Herbeiführung einer wahrheitsgemäßen

Aussage über eine Tatsache, von der die Erhebung der öffentlichen Klage abhängig ist, erforderlich erscheint.[3]

Erfolgt die Beeidigung im Vorverfahren, so ist der Grund in dem Protokoll anzugeben.

1. Unter welchen Voraussetzungen eine Voruntersuchung stattfindet, sagt § 178 StPO.

2. Die Beeidigung auch im Vorverfahren kann nur durch den Richter erfolgen. Polizei und Staatsanwaltschaft sind nie zu einer Beeidigung befugt.

3. Zu Absatz 3. *Beispiele: a) Wenn der Zeuge lebensgefährlich erkrankt ist, liegt Gefahr im Verzuge vor. Der Zeuge ist durch das zuständige Gericht zu vernehmen und zu beeidigen. Im Falle seines Todes kann seine Aussage in der Hauptverhandlung nach § 251 StPO. verlesen werden.*

b) In einem Diebstahlsverfahren gegen Krause gewinnt der Kriminalassistent Wach bei der polizeilichen Vernehmung des Zeugen Müller den Eindruck, daß Müller aus Angst vor der Rache des Krause mit belastenden Angaben zurückhält. Wach wird über seine Beobachtung zweckmäßig einen Vermerk am Schlusse des Protokolls aufnehmen. Nach Eingang der Akten bei der StA. wird diese beim Amtsgericht die eidliche Vernehmung des Müller gemäß § 66 Absatz 3 StPO. beantragen. Der Richter — nicht die StA. — hat dann nach dem Verlaufe der Vernehmung des Müller darüber zu entscheiden, ob die Voraussetzungen des § 66 vorliegen. Er muß prüfen, ob die Beeidigung als Mittel zur Herbeiführung einer wahrheitsgemäßen Aussage erforderlich erscheint und ob die Vernehmung des Zeugen Tatsachen betrifft, von denen die Erhebung der öffentlichen Klage abhängig ist. Ist der Richter der Überzeugung, daß Müller von dem Diebstahl überhaupt nichts weiß, so wird er ihn unbeeidigt lassen.

§ 67 (66). Wird der Zeuge, nachdem er eidlich vernommen worden ist, in demselben Vorverfahren oder in demselben Hauptverfahren nochmals vernommen, so kann der Richter statt der nochmaligen Beeidigung den Zeugen die Richtigkeit seiner Aussage unter Berufung auf den früher geleisteten Eid versichern lassen.

§ 68 (67). Die Vernehmung beginnt damit, daß der Zeuge über Vornamen und Zunamen, Alter, Stand oder Gewerbe und Wohnort[1] befragt wird.[2] Erforderlichenfalls sind dem Zeugen Fragen über solche Umstände, welche seine Glaubwürdigkeit in der vorliegenden Sache betreffen, insbesondere über seine Beziehungen zu dem Beschuldigten oder dem Verletzten, vorzulegen.[3 4]

1. Dem Zeugen ist zum Bewußtsein zu bringen, daß der Eid sich auch auf diese Fragen bezieht.

2. Nach seinem religiösen Bekenntnis darf der Zeuge nach Artikel 136 Abs. 3 Reichsverfassung jetzt ohne besonderen Grund nicht mehr gefragt werden. Dies schließt aber nicht aus, trotzdem eine solche Frage zu stellen und die Beantwortung protokollarisch festzuhalten, wenn es für die Beurteilung seines Interesses an der Sache von Bedeutung ist.

Beispiel: Der Protestant Müller wird einer Beschimpfung der katholischen Kirche beschuldigt. Der Zeuge Huber erklärt, daß er bei dem fraglichen Vorfall dicht neben Müller gestanden und die von Müller bestrittenen Schimpfworte deutlich gehört habe. Für die Beurteilung der Glaubwürdigkeit des Zeugen Huber in diesem Falle kann es bedeutungsvoll sein, welcher Kirche er angehört. Bei einer derartigen Sachlage wird daher die Frage nach der Religionszugehörigkeit — in ähnlichen Fällen auch nach der politischen Einstellung — des Zeugen nicht als unzulässig anzusehen sein.

3. Wann eine — an sich zulässige — Frage nach den Vorstrafen des Zeugen zu stellen ist, hängt von dem Taktgefühl des Vernehmenden ab. Ohne zwingenden Grund wird eine derartige, unter Umständen mit erheblichen Nachteilen für den Zeugen verbundene Frage nicht gestellt werden dürfen. Dieser Grundgedanke ergibt sich auch durch Vergleich mit den Vorschriften des Gesetzes über beschränkte Auskunft aus dem Strafregister und die Tilgung von Strafvermerken v. 9. April 1920 (RGBl. S. 507). Wegen der Vorschrift des § 57 Ziff. 2 StPO. ist es aber angebracht, allgemein vor jeder Zeugenvernehmung den einzelnen Zeugen oder auch schon bei der Belehrung alle erschienenen Zeugen gemeinsam zu fragen, ob einer von ihnen wegen Meineides vorbestraft ist. Gesetzlich vorgeschrieben ist die Frage nicht.

4. Wenn der Zeuge, der auf Ladung auch vor der Polizei erscheinen muß (vgl. Anmerkungen zu §§ 161, 163), erklärt, er wolle vor der Polizei nicht aussagen, so darf ein Zwang auf ihn nicht ausgeübt werden. Niemand ist verpflichtet, vor der Polizei Aussagen zu machen, doch wird es wohl in fast allen Fällen durch gütliches Zureden möglich sein, den zunächst widerstrebenden Zeugen zu einer Aussage zu veranlassen (vgl. unten zu § 163).

§ 69 (68). Der Zeuge[1] ist zu veranlassen,[2] das, was ihm von dem Gegenstande seiner Vernehmung bekannt ist, im Zusammenhang anzugeben. Vor seiner Vernehmung ist dem Zeugen der Gegenstand der Untersuchung und die Person des Beschuldigten, sofern ein solcher vorhanden ist, zu bezeichnen.

Zur Aufklärung und zur Vervollständigung der Aussage sowie zur Erforschung des Grundes, auf welchem die Wissenschaft des Zeugen beruht, sind nötigenfalls weitere Fragen zu stellen.[3 4]

1. Bei allen Vernehmungen ist die tatsächliche Auffassung und Meinung des Vernommenen zum Ausdruck zu bringen und nicht die persönliche Ansicht des Vernehmenden in den Vordergrund zu schieben. Läßt der Wortlaut einer Aussage Zweifel über ihren Sinn oder über die Meinung des Aussagenden übrig, so sind sie sorgfältig zu klären. Die

Aussage ist, soweit sie sachlich gehalten ist, möglichst wortgetreu und in kurzer, erschöpfender und rein sachlicher Form wiederzugeben. Häufig empfiehlt sich auch die Aufnahme der vom Zeugen bei seiner Vernehmung gebrauchten Kraftausdrücke in das Protokoll. Gerade die Wiedergabe besonderer Redewendungen ist zur Beurteilung der Persönlichkeit des Zeugen geeignet.

2. Der Zeuge wird seine Aussage im allgemeinen mündlich zu machen haben, und zwar in der Form, daß er den Sachverhalt erzählt und der vernehmende Beamte die Aussage schriftlich festlegt. Bei gebildeteren Zeugen, insbesondere Rechtskundigen, ist aber auch gegen ein Diktat der Aussage durch den Zeugen selbst nichts einzuwenden. Bei gerichtlichen Vernehmungen ist die Ersetzung der mündlichen Aussage durch Übergabe eines Schriftstücks, das die Bekundungen des Zeugen enthält, unzulässig. Bei polizeilichen Vernehmungen ist es unbedenklich, solche Auskunftspersonen, deren Bildungsgrad es gestattet, zu einer schriftlichen Zeugenäußerung aufzufordern oder die Übergabe einer schriftlichen Darstellung zuzulassen.

3. Wenn Ausländer als Zeugen vernommen werden, so ist, ebenso wie bei tauben und stummen Zeugen, nötigenfalls ein Dolmetscher heranzuziehen (vgl. §§ 185, 186 GVG.).

4. Über die Notwendigkeit einer Protokollierung der Zeugenaussagen vgl. §§ 168, 188, 273.

Bei polizeilichen Zeugenaussagen wird es einer protokollarischen Aufnahme im allgemeinen nur für wichtige Bekundungen bedürfen, insbesondere für solche, die bedeutungsvolle Einzelheiten enthalten; in allen anderen Fällen genügt ein den Inhalt der Zeugenaussage wiedergebender kurzer Vermerk. Meist bestehen hierüber Verwaltungsvorschriften.

Wenn Zeugen offensichtlich mit der Wahrheit zurückhalten, oder wenn ihre Aussage zu Zweifeln an der Richtigkeit Anlaß gibt, so können sie auf die Strafbarkeit der Begünstigung nach § 257 StGB. hingewiesen werden. In diesem Falle wird der gemachte Vorhalt in den Akten zweckmäßig zu vermerken sein.

§ 70 (69). Wird das Zeugnis oder die Eidesleistung ohne gesetzlichen Grund verweigert,[1] so ist der Zeuge in die durch die Weigerung verursachten Kosten sowie zu einer Ordnungsstrafe in Geld und für den Fall, daß diese nicht beigetrieben werden kann, zur Strafe der Haft bis zu sechs Wochen zu verurteilen.[2]

Auch kann zur Erzwingung des Zeugnisses die Haft angeordnet werden, jedoch nicht über die Zeit der Beendigung des Verfahrens in der Instanz, auch nicht über die Zeit von sechs Monaten, und bei Übertretungen nicht über die Zeit von sechs Wochen hinaus.

Die Befugnis zu diesen Maßregeln steht auch dem Untersuchungsrichter, dem Amtsrichter im Vorverfahren, sowie dem beauftragten und ersuchten Richter zu.[3]

Sind die Maßregeln erschöpft, so können sie in demselben oder in einem anderen Verfahren, welches dieselbe Tat zum Gegenstande hat, nicht wiederholt werden.

1. Die Verweigerung der Aussage vor der Polizei ist zulässig. Die Polizei kann nur das Erscheinen eines Zeugen im allgemeinen gemäß den landesgesetzlichen Vorschriften erzwingen. Für Preußen vgl. § 132 LVG. S. im übrigen unten zu § 163.

2. Bezüglich der Abgeordneten vgl. Anm. 6 zu § 51.

3. Die Anordnung dieser Zwangsmaßnahme steht nur dem Richter, niemals der Polizei oder andern Behörden zu.

§ 71 (70). Jeder von dem Richter oder der Staatsanwaltschaft[1] geladene Zeuge hat nach Maßgabe der Gebührenordnung[2] Anspruch auf Entschädigung aus der Staatskasse für Zeitversäumnis und, wenn sein Erscheinen eine Reise erforderlich macht, auf Erstattung der Kosten, welche durch die Reise und den Aufenthalt am Ort der Vernehmung verursacht werden.[3]

1. Bei polizeilichen Vernehmungen wird eine Entschädigung für Zeit- und Arbeitsversäumnis nicht gewährt und in der Regel auch nicht gefordert.

2. Gebührenordnung für Zeugen und Sachverständige vom 21. Dezember 1925 (RGBl. I S. 471).

3. Ein Zeuge, der sich außerhalb des Ortes aufhält, an dem ihm die Ladung zugestellt ist, hat Anspruch auf Ersatz der Reisekosten nur, wenn er dem Gericht seinen auswärtigen Aufenthalt mitteilt. Ein Beamter, der nach Empfang der Ladung verreist, erhält die Fahrkosten nicht ersetzt, wenn er nicht vor seiner Abreise dem Gericht von der beabsichtigten Reise Kenntnis gibt und mit Einverständnis des Gerichts verreist ist.

Siebenter Abschnitt: Sachverständige und Augenschein.

§ 72 (72). Auf Sachverständige[1] finden die Vorschriften des sechsten Abschnittes über Zeugen entsprechende Anwendung, soweit nicht in den nachfolgenden Paragraphen abweichende Bestimmungen getroffen sind.

1. Es steht selbstverständlich nichts im Wege, daß auch die Polizeibehörden bei ihren Ermittelungen schon Sachverständige zuziehen. Dies wird sich in gewissen Fällen sogar als notwendig erweisen.

§ 73 (73). Die Auswahl der zuzuziehenden Sachverständigen und die Bestimmung ihrer Anzahl erfolgt durch den Richter.[1]

Sind für gewisse Arten von Gutachten Sachverständige öffentlich bestellt, so sollen andere Personen nur dann gewählt werden, wenn besondere Umstände es erfordern.

1. Vgl. jedoch für die von andern Prozeßbeteiligten vorgeladenen Sachverständigen § 245.

§ 74 (74). Ein Sachverständiger kann aus denselben Gründen, welche zur Ablehnung eines Richters berechtigen,[1] abgelehnt werden.[2] Ein Ablehnungsgrund kann jedoch nicht daraus entnommen werden, daß der Sachverständige als Zeuge vernommen worden ist.

Das Ablehnungsrecht[3] steht der Staatsanwaltschaft, dem Privatkläger und dem Beschuldigten zu.[4] Die ernannten Sachverständigen sind den zur Ablehnung Berechtigten namhaft zu machen, wenn nicht besondere Umstände entgegenstehen.

Der Ablehnungsgrund ist glaubhaft zu machen; der Eid ist als Mittel der Glaubhaftmachung ausgeschlossen.

1. Über die Gründe, die zur Ablehnung eines Richters berechtigen vgl. § 24 in Verbindung mit § 22.

Eine Ausschließung von Sachverständigen, wie es für Richter im § 22 vorgesehen ist, gibt es nicht. Wenn die Ausschließungsgründe des § 22 (abgesehen von Ziff. 5, vgl. § 74 Satz 2) bei Sachverständigen vorliegen, so ist hierdurch die Ablehnung wegen Befangenheit begründet.

In entsprechender Anwendung des § 22 Ziff. 4 wird ein als Hilfsperson der StA. im Ermittlungsverfahren tätig gewesener Polizeibeamter regelmäßig als Sachverständiger befangen sein. Dies wird auch für Polizeiärzte zu gelten haben.

2. Für die Entscheidung über den geltend gemachten Ablehnungsgrund gilt das bezüglich der Ablehnung eines Richters oben Gesagte (vgl. Anm. 1 zu § 24).

3. Die Ablehnung eines Sachverständigen ist zeitlich nicht begrenzt. Während der Richter nach § 25 nur bis zur Verlesung des Eröffnungsbeschlusses abgelehnt werden kann (vgl. auch Anm. 1 zu § 25), ist eine Ablehnung des Sachverständigen bis zur Beendigung des Verfahrens, also auch noch nach Erstattung des Gutachtens zulässig (§ 83 Abs. 2).

4. Das Gutachten eines mit Erfolg abgelehnten Sachverständigen darf nicht verwertet werden. Dagegen besteht die Möglichkeit, einen solchen Sachverständigen nach erfolgter Ablehnung noch als Zeugen (auch als sachverständigen Zeugen) zu vernehmen.

§ 75 (75). Der zum Sachverständigen Ernannte hat der Ernennung Folge zu leisten, wenn er zur Erstattung von Gutachten der erforderten Art öffentlich bestellt ist, oder wenn er die Wissenschaft, die Kunst oder das Gewerbe, deren Kenntnis Voraussetzung der Begutachtung ist, öffentlich zum Erwerb ausübt, oder wenn er zu ihrer Ausübung öffentlich bestellt oder ermächtigt ist.[1]

Zur Erstattung des Gutachtens ist auch der verpflichtet, welcher sich hierzu vor Gericht bereit erklärt hat.

1. Auch öffentliche Beamte können unter Umständen zu den im Abs. 1 bezeichneten Pflichtsachverständigen gehören.

§ 76 (76). Dieselben Gründe, welche einen Zeugen berechtigen, das Zeugnis zu verweigern, berechtigen[1] einen Sachverständigen zur Verweigerung des Gutachtens. Auch aus anderen Gründen kann ein Sachverständiger von der Verpflichtung zur Erstattung des Gutachtens entbunden werden.

Die Vernehmung eines öffentlichen Beamten als Sachverständigen findet nicht statt, wenn die vorgesetzte Behörde des Beamten erklärt,[2] daß die Vernehmung den dienstlichen Interessen Nachteil bereiten würde.

1. Über die Gründe, die einen Zeugen zur Zeugnisverweigerung berechtigen vgl. §§ 52—55.

2. Lediglich die Erklärung der Behörde ist entscheidend. Die Gründe der Erklärung sind für das Gericht nicht nachprüfbar. Es kommt auch nicht darauf an, ob etwa der betreffende Beamte sich trotz der entgegenstehenden Erklärung seiner vorgesetzten Behörde zur Abgabe des Gutachtens bereit erklärt.

3. Wenn der Beamte bei der Erstattung des Gutachtens Umstände mitteilen muß, auf die sich seine Pflicht zur Amtsverschwiegenheit erstreckt, so bedarf er — ebenso wie in seiner Eigenschaft als Zeuge — der Genehmigung der vorgesetzten Behörde.

4. Der Beamte kann für seine Tätigkeit als Sachverständiger eine Entschädigung verlangen, auch wenn er durch die Sachverständigentätigkeit keinen Verdienstausfall erleidet. Doch wird das Gericht immer zu prüfen haben, ob nicht seine Ladung als Zeuge genügt.

§ 77 (77). Im Falle des Nichterscheinens oder der Weigerung eines zur Erstattung des Gutachtens verpflichteten Sachverständigen wird dieser zum Ersatze der Kosten und zu einer Ordnungsstrafe in Geld verurteilt.[1 2] Im Falle wiederholten Ungehorsams kann noch einmal auf eine Ordnungsstrafe erkannt werden.[3]

1. Weder ist die zwangsweise Vorführung eines unentschuldigt ausgebliebenen Sachverständigen zulässig, noch kann ein Sachverständiger, der die Erstattung des Gutachtens verweigert, in Zwangshaft genommen werden. Anders der Zeuge, vgl. §§ 51, 70.

2. Die Ordnungsstrafe beträgt 1—1000 RM. (Artikel II der Verordnung vom 6. Februar 1924, RGBl. I S. 45).
Die Zwangshaft darf auch nicht an Stelle der nicht beizutreibenden Ordnungsgeldstrafe festgesetzt werden.

3. Ein Sachverständiger, der zum Erscheinen verpflichtet ist (§ 75), macht sich nach § 138 Abs. 2 StGB. strafbar, wenn er eine unwahre Tatsache als Entschuldigung vorschützt.

§ 78 (78). Der Richter hat, soweit ihm dies erforderlich erscheint, die Tätigkeit der Sachverständigen zu leiten.

§ 79 (79). Der Sachverständige hat vor Erstattung des Gutachtens einen Eid[1] dahin zu leisten:

daß er das von ihm erforderte Gutachten unparteiisch und nach bestem Wissen und Gewissen erstatten werde.

Ist der Sachverständige für die Erstattung von Gutachten der betreffenden Art im allgemeinen[2] beeidigt, so genügt die Berufung auf den geleisteten Eid.

1. Die Eidesbestimmungen der §§ 57, 58 gelten sinngemäß auch für den Sachverständigeneid.

2. Die Frage, welche Behörden zur Beeidigung im allgemeinen zuständig sind, ist landesrechtlich verschieden geregelt. Z. B. können in Preußen neben den Gerichten die Handelskammern Büchersachverständige derart beeidigen.

§ 80 (80). Dem Sachverständigen kann auf sein Verlangen zur Vorbereitung des Gutachtens durch Vernehmung von Zeugen oder des Beschuldigten weitere Aufklärung verschafft werden.

Zu demselben Zwecke kann ihm gestattet werden, die Akten einzusehen, der Vernehmung von Zeugen oder des Beschuldigten beizuwohnen und an sie unmittelbar Fragen zu stellen.

§ 81 (81). Zur Vorbereitung eines Gutachtens über den Geisteszustand des Angeschuldigten kann das Gericht auf Antrag eines Sachverständigen nach Anhörung des Verteidigers anordnen, daß der Angeschuldigte in eine öffentliche Irrenanstalt gebracht[1] und dort beobachtet werde.[2 3 4]

Dem Angeschuldigten, welcher einen Verteidiger nicht hat, ist ein solcher zu bestellen.

Gegen den Beschluß findet sofortige Beschwerde statt. Sie hat aufschiebende Wirkung.

Die Verwahrung in der Anstalt darf die Dauer von sechs Wochen nicht überschreiten.

1. Die Unterbringung in einer öffentlichen Irrenanstalt ist erst zulässig, wenn die öffentliche Klage — durch Antrag auf gerichtliche Voruntersuchung oder durch Einreichung einer Anklageschrift — erhoben ist. Bei einem polizeilichen Ermittlungsverfahren ist somit für eine Anwendbarkeit des § 81 kein Raum.

2. Die Irrenanstalt, in der die Beobachtung erfolgen soll, muß in dem Gerichtsbeschluß bezeichnet werden.

3. Die Durchführung des Beschlusses obliegt der StA. (§ 36), die im allgemeinen durch die Polizei die Unterbringung des Beschuldigten vornehmen läßt.

4. Die Kosten des Aufenthalts in der Anstalt werden, soweit nicht in den einzelnen Ländern besondere Bestimmungen bestehen, von dem Justizfiskus bestritten. Im Falle der späteren Verurteilung hat der Angeklagte diese Aufwendungen als Teil der gesamten Kosten zu erstatten (§ 465 StPO.).

§ 82 (82). Im Vorverfahren hängt es von der Anordnung des Richters ab, ob die Sachverständigen ihr Gutachten schriftlich oder mündlich zu erstatten haben.

§ 83 (83). Der Richter kann eine neue Begutachtung durch dieselben oder durch andere Sachverständige anordnen, wenn er das Gutachten für ungenügend erachtet.

Der Richter kann die Begutachtung durch einen anderen Sachverständigen anordnen, wenn ein Sachverständiger nach Erstattung des Gutachtens mit Erfolg abgelehnt ist.

In wichtigeren Fällen kann das Gutachten einer Fachbehörde eingeholt werden.

§ 84 (84). Der Sachverständige hat nach Maßgabe der Gebührenordnung Anspruch auf Entschädigung für Zeitversäumnis, auf Erstattung der ihm verursachten Kosten und außerdem auf angemessene Vergütung für seine Mühewaltung.[1 2]

1. Vgl. auch Gebührenordnung für Zeugen und Sachverständige (Anm. 1 zu § 71).

2. Auch der von den Polizeibehörden zugezogene Sachverständige hat Anspruch auf eine angemessene Entschädigung, wenn auch für ihn nicht unmittelbar die Vorschriften der gerichtlichen Gebührenordnung Anwendung finden. Es ist aber sehr wohl denkbar, daß landesrechtliche oder Verwaltungsvorschriften auf die Sätze der Gebührenordnung verweisen.

§ 85 (85). Soweit zum Beweise vergangener Tatsachen oder Zustände, zu deren Wahrnehmung eine besondere Sachkunde erforderlich war, sachkundige Personen zu vernehmen sind, kommen die Vorschriften über den Zeugenbeweis zur Anwendung.[1 2]

1. Die Vorschrift betrifft den sogenannten sachverständigen oder sachkundigen Zeugen. Das Wesen eines solchen Zeugen besteht darin, daß er über Wahrnehmungen, zu denen eine besondere Sachkunde erforderlich ist, aussagt. Er ist aber Z e u g e, nicht etwa Zeuge u n d Sachverständiger und hat auch nur Anspruch auf Zeugengebühren. In der Praxis besteht darüber häufig merkwürdige Unklarheit.

B e i s p i e l: Der Maschinenmeister Schmidtbauer ist in dem Raum anwesend, in dem eine Kesselexplosion stattfindet. Wenn er über diesen Vorgang in der Hauptverhandlung vernommen wird, so ist er als sachverständiger Zeuge zu behandeln. Das gilt sowohl für die Frage der Beeidigung, als des Zeugniszwanges und der Gebühren. Die Tatsache, daß Schmidtbauer bei seiner Vernehmung gelegentlich auch einmal ein Urteil in einer Fachfrage abgibt, macht ihn noch nicht zum Sachverständigen.

2. Der sachverständige Zeuge kann nicht abgelehnt werden.

§ 86 (86). Findet die Einnahme eines richterlichen Augenscheins[1][2] statt, so ist im Protokoll der vorgefundene Sachbestand festzustellen und darüber Auskunft zu geben, welche Spuren oder Merkmale, deren Vorhandensein nach der besonderen Beschaffenheit des Falles vermutet werden konnte, gefehlt haben.

1. Über die Vornahme eines richterlichen Augenscheines entscheidet das richterliche Ermessen.

Die ohne Mitwirkung des Gerichts jederzeit mögliche Ortsbesichtigung durch die Polizei oder die StA. ist keine Augenscheinseinnahme im Sinne der StPO.

2. Jeder Staatsbürger, für den eine Zeugnispflicht besteht, hat die Einnahme eines richterlichen Augenscheins zu gestatten. Die Zeugen sind auch, soweit sie nach den Vorschriften über die Durchsuchung, eine solche zu dulden haben (§§ 102 ff.), verpflichtet, die Besichtigung ihres Körpers zu gestatten. Zuständig für die Besichtigung sind die zur Durchsuchung befugten Behörden, zu denen neben der Staatsanwaltschaft auch die Polizei gehört (vgl. § 105 StPO.). Gerade derartige, für die Zeugen meistens peinliche Handlungen müssen mit besonderem Takt durchgeführt werden, bei Frauen z. B. nur durch Frauen.

§ 87 (87). Die richterliche Leichenschau[1] wird unter Zuziehung eines Arztes, die Leichenöffnung im Beisein des Richters von zwei Ärzten, unter welchen sich ein Gerichtsarzt befinden muß, vorgenommen. Dem Arzte, welcher den Verstorbenen in der dem Tode unmittelbar vorausgegangenen Krankheit behandelt hat, ist die Leichenöffnung nicht zu übertragen. Er kann jedoch aufgefordert werden, der Leichenöffnung anzuwohnen, um aus der Krankheitsgeschichte Aufschlüsse zu geben.

Die Zuziehung eines Arztes kann bei der Leichenschau unterbleiben, wenn sie nach dem Ermessen des Richters entbehrlich ist.

Behufs der Besichtigung oder Öffnung einer schon beerdigten Leiche ist ihre Ausgrabung statthaft.[3]

1. Wann eine Leichenschau und Leichenöffnung zu erfolgen hat, ist nicht ausdrücklich geregelt. Zu beachten sind hierbei die §§ 159, 162 StPO. Im Falle der Auffindung einer unbekannten Leiche oder des unnatürlichen Todes einer Person haben die Polizei- und Gemeindebehörden der StA. oder dem Amtsrichter Anzeige zu erstatten. Der Amtsrichter hat auf Antrag der StA. oder von Amts wegen die

Leichenschau oder Leichenöffnung anzuordnen, wenn er dies zur Aufklärung der Todesursache für erforderlich hält. Bei Auffindung einer unbekannten Leiche oder im Falle eines unnatürlichen Todes wird fast stets die Leichenschau oder Leichenöffnung zur zweifelsfreien Bestimmung der Todesursache notwendig, jedenfalls aber zweckmäßig sein. Der Amtsrichter wird immer dann zu benachrichtigen sein, wenn dadurch Zeit gespart wird, also regelmäßig in ländlichen Bezirken.

2. Die Tätigkeit der Gerichtsärzte wird in Preußen durch die Kreisärzte ausgeübt, soweit nicht besondere Gerichtsärzte bestellt sind.

3. Wenn eine amtliche Ermittlung über einen Todesfall stattgefunden hat, so ist die zuständige Ortspolizeibehörde zwecks Mitteilung an das Standesamt zu benachrichtigen. Ihr sind die für die Eintragung notwendigen Daten mitzuteilen.

§ 89 (89). Die Leichenöffnung muß sich, soweit der Zustand der Leiche dies gestattet, stets auf die Öffnung der Kopf-, Brust- und Bauchhöhle erstrecken.

§ 90 (90). Bei Öffnung der Leiche eines neugeborenen Kindes ist die Untersuchung insbesondere auch darauf zu richten, ob es nach oder während der Geburt gelebt habe, und ob es reif oder wenigstens fähig gewesen sei, das Leben außerhalb des Mutterleibes fortzusetzen.[1]

1. Diese Bestimmung bezweckt, den Tatbestand dahin zu klären, ob eine Tötung während des Geburtsaktes, d. h. in oder gleich nach der Geburt — Verbrechen nach § 217 StGB. — oder erst geraume Zeit nach Vollendung der Geburt — Mord oder Totschlag nach §§ 211, 212 StGB. — erfolgt ist.

§ 91 (91). Liegt der Verdacht einer Vergiftung vor, so ist die Untersuchung der in der Leiche oder sonst gefundenen verdächtigen Stoffe durch einen Chemiker oder durch eine für solche Untersuchungen bestehende Fachbehörde vorzunehmen.

Der Richter kann anordnen, daß diese Untersuchung unter Mitwirkung oder Leitung eines Arztes stattzufinden habe.

§ 92 (92). Bei Münzverbrechen und Münzvergehen sind die Münzen oder Papiere erforderlichenfalls der Behörde vorzulegen, von welcher echte Münzen oder Papiere dieser Art in Umlauf gesetzt werden. Das Gutachten[1] dieser Behörde ist über die Unechtheit oder Verfälschung sowie darüber einzuholen, in welcher Art die Fälschung mutmaßlich begangen worden sei.[2]

Handelt es sich um ausländische Münzen oder Papiere, so kann an Stelle des Gutachtens der ausländischen Behörde das einer deutschen erfordert werden.

1. In Preußen erstattet die Generalmünzdirektion Gutachten über die Echtheit der beschlagnahmten Münzen.
Über das Verfahren bei Beschlagnahme falscher Münzen vgl. für Preußen Vfg. vom 13. Dezember 1927 (JMBl. S. 422).

2. Wenn es sich um die Fälschung von Wertpapieren handelt, die von einer Gesellschaft, also nicht von einer Behörde, ausgegeben sind (§ 149 StGB.), z. B. Obligationen einer Aktiengesellschaft, so kann auch dann über die Echtheit eine schriftliche Äußerung der ausgebenden Stelle eingeholt werden.

§ 93 (93). Zur Ermittlung der Echtheit oder Unechtheit eines Schriftstücks sowie zur Ermittlung seines Urhebers kann eine Schriftvergleichung unter Zuziehung von Sachverständigen vorgenommen werden.[1]

1. Dies wird häufig schon während des polizeilichen Ermittelungsverfahrens zweckmäßig sein.

Achter Abschnitt: Beschlagnahme und Durchsuchung.

Vorbemerkung.

1. Es ist zu unterscheiden zwischen:

a) der strafprozessualen Beschlagnahme, die allein im 8. Abschnitt behandelt wird und die Durchführung eines anhängigen Strafverfahrens bezweckt (s. bezüglich der Zuständigkeit §§ 98, 100, 105, 110), und

b) der rein polizeilichen — vorbeugenden — Beschlagnahme, zu der die Polizeibehörden im Interesse der Sicherheit des Publikums zur Verhütung von der Allgemeinheit drohenden Schäden auf Grund allgemeiner Bestimmungen (in Preußen ALR. 10. II. 17) zuständig sind.

Außerdem gibt es noch bei den Verbrechen des Hoch- und Landesverrats, sowie im Verfahren gegen Abwesende eine Beschlagnahme des gesamten Vermögens des Beschuldigten (vgl. §§ 93 StGB., 283 f., 433 StPO.).

2. Wichtig sind auch die besonderen Bestimmungen über Beschlagnahme von Druckschriften in §§ 23—27 Preßgesetz vom 7. Mai 1874.

3. Personen, die der inländischen Gerichtsbarkeit nicht unterworfen sind, bezeichnet man als exterritorial. Exterritoriale Personen sind polizeilichen Maßnahmen überhaupt nicht unterworfen, also auch nicht der Beschlagnahme und Durchsuchung. Exterritorial sind nach den die allgemeinen Grundsätze des Völkerrechts anwendenden §§ 18, 19 GVG. (s. diese), die Chefs und Mitglieder der bei dem Deutschen Reiche beglaubigten Missionen (Botschaften, Gesandtschaften, diplomatische Vertretungen), deren Familienmitglieder, ihre Bediensteten, soweit sie nicht reichsdeutsche Staatsangehörige sind, und das Geschäftspersonal der Missionen. Ferner sind als exterritorial zu behandeln die fremden Staatsoberhäupter und ihr Gefolge sowie kraft besonderer Vereinbarung die Mitglieder der sowjetrussischen Handelsvertretung. Das Gleiche gilt

für die Mitglieder und anerkannten Vertreter der auf Grund des Versailler Vertrages in Deutschland tätigen Ausschüsse, soweit jene nicht Deutsche sind. Ohne die ausdrückliche Zustimmung dieser exterritorialen Personen dürfen deren Dienstgebäude und Privatwohnungen also nicht betreten und ihre Archive, Korrespondenzen usw. nicht beschlagnahmt werden.

Nicht exterritorial sind die Konsuln der fremden Mächte; sie sind grundsätzlich nicht mit diplomatischem Charakter bekleidet. Gleichwohl sind nach allgemeiner internationaler Übung die Archive und Amtsräume der Konsulate unverletzlich. Die Rechtsstellung der Konsuln — grundsätzlich ist es gleichgültig, ob es sich um Wahl- oder Berufskonsuln handelt — ist vielfach durch Verträge (Konsular-, Handels-, Freundschafts- usw. Verträge) geregelt. Die Art der Regelung ist verschieden. Es kann auch die Unverletzlichkeit der Privatwohnung des Konsuls vereinbart sein.

Um politische Verwicklungen zu vermeiden, erscheint es angebracht, vor Ergreifen polizeilicher Maßnahmen gegen die fremden Konsuln und die fremden Konsulate stets vorher die Stellungnahme des Auswärtigen Amtes einzuholen. Das gleiche gilt in allen Fällen, in denen die Exterritorialität zweifelhaft erscheinen kann, wie z. B. bei Spezialkommissionen ausländischer Staaten, fremden Beamten und Funktionären, die sich im dienstlichen Auftrage mit deutscher Genehmigung im Reichsgebiete aufhalten und denen gegebenenfalls gewisse Vorrechte der Exterritorialität zuzusprechen sind. Im übrigen hat der Minister des Innern für Preußen angeordnet, daß in allen die Beziehungen zu fremden Staaten berührenden Angelegenheiten vor Anwendung polizeilicher Maßnahmen seine Entscheidung einzuholen ist (II. G. 5787/25).

4. Durchsuchung und Beschlagnahme gegenüber Angehörigen der Wehrmacht.

Nach den §§ 98 Abs. 4 und 105 Abs. 4 StPO. erfolgen Beschlagnahmen und Durchsuchungen in militärischen Dienstgebäuden durch Ersuchen der Militärbehörden und auf Verlangen der Zivilbehörde (Richter, Staatsanwaltschaft) unter deren Mitwirkung mit der Einschränkung, daß es des Ersuchens der Militärbehörde dann nicht bedarf, wenn die Beschlagnahme oder Durchsuchung in Räumen vorzunehmen ist, welche in militärischen Dienstgebäuden ausschließlich von Zivilpersonen bewohnt werden.

Hierzu führen die preußischen „Richtlinien für die Befugnisse der Polizeiorgane gegenüber Angehörigen der Wehrmacht" (MBl. für die innere Verwaltung 1921 S. 177) folgendes aus: Es besteht zwar allgemein das Recht zu strafprozessualen Maßnahmen (Beschlagnahme, Durchsuchung, Festnahme) für die Polzei gegenüber Angehörigen der Wehrmacht in demselben Umfange, wie gegenüber Zivilpersonen. Bei der Durchführung dieser Maßnahmen in den Fällen, in denen die Wehrmachtsangehörigen sich in militärischen Dienstgebäuden befinden, haben aber die oben erwähnten Bestimmungen der Strafprozeßordnung Platz zu greifen. Die Mitwirkung hierbei ist außer den in §§ 98 u. 105 Str.-PO. benannten Zivilbehörden auch den zuständigen Polizeibeamten zu gestatten.

Die Polizeibehörden sind auch bei Gefahr im Verzuge nicht berechtigt, in militärischen Dienstgebäuden Verhaftungen von Militärpersonen, Durchsuchungen und Beschlagnahmen vorzunehmen. Wenn sich in einem polizeilichen Ermittlungsverfahren ein Verdacht ergibt, der solche über den Rahmen zulässiger polizeilicher Ermittlungen hinausgehende Maßnahmen in militärischen Dienstgebäuden erforderlich macht, so hat die Polizeibehörde mit der zuständigen Militärbehörde in Verbindung zu treten. Sie hat sie um die Ausführung der Maßnahme zu ersuchen und ihr Verlangen nach Mitwirkung bei Durchsuchung und Beschlagnahme zum Ausdruck zu bringen. Gibt die Militärbehörde einem solchen Ersuchen nicht statt, wird der vorgesetzten Dienstbehörde Bericht zu erstatten sein. Eine Gewaltsanwendung von seiten der Polizeibehörde hat unter allen Umständen zu unterbleiben.

5. Durchsuchung bei Abgeordneten gesetzgebender Körperschaften (insbesondere des Reichs- und Landtages).

Die Strafprozeßordnung unterscheidet Durchsuchungen

1. bei Personen, welche als Täter oder Teilnehmer einer strafbaren Handlung oder als Begünstiger oder Hehler verdächtigt sind (§ 102)
2. bei anderen Personen (§ 103).

Zu 1. Hier handelt es sich um Durchsuchungen, die bei den Beschuldigten selbst stattfinden, sei es zum Zwecke der Ergreifung, sei es zur Auffindung von Beweismitteln. Falls ein Abgeordneter (des Reichstages oder eines Landtages) selbst der Beschuldigte sein sollte, so bedarf es zur Vornahme der Durchsuchung in jedem Falle der besonderen Genehmigung des Hauses, dem der Abgeordnete angehört; denn nach Art. 37 Abs. 1 der Reichsverfassung kann ohne diese Genehmigung kein Abgeordneter des Reichstages oder eines Landtages während der Sitzungsperiode wegen einer mit Strafe bedrohten Handlung zur Untersuchung gezogen oder verhaftet werden (vgl. z. B. Anm. 6 zu § 5). Die Durchsuchung stellt aber eine Untersuchungshandlung dar.

Zu 2. Hier handelt es sich um Durchsuchungen, die bei einer anderen Person als dem Beschuldigten stattfinden. Es sind 3 Fälle von Durchsuchungen bei derart „Unbeteiligten" zu unterscheiden:

a) Die Durchsuchung erfolgt „behufs Ergreifung des Beschuldigten". Ist, wie oben im Falle 1. angenommen wurde, zufällig ein Abgeordneter selbst der Beschuldigte, so greift wiederum Art. 37 Abs. 1 ein, d. h. für seine Verhaftung in der Wohnung einer dritten, unbeteiligten Person, ist die Genehmigung des Hauses, dem der Abgeordnete als Mitglied angehört, erforderlich.

   Ist dagegen der Beschuldigte eine dritte Person, die in der Wohnung eines Abgeordneten gesucht werden soll, ist diese Durchsuchung zulässig. Die Wohnung des Abgeordneten ist nicht betretungsfrei.

b) Die Durchsuchung erfolgt „behufs der Verfolgung von Spuren einer strafbaren Handlung". Hier handelt es sich um Fälle, in denen ein Dritter etwa gestohlene Gegenstände oder Mittel zur Begehung eines strafbaren Handlung (Waffen, gefälschte Papiere usw.) in der Wohnung eines Abgeordneten untergestellt hat. Die Durchsuchung zur Auffindung solcher Spuren ist auch in der Wohnung von Abgeordneten zulässig. Art. 37 Abs. 1 greift hier nicht statt, da der Abgeordnete nicht selbst Beschuldigter ist.

Wenn nun an und für sich eine solche Durchsuchung in der Wohnung eines Abgeordneten auch auf Schriftstücke ausgedehnt werden kann, — wobei § 110 StrPO. besonders zu beachten ist — so darf sie doch in gleicher Weise wie eine Beschlagnahme auf sogenannte Vertrauensschriften nicht ausgedehnt werden. Vertrauensschriften sind Schriftstücke, welche die im Art. 38 Abs. 1 der Reichsverfassung näher gekennzeichneten Personen und Tatsachen betreffen (vgl. Anm. 4 zu § 53).

Im allgemeinen wird es den Beamten genügen müssen, wenn der Abgeordnete erklärt, daß es sich bei bestimmten und im einzelnen bezeichneten Schriftstücken um einen Vertrauensschriftwechsel der in Rede stehenden Art handelt, oder wenn er dieses, falls er abwesend ist, z. B. durch Hausangehörige oder auch durch Aufschrift auf den Schriftstücken selbst besonders mitteilt. Liegen jedoch Tatsachen vor, die die Annahme rechtfertigen, daß die Erklärung des Abgeordneten offenbar unglaubwürdig ist, so darf die Durchsuchung ungeachtet dieser Erklärung auf die in Betracht kommenden Schriftstücke ausgedehnt werden.

c) Die Durchsuchung erfolgt „behufs der Beschlagnahme bestimmter Gegenstände". Im allgemeinen gilt dasselbe wie zu b). Sind nun aber diese „bestimmten Gegenstände" Schriftstücke, die als Beweismittel zu Tatsachen dienen sollen, über die dem Abgeordneten ein Zeugnisverweigerungsrecht nach Art. 38 Abs. 1 Satz 1 zusteht, so kann nach der Vorschrift in Art. 38 Abs. 1 Satz 2 eine Beschlagnahme nicht erfolgen. Zum Zwecke einer hiernach unzulässigen Beschlagnahme darf aber auch eine Durchsuchung nicht vorgenommen werden.

Sollten bei einer an sich berechtigten Durchsuchung des Wohnraums eines Abgeordneten solche Vertrauensschriften ohne Kenntnis ihres vertraulichen Charakters beschlagnahmt worden sein, so sind sie zurückzugeben und dürfen nicht verwertet werden.

6. Für das Verfahren bei Vornahme von Durchsuchungen auf Anordnung eines Hilfsbeamten der Staatsanwaltschaft gilt folgendes:

Die Anordnung einer Durchsuchung oder Beschlagnahme durch einen als Hilfsbeamten der Staatsanwaltschaft bestellten Polizeibeamten hat in der Regel in schriftlicher Form zu erfolgen. Der ausführende Beamte soll diese schriftliche Anordnung bei sich führen, um sie nötigenfalls zu seinem Ausweise, insbesondere anderen Polizeibeamten und Behörden gegenüber, zu verwenden. Nach Erledigung des Auftrages ist sie zu den Akten zu bringen. Eine Verpflichtung, die schriftliche Anordnung auch Privatpersonen vorzulegen, besteht nicht. Dagegen ist der ausführende Beamte gehalten, den Namen und die Dienststelle desjenigen Beamten, der die Maßnahme angeordnet hat, den betroffenen Personen mitzuteilen. Ist ausnahmsweise die Anordnung einer Durchsuchung oder Beschlagnahme mündlich oder durch Fernsprecher erfolgt, so wird der ausführende Beamte nachträglich den Namen und die Dienststelle des Hilfsbeamten der Staatsanwaltschaft, der den Auftrag erteilt hat, den Inhalt des Auftrages, sowie Ort und Zeit der Auftragserteilung in den Akten zu vermerken haben. Die als Hilfsbeamte der Staatsanwaltschaft bestellten Polizeibeamten haben eine von ihnen für erforderlich gehaltene Durchsuchung und Beschlagnahme nach Möglichkeit persönlich vorzunehmen oder ihr beizuwohnen. Insbesondere soll in solchen Fällen, in denen vorauszusehen ist, daß bei Ermittlungen an Ort und Stelle die Anordnung einer vorher noch nicht näher zu bestimmenden Durchsuchung oder Beschlagnahme notwendig sein wird, wie z. B. bei Verfolgung von Spuren einer strafbaren Handlung unter Zuhilfenahme von Hunden, in der Regel ein Hilfsbeamter der Staatsanwaltschaft anwesend sein. Welche Beamten zu Hilfsbeamten der Staatsanwaltschaft bestellt sind, richtet sich nach den landesverwaltungsrechtlichen Vorschriften, vgl. § 152 GVG. u. Anm. 5 zu § 98.

Um zu verhüten, daß in die persönliche Freiheit so einschneidende Maßnahmen, wie Beschlagnahmen, Durchsuchungen, Festnahmen, Haftentlassungen usw. sie darstellen, durch Unbefugte veranlaßt werden, ist äußerste Vorsicht am Platze. Werden deshalb derartige Maßnahmen telegraphisch oder fernmündlich oder selbst schriftlich angeordnet, so sind sie stets sorgfältig auf ihre äußere Form und auf die Legitimation der die Anordnung treffenden Dienststellen nachzuprüfen. Bei mündlichen Bestellungen ist auch darauf zu achten, ob der Überbringer in der Tat von der betreffenden Behörde pp. den fraglichen Auftrag erhalten hat. Es lassen sich selbstverständlich nicht alle Möglichkeiten einer beabsichtigten Täuschung im voraus zusammenfassen, es ist aber Pflicht des in Betracht kommenden Beamten, bei Ausführung solcher Aufträge stets mit der größten Vorsicht zu verfahren und nichts außer acht zu lassen, was zur Vermeidung von Täuschungen erforderlich ist.

Um solche nach Möglichkeit auszuschalten, ist für den Berliner Dienst besonders auf folgendes hingewiesen:

Gerichtsbehörden und Staatsanwaltschaften pflegen bei wichtigen Ersuchen in der Regel sich des schriftlichen Weges zu bedienen. Sollte einmal ausnahmsweise die Dringlichkeit der Angelegenheit eine Übermittlung durch Ferngespräch notwendig machen, so ist der Name des verfügenden Dezernenten und das Aktenzeichen der Sache sowie der Anruf der ersuchenden Stelle zu erfragen und vor Erledigung der Angelegenheit fernmündliche Rückfrage zu halten, ob das Ersuchen tatsächlich von dort ausging.

Ersuchen um einschneidende Maßnahmen im inneren Dienstverkehr der Behörde sind in der Regel drahtlich und nicht fernmündlich zu übermitteln. Bei fernmündlichen Ersuchen empfiehlt sich auch hier stets vorherige Rückfrage, wenn nicht jeder Zweifel von vornherein ausscheidet.

Bei drahtlichen und fernmündlichen Ersuchen um Vornahme von Durchsuchungen ist, soweit möglich, die genaue Lage der zu durchsuchenden Wohnung anzugeben (also I. Quergebäude, linker Aufgang, III Treppen rechts bei Weise). Diese Feststellung wird sich in den Fällen, in denen der Täter oder Verdächtige, dessen Wohnung durchsucht werden soll, vorläufig festgehalten wird, stets ermöglichen lassen. Ist er im Besitze der Schlüssel zur Wohnung und sind diese zur Öffnung der letzteren erforderlich, so werden sie, wenn irgendwie durchführbar, der Dienststelle, die die Durchsuchung auszuführen hat, zu übermitteln sein.

Über jede Durchsuchung oder Beschlagnahme ist von den ausführenden Beamten unmittelbar nach der Ausführung ein Protokoll zu fertigen, das zu den Ermittlungsakten zu nehmen ist.

Falls eine Durchsuchung oder Beschlagnahme gerichtlicherseits angeordnet und den Akten die Ausfertigung des Gerichtsbeschlusses als Anlage beigefügt ist, ist letzterer der von der Durchsuchung oder Beschlagnahme betroffenen Personen auszuhändigen. Daß das geschehen ist, ist in den Akten zu vermerken.

7. Beschlagnahme in besonderen Fällen.

A) Beschlagnahme von Bankdepots.

Bei der Beschlagnahme von Bankdepots sind folgende besondere Vorschriften zu beachten, die aber auch größtenteils für andere Beschlagnahmen maßgebend sind.

a) Beschlagnahme. Bei der Anordnung und Ausführung von Beschlagnahmen, namentlich von Bankdepots wird nicht immer mit der nötigen Sorgfalt vorgegangen, insbesondere die vorherige Prüfung unterlassen, ob die gesetzlichen Voraussetzungen für die Vornahme einer Beschlagnahme auch tatsächlich vorliegen. Beschlagnahmen im allgemeinen, wie ganz besonders bei Bankdepots, dürfen deshalb nur angeordnet werden, wenn die Beschlagnahmegegenstände als Beweismittel für die Untersuchung einer in allen ihren Teilen klarliegenden Straftat von Bedeutung sein können, sie von dem Gewahrsaminhaber nicht freiwillig herausgegeben werden und Gefahr im Verzuge obwaltet. Wo letzteres nicht der Fall und der Tatbestand einer strafbaren Handlung nicht genügend geklärt ist, vielmehr anscheinend nur Ansprüche zivilrechtlicher Natur seitens an der Sache interessierter Personen vorliegen und es sich um Vermögensbeschlagnahme im Sinne der §§ 283, 284 StrPO. handelt, ist die Entscheidung über die Vornahme einer Beschlagnahme stets der Gerichtsbehörde zu überlassen.

Handelt es sich um ein Bankdepot, so ist dieses, sofern nicht genügende Gründe z. B. berechtigte Zweifel an der Zuverlässigkeit des Bankinstituts dagegen sprechen, im Gewahrsam der Bank zu belassen. Es ist nicht erforderlich, daß der beschlagnahmte Gegenstand, dem Gewahrsamsinhaber weggenommen wird. Er kann auch unter dem Verbot, über ihn irgendwie zu verfügen, in seinem Gewahrsam belassen werden. Die Bank ist, gleichviel, ob Fortnahme oder Belassung des Depots erfolgte, eine Bescheinigung zu erteilen und dem Wortlaute dieser entsprechend der Staatsanwaltschaft unverzüglich durch Übersendung der Akten oder, sofern diese von der Kriminalpolizei benötigt werden, in einem den Sachverhalt kurz darstellenden Auszuge, Mitteilung zum Befinden über die Aufrechterhaltung der Beschlagnahme zu machen und ein hierauf eingehender Bescheid alsbald zur Kenntnis der von der Beschlagnahme betroffenen Bank zu bringen.

Ist seitens der Bank ausdrücklich Widerspruch erhoben, so hat die Mitteilung an die Staatsanwaltschaft in ganz besonders beschleunigter Form zu erfolgen, damit die im § 98 Abs. 2 vorgesehene Frist von 3 Tagen für die richterliche Bestätigung gewahrt wird.

Gehen nach erfolgter Beschlagnahme richterliche Verfügungen irgendwelcher Art über das bei der Bank belassene Bankdepot ein, z. B. Pfändungs- oder Überweisungsbeschlüsse, so sind diese unverzüglich der Staatsanwaltschaft zu übermitteln.

b) Verwahrung und Sperre. Von der Beschlagnahme zu unterscheiden ist die „Verwahrung“ von Gegenständen, welche als Beweismittel für die Untersuchung von Bedeutung sein können und die „Sperre" von mittels strafbarer Handlungen erlangten oder sonst in Verlust geratenen Vermögensobjekten. Erstere findet statt, wenn der Gegenstand sich nicht im Gewahrsam einer Person befindet oder von dem Inhaber freiwillig herausgegeben wird. Sie kann von jedem Polizeibeamten ohne weiteres vorgenommen werden unter Hingabe einer einfachen Empfangsbescheinigung auf Verlangen des Inhabers. Auch ohne ein solches Verlangen wird die Empfangsbestätigung im eigenen Interesse geboten sein, wenn es sich um eine Verwahrung wertvoller Vermögensobjekte handelt.

Die Sperre besteht in einer Bekanntmachung der Polizeibehörde über den Verlust eines Gegenstandes an Gewerbetreibende aller Art, bei Verlust von Wertpapieren also an Bankinstitute, und bezweckt in erster Linie die Ermittlung und Sicherstellung des Vermögensobjektes, in zweiter Linie, falls es sich um eine Straftat handelt, die Ermittlung des Täters.

Erscheint die Sicherstellung gefährdet, so kann sie, wenn die Voraussetzungen einer Beschlagnahme vorliegen, in diese übergehen.

B. Beschlagnahme bei Pfandleihern.

Die Pfandleiher sind nach § 1207 BGB. verpflichtet, Pfandstücke, welche den früheren Besitzern gestohlen worden, verloren gegangen oder sonst unfreiwillig abhanden gekommen sind, ohne Entschädigung an den Besitzer herauszugeben. Die Polizeibeamten sind jedoch nicht berechtigt, den Pfandleihern solche Pfandstücke gegen ihren Willen zum Zwecke der Herausgabe an die Bestohlenen oder sonst Geschädigten wegzunehmen und diesen auszuhändigen. Die Beschlagnahme von Sachen bei Pfandleihern darf vielmehr nur zur Sicherung des Beweises einer strafbaren Handlung, nicht lediglich im Privatinteresse des anscheinend berechtigten früheren Besitzers erfolgen. Auch die als Überführungsstücke in Pfandgeschäften beschlagnahmten Gegenstände sind nach erfolgter Freigabe auf Verlangen den Pfandleihern als letztem Inhaber zurückzugeben. Die Geschädigten sind mit ihren Ansprüchen gegen die Pfandleiher auf den Weg des Zivilprozesses zu verweisen mit dem Anheimstellen, zur Verhütung einer Fortschaffung der Sachen nötigenfalls bei Gericht den Erlaß einer einstweiligen Verfügung gemäß § 935 ff. ZPO. zu beantragen. Weitergehende Aufklärungen sind nicht zu erteilen. Insbesondere werden die Polizeibeamten zur Vermeidung nichtzutreffender Bescheide davon Abstand zu nehmen haben, die angeblich berechtigten Eigentümer über ihr Recht zur Rückforderung der Sachen ohne Entschädigung der Pfandleiher aufzuklären.

Gegenstände, die als Beweismittel für eine strafrechtliche Untersuchung bei Pfandleihern beschlagnahmt sind, sind in der Regel nur dann mitzunehmen, wenn der Zweck der Untersuchung dies erfordert; andernfalls können sie, sofern der Pfandleiher nicht einer Teilnahme, Begünstigung oder Hehlerei verdächtig erscheint, nach gehöriger Sicherstellung in seinem Gewahrsam belassen werden.

Bei Feststellungen in den Geschäftslokalen der Pfandleiher ist, wenn keine Gefahr im Verzuge vorliegt, nach Möglichkeit auf die übliche Geschäftszeit, bei Pfandleihern jüdischen Glaubens auch auf deren Feiertage Rücksicht zu nehmen.

8. Die Behandlung von Verwahrstücken.

Auf Grund mehrerer Erkenntnisse des Reichsgerichts aus den letzten Jahren verlangen auch die Gerichte der niederen Instanzen eine gegen früher wesentlich verschärfte Sorgfaltspflicht von den Beamten bei Ausübung dienstlicher Handlungen. Im besonderen Maße gilt dies von der Aufbewahrung und Behandlung solcher Gegenstände, die durch einen amtlichen Eingriff in den Gewahrsam einer Behörde gelangt sind. Nach der Rechtsprechung haftet die Behörde aus einem dem Verwahrungsverträge ähnlichen Verhältnisse auf Rückgabe, und zwar in unversehrtem Zustande, es sei denn, daß sie beweist, daß ihr die Rückgabe aus einem Grunde unmöglich ist, der nicht auf Verschulden ihrer Beamten beruht.

Der Begriff des Verschuldens wird von den Gerichten entsprechend der erweiterten Auffassung von der Sorgfaltspflicht sehr weit gefaßt. Er erstreckt sich über alle 3 Phasen, die bei einer Inverwahrungnahme (Beschlagnahme, Sicherstellung) unterschieden werden können:

a) Akt der Besitzergreifung.

Die Gerichte haben es als ein Verschulden angesehen, wenn die Beamten nicht bei der Besitzergreifung unter Hinzuziehung des Betroffenen oder eines unbeteiligten Dritten ein Verzeichnis der beschlagnahmten Gegenstände aufgestellt haben, aus dem sich außer der Zahl auch die Maße (Größenmaße oder Gewicht) der beschlagnahmten Stücke ergibt. Vielfach wird man sich damit helfen können, daß man an Ort und Stelle die beschlagnahmten Sachen in einen Koffer, Karton oder dergl. packt, diesen in Gegenwart des Betroffenen versiegelt und letzteren dann spätestens auf den nächsten Tag zur Öffnung des Behältnisses und Aufstellung des Verzeichnisses zur Dienststelle vorladet.

b) Akt der Verwahrung.

Hier sind in erster Linie die bereits bestehenden Bestimmungen über die Verwahrung von Überführungsstücken maßgebend.

Vor der Ablieferung an die Aufbewahrungsstelle muß für die größte Sicherheit der beschlagnahmten Gegenstände gesorgt werden. Von den Gerichten ist es als ein Verschulden angesehen, wenn anderen als den mit der Sache befaßten Beamten die verwahrten Gegenstände zugänglich sind (z. B. eine Aufbewahrung in einem verschlossenen Pult, dessen Schlüssel sich an einer Stelle befindet, die mehreren Beamten erreichbar ist).

c) Akt der Rückgabe.

Es ist stets angebracht, eine Quittung über den Empfang der zurückzugebenden Gegenstände aufzunehmen. Jedoch haben die Gerichte es als ungenügend angesehen, wenn die Quittung nur ganz allgemein lautet: „alles richtig erhalten" zu haben, oder wenn dem Empfänger vor Abgabe der Quittung keine genügende Gelegenheit zur Durchsicht der zurückzuerstattenden Sachen gegeben worden ist. Es empfiehlt sich daher, nach Möglichkeit dem Empfänger die Sachen vorzuzählen und gegebenenfalls vorzumessen oder vorzuwiegen, und alsdann dies in die Quittung aufzunehmen.

Im allgemeinen dürfte etwa folgender Wortlaut zu empfehlen sein: „Mir sind die im Besitz der Polizei befindlichen Gegenstände zur eingehenden Durchsicht vorgelegt. Ich habe mich davon überzeugt, daß die Anzahl der Gegenstände sowie Maß und Gewicht, mit der als vereinnahmt angegebenen Anzahl übereinstimmt und daß sich die Sachen in demselben Zustande wie zur Zeit der Beschlagnahme befinden. Ich bescheinige hiermit den Empfang."

Bei der Abführung von Verwahrungsgeldern an die Gerichtskassen ist folgendes zu beachten:

Es ist dringend erforderlich, die Polizeiamtskassen so schnell wie möglich von den für Gerichtsbehörden (Staatsanwaltschaft, Untersuchungsrichter, erkennendes Gericht und Justizgefängnis) verwahrten Gelder zu befreien. Hierzu ist es nicht erforderlich, daß ein Ersuchen der Staatsanwaltschaft usw., um Überweisung der in Strafermittlungsverfahren beschlagnahmten oder aus anderen Gründen für die Justizbehörden von der Kriminalpolizei in Verwahrung genommenen Gelder an die zuständige Gerichtskasse eingeht. Vielmehr hat die Überweisung unaufgefordert zu erfolgen, sobald das Aktenzeichen der Justizbehörde bekannt geworden ist.

9. Die polizeilichen Organe sind befugt, in Ausübung ihres Dienstes zur Aufrechterhaltung der öffentlichen Ruhe, Ordnung und Sicherheit vorübergehende Beschränkungen des Eigentums, insbesondere die Abgabe von Gegenständen anzuordnen, z. B. von Waffen, deren Mißbrauch zu befürchten steht, von ungeeigneten Nahrungsmitteln, die zum Verkauf angeboten, von Theaterbillets, die verbotswidrig im Straßenhandel feilgehalten werden usw. Für derartige Beschlagnahmen kommt die Strafprozeßordnung überhaupt nicht in Frage, sondern landesrechtliche Bestimmungen, z. B. für Preußen § 10 II, 17 Allgem. Landrecht. Die präventivpolizeiliche Beschlagnahme ist aufzuheben, sobald keine Gefährdung der Öffentlichkeit mehr zu befürchten ist. Doch können einzelne Stücke als Beweismittel für ein Strafverfahren nach den Vorschriften der Strafprozeßordnung einbehalten werden. Von dem Mittel dieser Beschlagnahme ist nur mit äußerster Vorsicht Gebrauch zu machen.

10. Razzien. Die Zulässigkeit von Razzien richtet sich nach Landesrecht. In Preußen sind Razzien zulässig nach § 10 II 17 ALR. (Pflicht der Polizei zur Abwehr von Gefahren, die der Rechtsordnung von dem bösen Willen der Menschen drohen) und nach § 89 der Einleitung zum ALR.: „Wem die Gesetze ein Recht geben, dem bewilligen sie auch die Mittel, ohne welche dasselbe nicht ausgeübt werden kann."

Hält die Polizei die Razzia für das einzige zur Verhütung oder Beseitigung gesetzwidriger Zustände oder zur Beschaffung von Beweismaterial für strafbare Handlungen, so darf sie auch Razzien ausführen. Immerhin muß die Razzia als Mittel in einem gewissen Verhältnis zum Übel stehen, darf also nur stattfinden, wenn die abzustellenden Übelstände oder das zu beschaffende Beweismaterial eine derart einschneidende Maßnahme auch tatsächlich rechtfertigen.

Das Betreten von Lokalen, Wirtschaften, Wohnungen usw., in welchen während der Nachtzeit das Publikum ohne Unterschied zugelassen wird, ist für die Polizei in Preußen auch nachts nach § 9 des Gesetzes zum Schutze der persönlichen Freiheit vom 12. Februar 1850 zulässig, solange solche Orte dem Publikum zum ferneren Eintritt oder dem eingetretenen Publikum zum ferneren Verweilen geöffnet sind.

Es ist Pflicht der Polizei, jedes Amtsgeschäft so einzurichten, daß unbeteiligte Dritte davon nicht betroffen werden. Das ist nach Möglichkeit zu beachten. Andererseits ist es jedoch auch ein Recht der Polizei, Auskunft von jedermann über seine Persönlichkeit zu verlangen, wenn eine solche Auskunft für die Polizei erforderlich ist und andere Mittel nicht zum Ziele führen. Sogar eine Zwangsstellung zu diesem Zwecke ist erlaubt. Letztere allerdings in der Regel nur dann, wenn eine Feststellung an Ort und Stelle mangels vorhandener oder wegen verdächtig erscheinender Papiere nicht möglich ist. Grundsätzlich müßte nach der gegebenen Rechtslage die Feststellung an Ort und Stelle erfolgen und nur in zweifelhaften Fällen eine Mitnahme der Personen zur amtlichen Stelle zwecks Feststellung veranlaßt werden. Sollte sich trotzdem aus besonderen Gründen eine Aussonderung an Ort und Stelle nicht ermöglichen lassen, und eine Mitnahme sämtlicher Personen notwendig machen, so empfiehlt es sich, wenigstens die sich als unverdächtig ausweisenden Personen im Amtslokale zuerst mit möglichster Beschleunigung abzufertigen.

Kurz zusammengefaßt ist also die Razzia nur als äußerstes Mittel und unter Schonung berechtigter Interessen in Anwendung zu bringen.

11. Aushebung von Lokalen. Bei der Aushebung von Lokalen ist ebenfalls mit besonderer Vorsicht zu verfahren. Es werden nur solche Lokale ausgehoben werden können, in denen in der Hauptsache ein zu kriminalpolizeilichen Bedenken Anlaß gebendes Publikum verkehrt. Aushebungen sollen auch nur dann Platz greifen, wenn die dringende Notwendigkeit besteht, sich über die Persönlichkeit aller jeweilig anwesenden Besucher zu vergewissern. Das Heraussuchen einzelner bestimmter Personen soll nicht im Wege einer Aushebung erfolgen, da es auf andere Weise (durch Unterstützung des Inhabers, Angestellter desselben oder von Vigilanten) ermöglicht werden kann. Den von der Aushebung betroffenen Lokalbesuchern soll möglichstes Entgegenkommen bewiesen werden. Insbesondere wird eine Prüfung der Legitimationen an Ort und Stelle zu erfolgen haben und ein Transport nach der Polizei kann nur dann stattfinden, wenn er zur einwandfreien Feststellung der Persönlichkeit unentbehrlich ist.

§ 94 (94). Gegenstände, welche als Beweismittel für die Untersuchung von Bedeutung sein können[1] oder der Einziehung unterliegen, sind in Verwahrung zu nehmen oder in anderer Weise sicherzustellen.[2]

Befinden sich die Gegenstände in dem Gewahrsam einer Person und werden sie nicht freiwillig herausgegeben, so bedarf es der Beschlagnahme.

1. Es unterliegen nur solche Gegenstände der Beschlagnahme, welche als Beweismittel für die Untersuchung von Bedeutung sein können oder der Einziehung unterliegen. Als solche kommen in Frage Tatbestands- und Überführungsstücke, z. B. Photographien verfolgter Personen, Gegenstände, welche dem Anscheine nach zur Begehung einer Straftat gedient haben oder dienen sollten oder Spuren der Tat an sich tragen, oder welche durch die Tat hervorgebracht, verändert oder erlangt worden sind. Ferner gehören dazu Gegenstände, auf deren Wiedererkennung es ankommt, und welche daher bei Vernehmung von Zeugen vorzulegen sind, Schriftstücke, welche den

Gegenstand der Untersuchung bilden oder über die Tat oder Täterschaft Aufschluß geben oder bei einer Schriftvergleichung als Vergleichung dienen sollen usw.

2. Eine Verwahrung, Sicherstellung und Beschlagnahme kann auch in der Weise erfolgen, daß der Gegenstand im Gewahrsam des Besitzers belassen und ihm hierbei bekannt gegeben wird, daß die Sache von diesem Zeitpunkt als in gerichtlicher Verwahrung, Sicherstellung oder Beschlagnahme befindlich anzusehen ist. Vgl. Vorbem. 7 B vor § 94. Die Verletzung der hierdurch begründeten amtlichen Verstrickung ist als sogenannter Arrestbruch nach § 137 StGB. strafbar.

Beispiel: Bei einer polizeilichen Streife wird in dem Lokal des Gastwirts Krause ein Sauerstoffgebläse gefunden. Da die Polizeibeamten mit der Festnahme zahlreicher verdächtiger Personen beschäftigt sind, können sie den Apparat nicht mitnehmen. Der Kriminalkommissar Müller erklärt dem Gastwirt Krause, der die freiwillige Herausgabe verweigert, daß der Apparat als beschlagnahmt gilt, und daß Krause über den Apparat weder verfügen noch ihn verändern darf. Hierbei wird sich auch ein Hinweis auf die Strafbestimmungen des § 137 StGB. und unter Umständen auch auf § 257 StGB. (Begünstigung) empfehlen.

§ 95 (95). Wer einen Gegenstand der vorbezeichneten Art in seinem Gewahrsam hat, ist verpflichtet, ihn auf Erfordern vorzulegen und auszuliefern.[1]

Er kann im Falle der Weigerung durch die im § 70 bestimmten Zwangsmittel hierzu angehalten werden. Gegen Personen, welche zur Verweigerung des Zeugnisses berechtigt sind, finden diese Zwangsmittel keine Anwendung.[2]

1. Die Vorschrift des § 95 betrifft nur die Verpflichtung zur Vorlegung und Herausgabe, sie hat eigentlich mit der Beschlagnahme selbst nichts zu tun.

Die zur Zeugnisverweigerung berechtigten Personen sind lediglich von der Pflicht zur Vorlegung und Herausgabe von Beweis- und Einziehungsstücken befreit, dagegen müssen sie die Beschlagnahme eines Gegenstandes auf Grund des § 94 dulden mit der Ausnahme, daß nach § 97 StPO. eine Beschlagnahme schriftlicher Mitteilungen zwischen ihnen und dem Beschuldigten unter bestimmten Voraussetzungen unzulässig ist.

2. Über die zur Zeugnisverweigerung berechtigten Personen vgl. §§ 52—55 StPO., Artikel 38 Abs. 1 Reichsverfassung, sowie Anm. 4 zu § 53.

§ 96 (96). Die Vorlegung oder Auslieferung von Akten oder anderen in amtlicher Verwahrung befindlichen Schriftstücken durch Behörden und öffentliche Beamte darf nicht gefordert werden, wenn deren oberste Dienstbehörde erklärt, daß das Bekanntwerden des Inhalts dieser Akten oder Schriftstücke dem Wohle des Reiches oder eines deutschen Landes Nachteil bereiten würde.

§ 97 (97). Schriftliche Mitteilungen zwischen dem Beschuldigten und den Personen, die wegen ihres Verhältnisses zu ihm nach §§ 52, 53 zur Verweigerung[1] des Zeugnisses[2] berechtigt sind, unterliegen der Beschlagnahme nicht,[3] falls sie sich in den Händen der letzteren Personen befinden und diese nicht einer Teilnahme, Begünstigung oder Hehlerei verdächtig sind.

1. Die Mitglieder des Reichstags und der Landtage stehen bezüglich der Beschlagnahme von Schriftstücken nach Artikel 38 Reichsverfassung den zur Zeugnisverweigerung berechtigten Personen gleich, Anm. 4 zu § 53.

2. Nur die Schriftstücke, die sich in den Händen der zur Zeugnisverweigerung berechtigten Personen befinden, sind von der Beschlagnahme befreit.

Beispiel: Im Schreibtisch eines der Beleidigung beschuldigten Schriftleiters findet sich ein auf die Sache bezüglicher Brief eines Abgeordneten. Dieses Schriftstück darf beschlagnahmt werden, weil es sich im Gewahrsam des Beschuldigten selbst befindet.

3. Soweit Schriftstücke der Beschlagnahme entzogen sind, ist es auch verboten, sie nach § 110 einer Durchsicht zu unterziehen.

§ 98 (98).[1] Die Anordnung von Beschlagnahmen steht dem Richter, bei Gefahr im Verzug[2 3] auch der Staatsanwaltschaft und den Polizei- und Sicherheitsbeamten zu, welche als Hilfsbeamte der Staatsanwaltschaft ihren Anordnungen Folge zu leisten haben.[4 5]

Ist die Beschlagnahme ohne richterliche Anordnung erfolgt,[6] so soll der Beamte,[7] welcher die Beschlagnahme angeordnet hat, binnen drei Tagen[8] die richterliche Bestätigung nachsuchen, wenn bei der Beschlagnahme weder der davon Betroffene noch ein erwachsener Angehöriger anwesend war, oder wenn der Betroffene und im Falle seiner Abwesenheit ein erwachsener Angehöriger des Betroffenen gegen die Beschlagnahme ausdrücklichen Widerspruch erhoben hat. Der Betroffene kann jederzeit die richterliche Entscheidung nachsuchen. Solange die öffentliche Klage noch nicht erhoben ist, erfolgt die Entscheidung durch den Amtsrichter, in dessen Bezirk die Beschlagnahme stattgefunden hat.

Ist nach erhobener öffentlicher Klage[9] die Beschlagnahme durch die Staatsanwaltschaft oder einen Polizei- oder Sicherheitsbeamten erfolgt, so ist binnen drei Tagen dem Richter von der Beschlagnahme Anzeige zu machen und sind ihm die in Beschlag genommenen Gegenstände zur Verfügung zu stellen.

Beschlagnahmen in militärischen Dienstgebäuden, zu welchen auch Kriegsfahrzeuge gehören, erfolgen durch Ersuchen der Militärbehörde und auf Verlangen der Zivilbehörde (Richter, Staatsanwaltschaft) unter deren Mitwirkung. Des Ersuchens der Militärbehörde bedarf es jedoch nicht, wenn die Beschlagnahme in Räumen vorzunehmen ist, welche in militärischen Dienstgebäuden ausschließlich von Zivilpersonen bewohnt werden.

1. Die einer durch die Polizei festgenommenen oder verhafteten Person abgenommenen Gegenstände werden nicht im Sinne der §§ 94 f. beschlagnahmt, sondern im Interesse der Anstaltsordnung in amtliche Verwahrung genommen.

2. Die Entscheidung darüber, ob „Gefahr im Verzuge" vorliegt, steht der StA. und den Polizeibeamten zu, welche die Beschlagnahme vornehmen wollen.

3. Bei Straftaten, die nur auf Antrag verfolgt werden, ist eine Beschlagnahme auch schon vor Stellung des Strafantrages zulässig.

Beispiel: Der Fürsorgezögling Hoffmann ist zum Weihnachtsfest auf Urlaub in die Wohnung seiner Eltern zurückgekehrt. Die Eltern, die hiervon nicht unterrichtet waren, halten sich außerhalb der Wohnung auf. Diese Gelegenheit benutzt der Fürsorgezögling, um silberne Bestecke zu stehlen. Beim Verlassen der Wohnung wird er von Hausbewohnern beobachtet, die ihn mit der Diebesbeute der Polizei überliefern. Obwohl zu diesem Zeitpunkt noch kein Strafantrag des Vaters Hoffmann vorliegt und der Diebstahl eines Sohnes gegenüber seinem Vater nach § 247 StGB. nur auf Antrag zu verfolgen ist, kann die Polizei die gestohlenen Bestecke schon in diesem Zeitpunkt beschlagnahmen.

4. Die Vorschrift des § 98 betrifft auch den Fall, daß eine Beschlagnahme nur durch Anordnung eines Verfügungsverbots erfolgt (vgl. Anm. 1 zu § 94).

5. Über Hilfsbeamte der StA. vgl. § 152 GVG. Für Preußen sind durch Verfügung vom 22. Februar 1927 (JMBl. S. 50) folgende Klassen der Polizeibeamten zu Hilfsbeamten der StA. bestellt worden:

A. Aus dem Bereich der staatlichen Polizei:

I. bei der Schutzpolizei: die Polizeihauptleute, Polizeioberleutnants, Polizeileutnants, Polizeiobermeister, Polizeimeister, Polizeihauptwachtmeister, Polizeioberwachtmeister, solange sie wachthabende sind, in Gewerbe- und Verkehrsstellen und als Landposten; die Landposten der Schutzpolizei in Groß-Berlin, die Polizeiinspektoren, Polizeikommissare, Polizeisekretäre, Polizeiassistenten,

II. bei der Kriminalpolizei (einschl. Grenzpolizei): Kriminalpolizeiräte, Kriminaloberkommissare, Kriminalbezirkssekretäre, Kriminalkommissare, Kriminalsekretäre, Kriminalassistenten und Hilfskriminalkommissare,

III. bei der Landjägerei (der früheren Landgendarmerie): die Landjägeroberleutnants, Oberlandjägermeister, Landjägermeister, die Oberlandjäger.

B. Aus dem Bereich der kommunalen Polizei:

I. bei der uniformierten Vollzugspolizei einschl. der in Sonderdienstzweigen verwendeten nicht uniformierten Pol.-Vollzugsbeamten:

Polizei-Oberinspektoren, Polizei-Kommissare, Polizei-Obermeister, Polizei-Meister, Polizei-Assistenten,

II. bei der Kriminalpolizei: Kriminal-Oberinspektoren, Kriminal-Kommissare, Kriminal-Bezirkssekretäre, Kriminal-Sekretäre und Kriminal-Assistenten.

Wegen der militärischen Vorgesetzten vgl. § 443 StPO. Im übrigen sind in Preußen auch die Beamten des Steueraußen- und Zollfahndungsdienstes, der Strom- und Schiffahrtspolizei sowie des Reichswasserschutzes Hilfsbeamte der StA.

6. Abs. 2 bezieht sich auf eine vor Erhebung der Klage, Abs. 3 auf eine nach Erhebung der öffentlichen Klage erfolgte Beschlagnahme.

7. Die Polizeibeamten, die eine Beschlagnahme anordnen, haben, von dringenden Eilfällen abgesehen, nicht mittelbar beim Gericht die Bestätigung nachzusuchen, sondern sie wenden sich zunächst an die StA., die ihrerseits bei dem Gericht die Bestätigung beantragt.

8. Binnen drei Tagen, d. h. von der tatsächlichen Ausführung der Beschlagnahme, nicht von der Anordnung der Beschlagnahme ab gerechnet.

9. Für die Beschlagnahme und Durchsuchung in Parlamentsgebäuden gilt Artikel 38 Abs. 2 Reichsverfassung, nach der eine solche nur mit Zustimmung des Präsidenten vorgenommen werden darf.

§ 99 (99). Zulässig ist die Beschlagnahme[1] der an den Beschuldigten gerichteten Briefe und Sendungen auf der Post[2] sowie der an ihn gerichteten Telegramme auf den Telegraphenanstalten; desgleichen ist zulässig an den bezeichneten Orten die Beschlagnahme solcher Briefe, Sendungen und Telegramme, in betreff derer Tatsachen vorliegen, aus welchen zu schließen ist, daß sie von dem Beschuldigten herrühren oder für ihn bestimmt sind, und daß ihr Inhalt für die Untersuchung Bedeutung habe.[3]

1. Vgl. Vorbemerkungen vor § 94 und Anm. 1 zu § 100.

2. Über das Vorliegen der gesetzlichen Voraussetzungen der Beschlagnahme entscheidet nicht die Postbehörde, sondern der zur Anordnung einer Beschlagnahme von Postsendungen nach § 100 zuständige Richter oder Staatsanwalt.

3. Zu den Postanstalten im Sinne des § 99 rechnen nicht die Postscheckämter. Beschlagnahmen, die sich auf den Dienstbereich der Postscheckämter beziehen, erfolgen nach den allgemeinen Beschlagnahmevorschriften der StPO.

§ 100 (100). Zu der Beschlagnahme (§ 99) ist nur der Richter,[1] bei Gefahr im Verzug und, wenn die Untersuchung nicht bloß eine Übertretung betrifft, auch die Staatsanwaltschaft befugt. Die letztere muß jedoch den ihr ausgelieferten Gegenstand sofort, und zwar Briefe und andere Postsendungen uneröffnet,[2] dem Richter vorlegen.

Die von der Staatsanwaltschaft verfügte Beschlagnahme tritt, auch wenn sie eine Auslieferung noch nicht zur Folge gehabt hat, außer Kraft, wenn sie nicht binnen drei Tagen von dem Richter bestätigt wird.

Die Entscheidung über eine von der Staatsanwaltschaft verfügte Beschlagnahme sowie über die Eröffnung eines ausgelieferten Briefes oder einer anderen Postsendung erfolgt durch den zuständigen Richter (§ 98).

1. Zur Beschlagnahme von Postsendungen nach § 99 ist die Polizeibehörde niemals befugt.

2. Es darf also von den Briefen niemand anders Kenntnis nehmen als der Richter.

§ 101 (101). Von den getroffenen Maßregeln (§§ 99, 100) sind die Beteiligten zu benachrichtigen, sobald dies ohne Gefährdung des Unterrichtszwecks geschehen kann.

Sendungen, deren Eröffnung nicht angeordnet worden, sind dem Beteiligten sofort auszuantworten. Dasselbe gilt, soweit nach der Eröffnung die Zurückbehaltung nicht erforderlich ist.

Der Teil eines zurückbehaltenen Briefes, dessen Vorenthaltung nicht durch die Rücksicht auf die Untersuchung geboten erscheint, ist dem Empfangsberechtigten abschriftlich mitzuteilen.

§ 102 (102).[1] Bei dem, welcher als Täter oder Teilnehmer einer strafbaren Handlung oder als Begünstiger oder Hehler verdächtig ist, kann eine Durchsuchung der Wohnung und anderer Räume sowie seiner Person[2] und der ihm gehörigen Sachen[3] sowohl zum Zwecke seiner Ergreifung als auch dann vorgenommen werden, wenn zu vermuten ist, daß die Durchsuchung zur Auffindung von Beweismitteln führen werde.[4]

1. Die §§ 102—110 betreffen die Durchsuchung.

2. Durchsuchung der Person umfaßt nicht das Eingeben von Mitteln, die zu einer gewaltsamen Ausstoßung von Gegenständen führen.

Beispiel: Ein Juwelendieb hat, um sich vor Entdeckung zu schützen, die gestohlenen Brillanten verschluckt. Die Vorschriften über Durchsuchung gestatten nicht, ihm ein Brech- oder Abführmittel gegen seinen Willen einzugeben.

3. Über die Durchsuchung im Reichstag und in den Landtagen vgl. Anm. 9 zu § 98.

4. Sonderfälle:

a) Durchsuchung in Druckereien.

Von beabsichtigten Durchsuchungen in Druckereien und Redaktionsräumen von Tages-, Wochenschriften usw. wird den bei einzelnen Polizeiverwaltungen bestehenden Sonderdezernaten für politische Straftaten so rechtzeitig Mitteilung zu machen sein, daß von dieser ein Beamter zur Teilnahme bestimmt werden kann.

b) Durchsuchung auf Kähnen.

Bei Durchsuchung auf Kähnen wird nach den in Berlin gemachten Erfahrungen auch der Raum unter der Hängebühne (also der Balkenlage, auf der der Ladenraum ruht) genau zu durchsuchen sein.

§ 103 (103). Bei andern Personen[1] [2] sind Durchsuchungen nur behufs der Ergreifung des Beschuldigten oder behufs der Verfolgung von Spuren einer strafbaren Handlung oder behufs der Beschlagnahme bestimmter Gegenstände und nur dann zulässig, wenn Tatsachen vorliegen, aus denen zu schließen ist, daß die gesuchte Person, Spur oder Sache sich in den zu durchsuchenden Räumen befinde.

Diese Beschränkung findet keine Anwendung[3] auf die Räume, in welchen der Beschuldigte ergriffen worden ist, oder welche er während der Verfolgung betreten hat, oder in welchen eine unter Polizeiaufsicht[4] stehende Person wohnt oder sich aufhält.

1. Die im Schrifttum und in der Rechtsprechung streitige Frage, ob unverdächtige Personen unter den Voraussetzungen des § 103 eine Besichtigung ihres Körpers zu dulden verpflichtet sind, ist zu bejahen (vgl. Anm. 2 zu § 86).

Beispiel: Der reisende Handwerksbursche Müller wird beschuldigt, die Dorfmagd Schulze mit einer Geschlechtskrankheit angesteckt zu haben (Vergehen gegen das Gesetz zur Bekämpfung der Geschlechtskrankheiten vom 18. Februar 1927, RGBl. I S. 61). Die Schulze muß bei Vermeidung des Zeugniszwanges (§ 70) die ärztliche Untersuchung ihres Körpers gestatten.

2. Das Recht zur Zeugnisverweigerung (§§ 52—55) befreit nicht von der Verpflichtung, die Durchsuchung nach § 103 zu dulden.

Beispiel: Fritz Müller ist nach Verübung eines Straßenraubes in die Wohnung seines Bruders Paul Müller geflüchtet. Die Polizei kann die Wohnung des Paul Müller auch gegen dessen Willen zwecks Auffindung des Fritz Müller durchsuchen.

3. Sofern die Voraussetzungen des Abs. 2 erfüllt sind, ist eine Durchsuchung bei nichtverdächtigen Personen auch in dem Falle zulässig (§ 102), wenn die Auffindung von Beweismitteln als Ergebnis der Durchsuchung zu vermuten ist.

4. Über die Polizeiaufsicht vgl. §§ 38, 39 StGB.

§ 104 (104). Zur Nachtzeit[1] dürfen die Wohnung, die Geschäftsräume und das befriedete Besitztum[2] nur bei Verfolgung auf frischer Tat[3] oder bei Gefahr im Verzug oder dann durchsucht werden, wenn es sich um die Wiederergreifung eines entwichenen Gefangenen[4] handelt.

Diese Beschränkung findet keine Anwendung auf Wohnungen von Personen, welche unter Polizeiaufsicht stehen, sowie auf Räume, welche zur Nachtzeit jedermann zugänglich oder welche der Polizei als Herbergen oder Versammlungsorte bestrafter

Personen, als Niederlagen von Sachen, welche mittels strafbarer Handlungen erlangt sind, oder als Schlupfwinkel des Glücksspiels oder gewerbsmäßiger Unzucht bekannt sind.

Die Nachtzeit umfaßt in dem Zeitraum vom ersten April bis dreißigsten September die Stunden von neun Uhr abends bis vier Uhr morgens und in dem Zeitraum vom ersten Oktober bis einunddreißigsten März die Stunden von neun Uhr abends bis sechs Uhr morgens.

1. Nur der Beginn einer Haussuchung zur Nachtzeit ist durch die Bestimmung des Abs. 1 beschränkt. Dagegen kann eine zur Tageszeit begonnene Haussuchung ohne die Einschränkung des § 104 bis in die Nacht hinein fortgesetzt werden.

2. Befriedetes Besitztum bedeutet jeder umschlossene Raum der Erdoberfläche, z. B. auch ein eingezäuntes Stück Gartenland.

3. D. h., wenn die Verfolgung unmittelbar nach Verübung der Tat aufgenommen wird.

4. Gefangener ist nicht nur der auf Grund eines Haftbefehls, sondern auch der vorläufig Festgenommene (§ 127).

§ 105 (105). Die Anordnung von Durchsuchungen[1] steht dem Richter, bei Gefahr im Verzug auch der Staatsanwaltschaft und den Polizei- und Sicherheitsbeamten zu, welche als Hilfsbeamte der Staatsanwaltschaft ihren Anordnungen Folge zu leisten haben.

Wenn eine Durchsuchung[2] der Wohnung, der Geschäftsräume oder des befriedeten Besitztums ohne Beisein des Richters oder des Staatsanwalts stattfindet, so sind, wenn dies möglich, ein Gemeindebeamter oder zwei Mitglieder der Gemeinde, in deren Bezirk die Durchsuchung erfolgt, zuzuziehen. Die als Gemeindemitglieder zugezogenen Personen dürfen nicht Polizei- oder Sicherheitsbeamte sein.

Die in den vorstehenden Absätzen angeordneten Beschränkungen der Durchsuchung finden keine Anwendung auf die im § 104 Abs. 2 bezeichneten Wohnungen und Räume.[3]

Durchsuchungen in militärischen Dienstgebäuden erfolgen durch Ersuchen der Militärbehörde und auf Verlangen der Zivilbehörde (Richter, Staatsanwaltschaft) unter deren Mitwirkung. Des Ersuchens der Militärbehörde bedarf es jedoch nicht, wenn die Durchsuchung von Räumen vorzunehmen ist, welche in militärischen Dienstgebäuden ausschließlich von Zivilpersonen bewohnt werden.

1. Anm. 2, 3, 6, 9 zu § 98 finden entsprechende Anwendung.

2. Abs. 2 behandelt den üblichen Fall der Haussuchung durch die Polizei. Die Polizeibeamten, die eine Haussuchung vornehmen, haben nach

pflichtmäßigem Ermessen zu entscheiden, ob der durch die Hinzuziehung eines Gemeindebeamten oder zweier Gemeindemitglieder entstehende Zeitverlust mit der durch die Sachlage gebotenen Eile vereinbar ist oder nicht; in letzterem Falle kann der Polizeibeamte allein durchsuchen.

3. Nach Abs. 3 ist zu einer Haussuchung in den im § 104 Abs. 2 bezeichneten Räumen, z. B. in einem Bordell oder in einem verbotenen Spielklub, jeder Polizeibeamte befugt, auch wenn keine Gefahr im Verzuge vorliegt.

§ 106 (106). Der Inhaber der zu durchsuchenden Räume oder Gegenstände[1] darf der Durchsuchung beiwohnen. Ist er abwesend,[2] so ist, wenn dies möglich, sein Vertreter oder ein erwachsener Angehöriger, Hausgenosse oder Nachbar zuzuziehen.

Dem Inhaber[3] oder der in dessen Abwesenheit zugezogenen Person ist in den Fällen des § 103 Abs. 1 der Zweck der Durchsuchung vor deren Beginn bekanntzumachen. Diese Vorschrift findet keine Anwendung auf die Inhaber der im § 104 Abs. 2 bezeichneten Räume.[4]

1. Die Durchsuchung hat mit möglichster Schonung der zu durchsuchenden Räume und Personen zu erfolgen. Behältnisse sind nur dann zu erbrechen, wenn ihre Öffnung auf andere Weise ohne Gefährdung des Durchsuchungszweckes nicht möglich ist.

2. Wenn der Inhaber der Räume im Hause nicht anwesend ist, so braucht auf sein Erscheinen nicht gewartet zu werden.

3. Störungen der Durchsuchung seitens des Inhabers der Räume oder sonstiger Personen ist mit den Zwangsmitteln des § 164 zu begegnen. Der Richter hat in diesem Falle außerdem die Befugnis zur Verhängung von Ordnungsstrafen nach §§ 176—180 GVG.

Beispiel: Bei der Durchsuchung einer Kaschemme versuchen einige der Gäste die Polizeibeamten am Betreten eines der Räume zu verhindern. Die Beamten können diese Personen, auch wenn der Tatbestand des Widerstandes gegen die Staatsgewalt (§ 113 StGB.) nicht erfüllt ist, lediglich zur Durchführung der Haussuchung festnehmen.

4. Der Beschuldigte und sein Verteidiger haben, sofern sie nicht die Inhaber der zu durchsuchenden Räume sind, keinen Anspruch auf Anwesenheit bei der Durchsuchung. Die Frage, ob und in welchem Umfange sie der Durchsuchung trotzdem beiwohnen dürfen, ist im polizeilichen Ermittlungsverfahren von dem durchsuchenden Beamten unter Berücksichtigung des mit der Durchsuchung verfolgten Zweckes zu entscheiden. In vielen Fällen wird sich sogar die Anwesenheit des Beschuldigten zur Klärung einzelner Fragen, die mit der Durchsuchung im Zusammenhang stehen, empfehlen. Auch bei der Zulassung des Verteidigers ist eine zu große Engherzigkeit zu vermeiden. Dabei darf nicht außer Acht bleiben, daß die die Durchsuchung begleitenden Umstände häufig für die Verteidigung von größter Bedeutung sind.

Andererseits darf auch nicht der Zweck der Durchsuchung gefährdet werden. Findet die Durchsuchung auf Ersuchen der Staatsanwaltschaft statt, so wird diese zu entscheiden haben, während bei gerichtlicher Voruntersuchung der Untersuchungsrichter entscheidet.

§ 107 (107). Dem von der Durchsuchung Betroffenen ist nach deren Beendigung auf Verlangen eine schriftliche Mitteilung[1] zu machen, welche den Grund der Durchsuchung (§§ 102, 103) sowie im Falle des § 102 die strafbare Handlung bezeichnen muß. Auch ist ihm auf Verlangen ein Verzeichnis[2] der in Verwahrung oder in Beschlag genommenen Gegenstände, falls aber nichts Verdächtiges gefunden wird, eine Bescheinigung hierüber zu geben.

1. Der Zeitpunkt, in dem die — kostenfreie — schriftliche Mitteilung zu machen ist, bestimmt § 107 nur insofern, als sie nicht vor Beendigung der Durchsuchung erteilt werden darf. Dem durchsuchenden Beamten bleibt es überlassen, ob er diese Mitteilung an Ort und Stelle ausstellen oder ob er sie später in seinem Dienstzimmer anfertigen und dem Betroffenen zusenden will.

2. Die mit Beschlag belegten Gegenstände müssen im Protokoll einzeln aufgeführt werden. Das Verzeichnis ist zu numerieren und bei jedem Gegenstande die Person des Inhabers zu bezeichnen, sowie eine Wertangabe hinzuzufügen, sofern die Schätzung ohne besondere Ermittelungen möglich ist. Findet keine Beschlagnahme statt, so ist dies im Protokoll zu vermerken.

Wenn die mit Beschlag belegten Gegenstände so zahlreich sind, daß die Aufführung im einzelnen Schwierigkeiten bietet, z. B. bei einem Warenlager oder bei einer großen Menge von Briefschaften oder Schriftstücken, müssen die beschlagnahmten Sachen an Ort und Stelle in abgesonderten, hinreichend gesicherten Räumen versiegelt oder in Körben oder Kisten verpackt und versiegelt befördert werden. Diese Siegel sind in Gegenwart des Beschuldigten oder eines von ihm zu stellenden Vertreters zu öffnen, falls noch Verfügungen über die betr. Gegenstände getroffen werden und letztere nicht sofort in versiegeltem Zustande an das Gericht abgeliefert werden. Vgl. § 109.

§ 108 (108). Werden bei Gelegenheit einer Durchsuchung Gegenstände gefunden, welche zwar in keiner Beziehung zu der Untersuchung stehen, aber auf die erfolgte Verübung einer anderen strafbaren Handlung hindeuten,[1] so sind sie einstweilen in Beschlag zu nehmen. Der Staatsanwaltschaft ist hiervon Kenntnis zu geben.

1. *Beispiel: In einem gegen den Tagelöhner Krause wegen Diebstahls von Lederzeug eingeleiteten Verfahren nimmt die Polizei in der Wohnung des Krause eine Durchsuchung zwecks Auffindung der Diebesbeute vor. Bei Gelegenheit dieser Haussuchung wird in einer Schublade eine der Frau Krause gehörige, offenbar erst vor kurzer Zeit benutzte Abtreibungsspritze vorgefunden. Der Polizeibeamte hat diese Spritze in Beschlag zu nehmen und die Vorgänge der StA. zu übermitteln. Auch bei dieser Beschlagnahme finden die im § 98 Abs. 2 enthaltenen Vorschriften über die Bestätigung Anwendung.*

§ 109 (109). Die in Verwahrung oder in Beschlag genommenen Gegenstände sind genau zu verzeichnen[1] und zur Verhühütung von Verwechselungen durch amtliche Siegel oder in sonst geeigneter Weise kenntlich zu machen.[2] [3]

1. Vgl. Anm. 2 zu § 167.

2. Auch in den Fällen, in denen polizeilich beschlagnahmte Gegenstände nicht in polizeiliche Verwahrung genommen, sondern in Wohnungen oder sonst in den Händen der Beschuldigten oder dritter Personen belassen werden, ist die bewirkte Beschlagnahme durch Siegelanlegung oder auf andere Weise kenntlich zu machen. Beim Schließen ganzer Wohnungen oder einzelner Räume derselben geschieht dies am besten dadurch, daß am Eingang derselben eine entsprechende Aufschrift unter Angabe der die Maßnahme treffenden Polizeidienststelle angebracht wird. Hierzu wird am zweckmäßigsten ein Quartblatt Papier verwendet, das unter der Aufschrift das Datum, den Dienststempel und die Unterschrift des die Beschlagnahme bzw. Schließung anordnenden Beamten trägt. S. a. Anm. 2 zu § 107.

3. Der Eigentümer und Besitzer der Gegenstände ist auch seinerseits befugt, diese Sachen durch besondere Merkmale zu kennzeichnen.

§ 110 (110). Eine Durchsicht[1] der Papiere[2] des von der Durchsuchung Betroffenen steht nur dem Richter zu.

Andere Beamte sind zur Durchsicht der aufgefundenen Papiere nur dann befugt, wenn der Inhaber die Durchsicht genehmigt.[3] Anderenfalls haben sie die Papiere, deren Durchsicht sie für geboten erachten, in einem Umschlage, welcher in Gegenwart des Inhabers mit dem Amtssiegel[4] zu verschließen ist, an den Richter abzuliefern.[5]

Dem Inhaber der Papiere oder dessen Vertreter ist die Beidrückung seines Siegels gestattet; auch ist er, falls demnächst die Entsiegelung und Durchsicht der Papiere angeordnet wird, wenn dies möglich, aufzufordern, ihr beizuwohnen.

Der Richter hat die zu einer strafbaren Handlung in Beziehung stehenden Papiere der Staatsanwaltschaft mitzuteilen.

1. Die Beachtung dieser außerordentlich wichtigen Schutzvorschrift, gegen die in der Praxis leider manchmal verstoßen wird, ist allen beteiligten Beamten aufs dringendste zu empfehlen. Ihre Nichtbeachtung kann zu erheblichen Weiterungen und Schadensersatzansprüchen führen.

2. „Papiere" bedeutet alle Schriftstücke, gleichgültig wem sie gehören; dagegen nicht Drucksachen, für welche die die Durchsicht beschränkende Bestimmung des § 110 nicht gilt. Ein Polizeibeamter kann also Zeitungen und Bücher, die er bei der Durchsuchung vorfindet, ohne weiteres durchsehen.

3. Der Inhaber der Papiere kann die erteilte Genehmigung zur Durchsicht jederzeit mit Wirkung für die Zukunft widerrufen.

4. Die Versiegelung der Papiere ist nicht von der Anwesenheit des Inhabers abhängig. Auch wenn weder er noch eine Vertretungsperson (§ 106) bei der Durchsuchung zugegen ist, hat die Versiegelung der Papiere zu erfolgen.

§ 111 (111). Gegenstände, welche durch die strafbare Handlung dem Verletzten entzogen wurden,[1] sind, falls nicht Ansprüche Dritter entgegenstehen, nach Beendigung der Untersuchung und geeignetenfalls schon vorher von Amts wegen dem Verletzten zurückzugeben, ohne daß es eines Urteils hierüber bedarf.[2]

Dem Beteiligten bleibt die Geltendmachung seiner Rechte im Zivilverfahren vorbehalten.

1. Die Rückgabe der dem Verletzten durch die strafbare Handlung entzogenen Gegenstände kann nur der Richter, nicht die StA. oder die Polizei anordnen. Voraussetzung ist aber immer, daß die Ansprüche dritter nicht entgegenstehen. Vgl. im übrigen dazu die Vorbem. 8c und 7B vor § 94 u. Anm. 2..

2. Eines Gerichtsbeschlusses über die Rückgabe bedarf es nur für den Fall, daß unter den Beteiligten eine Einigung nicht zu erzielen ist. Jedoch werden die Polizeibeamten als ermächtigt anzusehen sein, die in ihrer Eigenschaft als Hilfsbeamte der Staatsanwaltschaft beschlagnahmten Gegenstände unter eigener Verantwortung an den Verletzten herauszugeben, wenn das Eigentum des Verletzten unzweifelhaft feststeht und von Dritten Ansprüche nicht erhoben werden, insbesondere auch wenn der von der Beschlagnahme Betroffene einwilligt. Daß letzteres der Fall ist, ist aktenkundig zu machen, am besten durch Aufnahme eines kurzen Protokolls. Im übrigen bleibt im Einzelfalle sorgfältig nachzuprüfen, ob die Voraussetzungen für eine Herausgabe vorhanden sind, da die Unterlassung einer Nachprüfung und eine Herausgabe ohne Vorliegen der dafür festgelegten Bedingungen unter Umständen Schadensersatzansprüche des von der Beschlagnahme Betroffenen gegen den die Beschlagnahme ausführenden Beamten nach sich ziehen kann.

Neunter Abschnitt: Verhaftung und vorläufige Festnahme.

Vorbemerkung.

1. Allgemeines:

Die Verhaftung und Festnahme sind als Ausnahmen von der durch Art. 114 Reichsverfassung geschätzten persönlichen Freiheit gesetzlich festgelegt. Als Gesetzesquellen für diese die Freiheitsentziehung rechtfertigenden Maßnahmen kommen außer den §§ 112—131 StPO. landesrechtlich verschieden geregelten Bestimmungen über die polizeiliche Sicherungshaft, z. B. für Preußen §§ 6, 10 des Gesetzes zum Schutze der persönlichen Freiheit vom 12. Februar 1850 (Gesetzsammlung S. 45) in Frage. Die §§ 112 f. finden keine Anwendung auf diese Vorschriften. Ebensowenig sind sie anwendbar auf die Bestimmungen der §§ 457 (betr. Strafhaft), 70 Abs. 2, 95 Abs. 2 (betr. Zeugnis-, Eides- und

Herausgabeverweigerung), 51, 133 f., 230, 236, 329, 387 (betreffend Vorführung von Zeugen, Beschuldigten, Angeklagten), 135, 231 Abs. 1 (betreffend Festhaltung von Beschuldigten und Angeklagten zur Sicherung der Vernehmung bzw. zur Durchführung der Hauptverhandlung), 164 (betreffend Festnahme bei Störung von Amtsverhandlungen) 177 f. GVG. (sitzungspolizeiliche Haft).

Besonders wichtig für die preußische Polizei ist das Gesetz zum Schutze der persönlichen Freiheit vom 12. Februar 1850. Nach § 6 dieses Gesetzes sind die Polizeibehörden und andere Beamte, welchen nach den bestehenden Gesetzen die Pflicht obliegt, Verbrechen und Vergehen nachzuforschen, sowie die Wachtmannschaften befugt, Personen in polizeiliche Verwahrung zu nehmen. Dies darf erfolgen, wenn der eigene Schutz dieser Personen (Geisteskranke, Trunkene, Hilflose usw.) oder die Aufrechterhaltung der öffentlichen Sittlichkeit (Verhütung von Delikten wie Gewerbsunzucht, Zuhälterei, Päderastie usw.), die Aufrechterhaltung der öffentlichen Sicherheit (Verhütung geplanter strafbarer Handlungen, wie von Überfällen, Einbrüchen usw.) oder die Aufrechterhaltung der öffentlichen Ruhe (Verhütung von Ordnungswidrigkeiten, wie Belästigung von Straßenpassanten, Störung Arbeitswilliger, hartnäckiger Ungehorsam gegen polizeiliche Anordnungen usw.) eine solche Maßnahme dringend erfordern.

Die aus derartigen Veranlassungen polizeilich in Verwahrung genommenen Personen müssen jedoch spätestens im Laufe des folgenden Tages in Freiheit gesetzt oder es muß in dieser Zeit das Erforderliche veranlaßt werden, um sie der zuständigen Behörde zu überweisen.

2. Festnahme in besonderen Fällen:

a) Festnahme angeblich Kranker:

Es ist mit der nach Lage des Falles gebotenen Rücksicht zu verfahren, nötigenfalls ein (Polizei-) Arzt hinzuzuziehen.

b) Festnahme weiblicher Personen:

α) alleinstehender Frauen mit Kindern. Säuglinge werden bei der Mutter zu verbleiben haben, während im übrigen für die anderweitige Unterbringung von Kindern sonst zu sorgen ist

β) schwangerer Frauen. Wenn das Gesetz auch eine Vorzugsbehandlung dieser grundsätzlich nicht kennt, so sind doch durch Verwaltungsvorschriften vielfach gewisse Milderungen angeordnet.

Für Preußen ist z. B. durch Allgemeine Verfügung des Justizministers vom 23. Oktober 1922 (JMBl. S. 442) bestimmt, daß Frauen während der letzten drei Monate der Schwangerschaft bis drei Monate nach der Entbindung mit der Untersuchungshaft und Strafhaft verschont werden sollen, soweit dies im Interesse der Schwangeren nach den Umständen des Einzelfalls und unter Berücksichtigung der Art der strafbaren Handlung und der Schwere der erkannten oder zu erkennenden Strafe angängig erscheint.

c) Festnahme Jugendlicher.

Hier ist § 28 des Jugendgerichtsgesetzes zu beachten. Nach ihm ist die Untersuchungshaft nur zu vollziehen, wenn ihr Zweck nicht durch andere Maßnahmen erreicht werden kann. Darüber, ob die Untersuchungshaft zu vollziehen ist, sowie darüber, welche Maßregel an ihre Stelle tritt, entscheidet das Gericht, das den Haftbefehl erlassen hat. In dringenden Fällen kann der Jugendrichter, in dessen Bezirk die Untersuchungshaft vollzogen werden soll, die Entscheidung treffen.

Beispiel: Gegen einen Jugendlichen, der in Berlin betroffen wird, liegt ein Haftbefehl des Amtsgerichtes Stuttgart vor. Wenn bei der Berliner Polizei Bedenken gegen die Vollziehung bestehen, kann sie sich zunächst an den Berliner Jugendrichter wenden.

d) Festnahme von Abgeordneten.

Eine Verhaftung bzw. Festnahme eines Reichstags- oder Landtagsabgeordneten ohne Genehmigung des Hauses, dem er angehört, während der Sitzungsperiode darf nur wegen einer mit Strafe bedrohten Handlung, und zwar nur bei Ausübung der Tat oder spätestens im Laufe des folgenden Tages erfolgen. Sie ist aber auch selbst unter diesen Voraussetzungen nur dann vorzunehmen, wenn die Täterschaft des Abgeordneten völlig außer Zweifel steht. Das Vorliegen dringenden Verdachts genügt nicht. Vgl. a. Vorbem. 5 vor § 94.

e) Exterritoriale Personen sind den polizeilichen Maßnahmen nicht unterworfen, wie bereits oben (Vorbem. 3 vor § 94) ausgeführt ist.

f) Festnahme von Angehörigen der Wehrmacht.

Das Recht zur Festnahme von Angehörigen der Wehrmacht steht der Polizei, abgesehen von besonderen Fällen (während eines Kriegszustandes usw.) in demselben Umfange zu wie gegenüber Zivilpersonen. Befinden sich jedoch die Wehrmachtsangehörigen in militärischen Dienstgebäuden, so hat die Polizei um die Ausführung der Festnahme die Militärbehörde zu ersuchen. Befindet sich ein Wehrmachtsangehöriger im militärischen Dienst, so hat die Polizei nur aus ganz besonders dringenden Gründen, z. B. wenn der Wehrmachtsangehörige bei Begehung eines Verbrechens auf frischer Tat betroffen wird und wenn ein militärischer Vorgesetzter des Festnehmenden oder eine militärische Wache nicht sofort erreichbar ist, die Festnahme selbst durchzuführen. Auch in allen übrigen Fällen hat die Polizei die Festnahme, wenn irgend möglich, durch Angehörige der Wehrmacht zu bewirken. Von jeder Festnahme eines Angehörigen der Wehrmacht ist dessen vorgesetzter Dienstbehörde unverzüglich Nachricht zu geben, sobald nicht unmittelbar Zuführung des Verhafteten erfolgt oder nach Verständigung mit dem Truppenteil oder nach einwandfreier Feststellung der Persönlichkeit des Festgenommenen dessen Entlassung angängig ist (§ 440 StPO.). Vgl. auch Vorbem. 4 vor § 94.

3. Sicherung des Eigentums festgenommener Personen.

Bei jeder unvermuteten Verhaftung (Einlieferung) ist zu prüfen, ob nach Lage der Sache Sicherungsmaßnahmen für das Eigentum des Verhafteten geboten sind. Die Notwendigkeit ist mit dem Verhafteten zu erörtern; es ist ihm selbst Gelegenheit zu geben, die erforderlichen Maßnahmen zu treffen.

4. Abzunehmende Gegenstände.

Abzunehmen sind den Festgenommenen grundsätzlich nur

a) Gegenstände, die mit der vorliegenden oder einer anderen Straftat im Zusammenhang stehen (Beweisstücke),

b) Gegenstände, mit denen der Festgenommene sich oder einem anderen ein Leid antun könnte (Waffen, Gifte, Messer, Stöcke).

Alle anderen Sachen sind ihm zu belassen, insbesondere auch Geld, sofern es nicht als Beweisstück in Frage kommt. Diese Grundsätze gelten nur, soweit nicht etwa entgegenstehende Verwaltungsanordnungen erlassen sind. Bei gewerbsmäßigen Verbrechern ist naturgemäß besondere Sorgfalt und Vorsicht geboten.

Wenn z. B. gewerbsmäßige Diebe, insbesondere Einbrecher, Kolli-, Laden- und Taschendiebe auf frischer Tat ergriffen worden sind, so ist die erforderliche Durchsuchung (§ 102 ff.) ihrer Wohnung zur Auffindung von Beweismitteln im allgemeinen durchaus erforderlich.

5. Trennung und Überwachung von Tatgenossen.

Eine strenge Trennung und Überwachung von Tatgenossen ist zur Verhütung von Verdunkelungen unbedingt erforderlich.

Diese Trennung und Überwachung muß während der ganzen Dauer ihres Aufenthalts auf der Wache, bei Transport und insbesondere auch bei der Aufnahme in den Polizeigewahrsam und in das Untersuchungsgefängnis durchgeführt werden.

6. Die §§ 114 Abs. 3—115 d, 124 Abs. 4, 126, 131 Abs. 4 sind erst durch das seit dem 13. Januar 1927 in Kraft getretene Gesetz vom 27. Dezember 1926 (RGBl. S. 529) in die StPO. eingefügt.

§ 112 (112).[1] Der Angeschuldigte darf nur dann in Untersuchungshaft[2] genommen werden, wenn dringende Verdachtsgründe gegen ihn vorhanden sind und entweder er der Flucht verdächtig ist oder Tatsachen vorliegen, aus denen zu schließen ist, daß er Spuren der Tat vernichten oder daß er Zeugen oder Mitschuldige zu einer falschen Aussage oder Zeugen dazu verleiten werde, sich der Zeugnispflicht zu entziehen. Diese Tatsachen sind aktenkundig zu machen.

Der Verdacht der Flucht bedarf keiner weiteren Begründung:

1. wenn ein Verbrechen[3] den Gegenstand der Untersuchung bildet;
2. wenn der Angeschuldigte ein Heimatloser[4] oder Landstreicher[5] oder nicht imstande ist, sich über seine Person auszuweisen;[6]
3. wenn der Angeschuldigte ein Ausländer ist und begründeter Zweifel besteht, daß er sich auf Ladung vor Gericht stellen und dem Urteile Folge leisten werde.

1. Die §§ 112—124, die sich grundsätzlich nur auf das Verfahren nach Erhebung der Anklage beziehen, finden auf das Verfahren vor der Anklageerhebung entsprechende Anwendung.

2. Soweit die gesetzlichen Voraussetzungen gegeben sind, hat die Festnahme und Festhaltung regelmäßig zu erfolgen, und zwar ohne Rücksicht auf örtliche Zuständigkeit, und darf nur unterbleiben, wenn besondere Gründe die Belassung auf freiem Fuße rechtfertigen. Diese Gründe sind eingehend darzulegen.

Die Entscheidung darüber, ob eine Verhaftung beim Vorliegen der Voraussetzungen des § 112 zu erfolgen hat, ist dem Ermessen des zuständigen Beamten überlassen. Hierbei ist auch darauf Rücksicht zu nehmen, daß der durch die Verhaftung herbeigeführte Eingriff in die persönliche Freiheit in einem angemessenen Verhältnis zu der Schwere der Straftat und dem durch die Verhaftung zu erwartenden Nachteil, insbesondere auch geistiger und gesundheitlicher Art stehen muß.

Wegen Diebstahls, Hehlerei und Betruges z. B. festgenommene Personen werden im allgemeinen nicht früher zu entlassen sein, bis außer der Persönlichkeit und der angegebenen Wohnung auch die Vorstrafen festgestellt sind. Liegen die Voraussetzungen der §§ 244, 261, 264 StGB. (strafschärfender Rückfall) vor, so ist, da dann ein Verbrechen den Gegenstand der Untersuchung bildet, eine Einlieferung wegen Fluchtverdachts ohne weiteres auch dann begründet, wenn der Festgenommene feste Wohnung hat. In solchen Fällen hat also eine Einlieferung in der Regel zu erfolgen. Im übrigen darf überhaupt der Nachweis einer bloßen polizeilichen Wohnungsanmeldung nicht ohne weiteres dazu verleiten, von einer Festnahme oder Festhaltung abzusehen. Besonders bei Leuten, die keine eigene Wohnung haben, sondern die als Untermieter in Schlafstelle usw. vorübergehend gemeldet und ohne dauernde Stellung und Beschäftigung oder ohne Einkünfte sind, kann Fluchtverdacht meist begründet werden. Neben der Frage, ob Fluchtverdacht vorliegt, ist aber auch stets zu prüfen, ob nicht Verdunklungs-(Kollusions-)gefahr eine Festhaltung rechtfertigt oder sogar erforderlich macht, insbesondere dann, wenn Tatgenossen vorhanden sind.

Handelt es sich um Straftaten, bei denen Gewerbs- oder Gewohnheitsmäßigkeit in Frage kommen kann, die bei größeren Polizeiverwaltungen von Sonderdezernaten bearbeitet werden, so sind die Reviere (Kommissariate usw.) häufig nicht in der Lage, zu beurteilen, ob dort bereits Vorgänge bekannt sind, aus denen sich Verdunklungs-(Kollusions-) gefahr ergibt. In solchen Fällen empfiehlt es sich daher stets, bevor mangels Flucht- und Kollusionsgefahr Freilassung verfügt wird, sich mit der betreffenden Stelle ins Einvernehmen zu setzen.

Besondere Vorsicht ist bei Warenhaus- und Ladendieben erforderlich. Da es wiederholt vorgekommen ist, daß solche nach einfacher Anfrage, ob gemeldet, entlassen worden sind, während sie sich falsche Namen beigelegt hatten oder falsche Papiere bei sich führten, so erscheint hier eine ganz besonders sorgfältige Prüfung der Persönlichkeit am Platze. Es hat sich in Berlin bewährt, bei Anordnung der bei solchen Personen regelmäßig vorzunehmenden Wohnungsdurchsuchung das Wohnrevier unter Angabe des Verdachts und unter Übermittlung einer kurzen Personalbeschreibung um Anstellung von Nachforschungen auch über die Identität der verdächtigen Person zu ersuchen.

3. Verbrechen sind nach § 1 StGB. alle strafbaren Handlungen, die mit dem Tode, mit Zuchthaus oder mit Festungshaft von mehr als 5 Jahren bedroht sind.

4. „Heimatlos" sind die Personen, die keine feste Tätigkeit und Aufenthalt haben und deshalb ohne einen Mittelpunkt ihrer Existenz sind.

5. „Landstreicher" ist, wer ohne einen festen Aufenthalt von Ort zu Ort zieht, und sich die zum Lebensunterhalt erforderlichen Mittel im wesentlichen durch Inanspruchnahme fremder Mildtätigkeit verschafft.

6. „Nicht imstande ist, sich auszuweisen": Bei Personen, die bekannt sind, jedoch zur Zeit der Festnahme keine Ausweispapiere bei sich führen, liegt die Voraussetzung der Ziff. 2 nicht vor.

§ 113 (113). Ist die Tat nur mit Haft oder mit Geldstrafe bedroht,[1] so darf die Untersuchungshaft nur wegen Verdachts der Flucht und nur dann verhängt werden, wenn der Angeschuldigte zu den im § 112 Nr. 2 oder 3 bezeichneten Personen gehört, oder wenn er unter Polizeiaufsicht[2] steht, oder wenn es sich um eine Übertretung handelt, wegen deren die Überweisung an die Landespolizeibehörde[3] erkannt werden kann.

1. Bei den unbedeutenderen Verfehlungen, die nur mit Geldstrafe oder mit Haft bedroht sind, ist eine Verhaftung wegen Verdunklungsgefahr ausgeschlossen und die Verhaftung wegen Fluchtverdachts erheblich eingeschränkt.

3. Über Polizeiaufsicht vgl. §§ 38, 39 StGB.

4. Über die Überweisung an die Landespolizeibehörde vgl. § 362 StGB.

§ 114. Die Verhaftung erfolgt auf Grund eines schriftlichen Haftbefehls[1] des Richters.

In dem Haftbefehl ist der Angeschuldigte genau zu bezeichnen und die ihm zur Last gelegte strafbare Handlung sowie der Grund der Verhaftung[2] anzugeben.

Der Haftbefehl ist dem Angeschuldigten, wenn möglich, bei der Verhaftung[3] bekanntzumachen.[4] Geschieht dies durch Verkündung,[5] so ist der Angeschuldigte darauf hinzuweisen, daß ihm auf Verlangen eine Abschrift erteilt wird. Ist die Bekanntmachung bei der Verhaftung[5] nicht erfolgt, so ist dem Angeschuldigten vorläufig mitzuteilen, welcher strafbaren Handlung er verdächtig ist. Die Bekanntmachung ist in diesem Falle unverzüglich nachzuholen.

1. Zum Erlaß eines Haftbefehls ist nur der Richter, niemals die StA., oder die Polizei befugt. Die richterliche Zuständigkeit ist durch §§ 124, 125, 128 verschieden geregelt, je nachdem, ob die Verhaftung vor oder nach Anklageerhebung erfolgen soll.

2. „Grund der Verhaftung" vgl. §§ 112, 113.

3. Soll eine Verhaftung zur Nachtzeit in einer Wohnung usw. vorgenommen werden und ist hierzu eine Durchsuchung erforderlich, so ist § 104 zu beachten. Die Voraussetzung „Gefahr im Verzuge" wird aber wohl bei jeder Verhaftung vorliegen.

4. Der Polizeibeamte, der den Angeschuldigten auf Grund des Haftbefehls festnimmt, hat ihm die zur Last gelegte Straftat mitzuteilen, was durch Verlesen des Haftbefehls geschehen kann.

5. Eine Bekanntmachung durch Verkündung ist nur dann möglich, wenn der Haftbefehl in Anwesenheit des Angeschuldigten erlassen wird (§ 35).

Beispiel: Bei der ersten Vernehmung des bis dahin auf freiem Fuß befindlichen Angeschuldigten durch den Untersuchungsrichter kommt dieser zu der Überzeugung, daß Verdunklungsgefahr vorliegt. Der Untersuchungsrichter teilt dem Angeschuldigten mit, daß er jetzt gegen ihn die Untersuchungshaft beschließe und verkündet ihm sogleich den Haftbeschluß.

§ 114 a. Dem Verhafteten ist Gelegenheit zu geben, Angehörige und, soweit er daran ein wesentliches Interesse hat, andere Personen von der Verhaftung zu benachrichtigen,[1] sofern der Zweck der Untersuchung[2] nicht gefährdet wird; auf Verlangen des Verhafteten ist die Benachrichtigung von Amts wegen zu bewirken.

1. Die Benachrichtigung wird im Regelfalle schriftlich durch den Angeschuldigten oder die betreffende Dienststelle erfolgen. Nur ausnahmsweise und dann unter Anwendung größter Vorsichtsmaßregeln wird eine persönliche Benachrichtigung durch den Angeschuldigten selbst zuzulassen sein.

2. Ob durch die Benachrichtigung der Zweck der Untersuchung gefährdet wird, haben die Stellen, welche die Verhaftung durchführen (Gericht, StA., Polizei) zunächst nach eigenem pflichtmäßigen Ermessen zu zu entscheiden. Soweit bei ihnen in dieser Hinsicht Bedenken entstehen, haben sie die Anordnung der die Untersuchung führenden Behörde einzuholen. Der Zweck der Untersuchung wird z. B. gefährdet, wenn der Verhaftete einen mutmaßlichen Tatgenossen benachrichtigen würde, wodurch dieser gewarnt und seine etwa beabsichtigte Festnahme vereitelt werden könnte.

§ 114 b. Wird der Angeschuldigte auf Grund des Haftbefehls ergriffen, so ist er unverzüglich,[1] spätestens am Tage nach der Ergreifung, dem zuständigen Richter vorzuführen.[2] [3]

Der Richter hat den Angeschuldigten unverzüglich, spätestens am nächsten Tage, über den Gegenstand der Beschuldigung zu vernehmen.

Bei der Verhandlung ist der Angeschuldigte auf die ihn belastenden Umstände hinzuweisen. Die Vernehmung soll ihm Gelegenheit geben, die Verdachtsgründe zu beseitigen und die Tatsachen geltend zu machen, die zu seinen Gunsten sprechen.

1. Über die Auslegung des Begriffs „unverzüglich" vgl. § 128 Anm. 1.

2. Ein Einverständnis des Angeschuldigten mit einer vorläufigen Nichtvorführung vor den zuständigen Richter ist bedeutungslos.

Beispiel: Der Wilderer Fricke ist am Sonnabend Nachmittag in Hannover auf Grund eines Haftbefehls des Amtsgerichts Hannover durch einen Polizeibeamten festgenommen und zunächst auf das Polizeirevier geschafft worden. Da am Sonntag mehrere Beamte Urlaub haben, macht es Schwierigkeiten, Fricke dem Amtsrichter vorzuführen.

Als Fricke dies bemerkt, erklärt er sich entgegenkommenderweise bereit, noch einen Tag auf der Polizeiwache zuzubringen. Ungeachtet dieser Erklärung des Beschuldigten muß der Reviervorsteher dafür sorgen, daß Fricke noch am Sonntag dem Amtsrichter vorgeführt wird.

3. Über den zuständigen Richter vgl. §§ 124, 125.

§ 114c. Kann der Angeschuldigte nicht spätestens am Tage nach der Ergreifung vor den zuständigen Richter gestellt werden,[1] so ist er auf sein Verlangen unverzüglich,[2] spätestens am Tage nach der Ergreifung, dem nächsten Amtsrichter vorzuführen.

§ 114b Abs. 2, 3 gilt entsprechend.

Ergibt sich bei der Vernehmung, daß der Haftbefehl aufgehoben oder der Ergriffene nicht die in dem Haftbefehle bezeichnete Person ist,[3] so ist der Ergriffene freizulassen.

1. Der auf Grund eines Haftbefehls Festgenommene ist dem zuständigen Richter vorzuführen. Nur wenn dies nicht spätestens am Tage nach der Ergreifung geschehen kann — z. B. wegen weiter Entfernung des zuständigen Richters vom Orte der Ergreifung — und falls ferner der Angeschuldigte die Vorführung vor einen Richter verlangt, ist er dem nächsten Amtsrichter vorzuführen. Der festnehmende Beamte bzw. sein Vorgesetzter hat nach Lage des Falles zu entscheiden, ob die Vorführung vor den zuständigen Richter noch am Tage nach der Ergreifung erfolgen kann. Kommt er hierbei zu einer Verneinung dieser Frage, so hat er dem Angeschuldigten die Bestimmungen der §§ 114b und 114c inhaltlich bekannt zu geben und ihm mitzuteilen, daß er seine Vorführung vor den nächsten Amtsrichter verlangen kann. Jede Erklärung des Angeschuldigten, mit der er die Entscheidung einer höheren Instanz über seine Festhaltung wünscht, ist als ein dem § 114c entsprechendes Verlangen nach Vorführung vor den nächsten Amtsrichter aufzufassen.

Beispiel: Der wegen Taschendiebstahl vom Amtsgericht München steckbrieflich verfolgte reisende Handwerksbursche Oberpollinger wird in Neidenburg in Ostpreußen festgenommen. Seine Vorführung vor das Amtsgericht München ist bis zum Ablauf des auf die Ergreifung folgenden Tages nicht möglich. Oberpollinger bestreitet fortgesetzt, die gesuchte Person zu sein und erklärt, er wolle sich beschweren, ohne daß er hierbei aber ausdrücklich seine Vorführung vor den nächsten Amtsrichter verlangt. In diesem Falle hat der Polizeibeamte ihn dem Amtsgericht Neidenburg zuzuführen.

Nimmt Oberpollinger dagegen seine Festnahme widerspruchslos hin, so hat der Polizeibeamte ihn über sein Recht auf Vorführung vor den nächsten Amtsrichter nach § 114c zu belehren und ihn dem Amtsgericht Neidenburg vorzuführen, falls er nunmehr einen entsprechenden Wunsch zu erkennen gibt. Wenn Oberpollinger aber ein Verlangen nach Vorführung in keiner Weise zum Ausdruck bringt, so ist seine Vorführung vor das zuständige Amtsgericht München durch Überführung in die Wege zu leiten.

2. „Unverzüglich" vgl. Anm. 1 zu § 128.

3. Abs. 3 setzt voraus, daß die Aufhebung des Haftbefehls oder die Nichtidentität zweifelsfrei feststeht.

§ 114 d. Befindet sich der Angeschuldigte auf Grund eines Haftbefehls, der wegen eines Verbrechens oder Vergehens[1] erlassen ist, in Haft, so wird auf seinen Antrag nach mündlicher Verhandlung darüber entschieden, ob der Haftbefehl aufrechtzuerhalten oder aufzuheben oder ob eine Anordnung gemäß § 117 zu treffen ist.

Der Termin zur mündlichen Verhandlung darf ohne Zustimmung des Angeschuldigten nicht über eine Woche nach dem Eingang des Antrags hinaus anberaumt werden.

Hat bereits eine mündliche Verhandlung nach Abs. 1, 2 oder nach § 115 a stattgefunden, so entscheidet das Gericht über Anträge auf nochmalige mündliche Verhandlung nach freiem Ermessen.[2]

1. Vgl. § 1 StGB.

2. Gegen die Ablehnung eines Antrages auf nochmalige mündliche Verhandlung ist Beschwerde und weitere Beschwerde zulässig (§§ 304, 305, 310).

§ 115. Bei der Bekanntmachung[1] des Haftbefehls ist der Angeschuldigte darauf hinzuweisen, daß er gegen den Haftbefehl Beschwerde einlegen kann. Ist der Haftbefehl wegen eines Verbrechens oder Vergehens erlassen, so ist der Angeschuldigte ferner darauf hinzuweisen, daß er, statt Beschwerde einzulegen, eine mündliche Verhandlung gemäß § 114 d beantragen kann.

1. Die Bekanntmachung — durch Verkündung oder Zustellung — (vgl. Anm. 3 zu § 114) ist ein formaler Akt. Sie ist von der inhaltlichen Mitteilung des Haftbefehls, die auch durch einen Polizeibeamten erfolgen kann (§ 114 Abs. 3), wohl zu unterscheiden. Da die Polizeibeamten mit der „Bekanntmachung" des Haftbefehls nichts zu tun haben, sind sie auf Grund des § 115 zur Belehrung über das Beschwerderecht nicht verpflichtet. Hierdurch wird aber nicht ausgeschlossen, daß sie den Angeschuldigten auf seine aus § 115 folgenden Rechte hinweisen dürfen.

§ 115 a. Solange der Angeschuldigte sich in Untersuchungshaft befindet, hat das Gericht innerhalb bestimmter Fristen von Amts wegen zu prüfen, ob die Haft aufrechtzuerhalten ist (Haftprüfungsverfahren).[1]

Die Prüfung findet zum erstenmale statt, wenn die Untersuchungshaft zwei Monate gedauert hat.

Läßt das Gericht[2] den Angeschuldigten nicht frei,[3] so bestimmt es zugleich, wann das Haftprüfungsverfahren zu wiederholen ist; die Frist soll in der Regel mindestens drei Wochen und darf nicht mehr als drei Monate betragen. Dasselbe gilt bei einer jeden Wiederholung des Haftprüfungsverfahrens.

Auf Antrag des Angeschuldigten wird im Haftprüfungsverfahren nach mündlicher Verhandlung entschieden; auf dieses Recht ist der Angeschuldigte hinzuweisen. Stellt der Angeschuldigte den Antrag nicht, so ist er vor der Entscheidung zu hören; hat er einen Verteidiger, so ist auch der Verteidiger zu hören.

Hatte der Angeschuldigte während des Laufes der im Abs. 2 bestimmten Frist gegen den Haftbefehl Beschwerde erhoben oder gemäß § 114 d mündliche Verhandlung beantragt oder ist gemäß § 207 Abs. 2 die Fortdauer der Untersuchungshaft angeordnet worden, so beginnt die Frist mit der Bekanntmachung der Entscheidung, in der die Haft aufrechterhalten wird, an den Angeschuldigten von neuem zu laufen. Ergeht eine solche Entscheidung während des Laufes einer gemäß Abs. 3 vom Gerichte bestimmten Frist, so hat das Gericht eine neue Frist zu bestimmen.

1. Das Haftprüfungsverfahren findet nur statt, sofern sich der Angeschuldigte auf Grund des Haftbefehls tatsächlich im Gewahrsam befindet. Im Falle des Entweichens, der Freilassung gegen Sicherheitsleistung oder der Überführung in die in einer anderen Sache verhängte Strafhaft ist dieses Verfahren der Haftprüfung ausgeschlossen.

2. Die richterliche Zuständigkeit ist im § 124 geregelt.

3. Die Entscheidung kann mit der Beschwerde und weiteren Beschwerde angefochten werden (§§ 304, 305, 310).

§ 115 b. Nach der Eröffnung des Hauptverfahrens findet eine mündliche Verhandlung über den Haftbefehl nicht mehr statt.

§ 115 c. Für den Antrag auf mündliche Verhandlung gelten die für Rechtsmittel gegebenen Vorschriften der §§ 297 bis 300, 302 Abs. 2, 447 Abs. 1 entsprechend.

§ 115 d. Von Ort und Zeit der mündlichen Verhandlung sind die Staatsanwaltschaft sowie der Angeschuldigte und der Verteidiger zu benachrichtigen.

Der Angeschuldigte ist zu der Verhandlung vorzuführen, es sei denn, daß er auf die Anwesenheit in der Verhandlung verzichtet hat oder daß der Vorführung weite Entfernung oder Krankheit des Angeschuldigten oder andere nicht zu beseitigende Hindernisse entgegenstehen. Wird der Angeschuldigte zur mündlichen Verhandlung nicht vorgeführt, so muß ein Verteidiger seine Rechte in der Verhandlung wahrnehmen.

Hat bis zum Beginne der mündlichen Verhandlung die Untersuchungshaft des Angeschuldigten seit der Verhaftung drei Monate gedauert, so ist ein Verteidiger zu der Verhandlung auch zuzuziehen, wenn der Angeschuldigte dazu vorgeführt wird.

Hat der Angeschuldigte noch keinen Verteidiger gewählt, so ist ihm ein Verteidiger für die Verhandlung zu bestellen. §§ 143 bis 145, 446 gelten entsprechend.

In der mündlichen Verhandlung sind die anwesenden Beteiligten zu hören. Art und Umfang der Beweisaufnahme[1 2] bestimmt das Gericht, ohne durch Anträge, Verzichte oder frühere Beschlüsse gebunden zu sein. Über die Verhandlung ist ein Protokoll aufzunehmen, auf das die Vorschriften der §§ 271 bis 273 entsprechende Anwendung finden.

Die Entscheidung[3] ist am Schlusse der mündlichen Verhandlung zu verkünden. Ist dies nicht möglich, so ist die Entscheidung spätestens binnen einer Woche zu erlassen.

1. Abs. 5 stellt durch die Einschränkung der Beweisaufnahme eine wesentliche Abweichung von § 245 dar.

2. Zeugen und Sachverständige sind im Haftprüfungsverfahren grundsätzlich uneidlich zu vernehmen, vgl. aber über die eidliche Vernehmung §§ 66, 72.

3. Für die Anfechtung der Entscheidung gilt das in Anm. 3 zu § 115a Bemerkte.

§ 116 (116). Der Verhaftete[1] soll, soweit möglich, von anderen gesondert und nicht in demselben Raume mit Strafgefangenen verwahrt werden. Mit seiner Zustimmung kann von dieser Vorschrift abgesehen werden.

Dem Verhafteten dürfen nur solche Beschränkungen auferlegt werden, welche zur Sicherung des Zweckes der Haft oder zur Aufrechterhaltung der Ordnung im Gefängnis notwendig sind.

Bequemlichkeiten und Beschäftigungen, die dem Stande und den Vermögensverhältnissen des Verhafteten entsprechen, darf er sich auf seine Kosten verschaffen, soweit sie mit dem Zwecke der Haft vereinbar sind und weder die Ordnung im Gefängnis stören noch die Sicherheit gefährden.

Fesseln dürfen im Gefängnis dem Verhafteten nur dann angelegt werden, wenn es wegen besonderer Gefährlichkeit seiner Person, namentlich zur Sicherung anderer erforderlich erscheint, oder wenn er einen Selbstentleibungs- oder Entweichungsversuch gemacht oder vorbereitet hat. Bei der Hauptverhandlung soll er ungefesselt sein.

Die nach Maßgabe vorstehender Bestimmungen erforderlichen Verfügungen hat der Richter zu treffen.[2] Die in dringenden Fällen von anderen Beamten[3] getroffenen Anordnungen unterliegen der Genehmigung des Richters.[4]

1. Über die Vollstreckung der Untersuchungshaft gegen Jugendliche vgl. § 28 Abs. 2 Jugendgerichtsgesetz vom 16. Februar 1928 und Vorbem. 2c vor § 112.

2. Welcher Richter für die nach Abs. 5 zu treffende Entscheidung zuständig ist, bestimmen §§ 124, 125, 128.

3. In dringenden Fällen sind also z. B. auch die Aufsichtsbeamten des Polizeigewahrsams zu entsprechenden Anordnungen befugt.

4. Gegen die Verfügungen des Richters findet Beschwerde und weitere Beschwerde statt (§§ 304, 310).

§ 117 (117). Ein Angeschuldigter, dessen Verhaftung lediglich wegen des Verdachts der Flucht angeordnet ist, kann gegen Sicherheitsleistung[1] mit der Untersuchungshaft verschont werden.[2, 3]

1. Durch die Sicherheitsleistung, die unter Umständen der Staatskasse verfällt (§ 122), soll auf den Angeschuldigten dahin eingewirkt werden, daß er nicht durch seine Flucht die Fortführung der Untersuchung oder den Antritt der Strafe verhindert.

2. Die Freilassung eines Verhafteten gegen Sicherheitsleistung darf nur erfolgen, wenn der Grund der Verhaftung Fluchtverdacht, nicht aber, wenn er Verdunklungsgefahr ist.

3. Der Haftbefehl bleibt in diesem Falle grundsätzlich bestehen. Es können daher dem gegen Sicherheitsleistungen mit der Untersuchungshaft Verschonten gewisse Beschränkungen auferlegt werden, z. B. keine Reisen zu machen, sich täglich bei der Polizei zu melden usw. Auch steht nicht etwa irgendeine gesetzliche Vorschrift im Wege, daß der Beschuldigte trotz der Verschonung mit der Untersuchungshaft von der Polizei unauffällig beobachtet wird. Soweit Richter oder Staatsanwalt derartige Maßnahmen anordnen, sind die Polizeibehörden zu ihrer Durchführung verpflichtet. Vgl. übrigens auch § 120.

§ 118 (118). Die Sicherheitsleistung[1] ist durch Hinterlegung in barem Gelde oder in Wertpapieren oder durch Pfandbestellung oder mittels Bürgschaft geeigneter Personen zu bewirken.

Die Höhe und die Art der zu leistenden Sicherheit wird von dem Richter[2] nach freiem Ermessen festgesetzt.

1. Die Sicherheit kann entweder von dem Beschuldigten oder von einer dritten Person geleistet werden. Die Sicherheitsleistung durch einen Dritten ist aber nur dann zuzulassen, wenn nach der Sachlage die Annahme gerechtfertigt ist, daß der Beschuldigte im Hinblick auf den diesem Dritten durch einen Verfall der Sicherheit drohenden Vermögensschaden die Flucht unterlassen wird.

2. über die Zuständigkeit des zur Entscheidung berufenen Richters vgl. §§ 124, 125.

§ 119 (119). Der Angeschuldigte, welcher seine Freilassung gegen Sicherheitsleistung beantragt, ist, wenn er nicht im Deutschen Reiche wohnt, verpflichtet, eine im Bezirke des zuständigen Gerichts wohnhafte Person zur Empfangnahme von Zustellungen zu bevollmächtigen.

§ 120 (120). Der Sicherheitsleistung ungeachtet ist der Angeschuldigte zur Haft zu bringen, wenn er Anstalten zur Flucht trifft, wenn er auf ergangene Ladung ohne genügende Entschuldigung ausbleibt, oder wenn neu hervorgetretene Umstände seine Verhaftung erforderlich machen.[1]

1. Zur Anordnung der Verhaftung gemäß § 120 ist niemals der Staatsanwalt oder die Polizei, sondern nur der Richter befugt. Dies schließt aber nicht aus, daß z. B. die Polizei einschreitet, um die beabsichtigte Flucht des Beschuldigten, die ihr plötzlich bekannt geworden ist, zu vereiteln.

Beispiel: Der unter dem Verdacht des Konkursverbrechens verhaftete Kaufmann Schmitz ist vom Untersuchungsrichter in Berlin gegen Sicherheitsleistung von 30 000 Mk. mit der Untersuchungshaft verschont worden. Als der über diesen Sachverhalt zufällig unterrichtete Kriminalwachtmeister Müller eines Tages am Hamburger Hafen spazieren geht, sieht er, wie Schmitz in vollständiger Reiseausrüstung mit Gepäck einen unmittelbar vor der Abfahrt bereitstehenden Amerikadampfer besteigt. Der Beamte hat den Beschuldigten Schmitz festzunehmen, dem nächsten Polizeirevier zuzuführen und eine Mitteilung über seine Beobachtung an den Untersuchungsrichter in Berlin zu veranlassen. Bis zum Eintreffen der Weisungen des Untersuchungsrichters ist Schmitz in Gewahrsam zu halten.

§ 121 (121). Eine noch nicht verfallene Sicherheit wird frei, wenn der Angeschuldigte zur Haft gebracht, oder wenn der Haftbefehl aufgehoben worden ist, oder wenn der Antritt der erkannten Freiheitsstrafe erfolgt.

Diejenigen, welche für den Angeschuldigten Sicherheit geleistet haben, können ihre Befreiung dadurch herbeiführen, daß sie entweder binnen einer vom Gerichte zu bestimmenden Frist die Gestellung des Angeschuldigten bewirken oder von den Tatsachen, welche den Verdacht einer vom Angeschuldigten beabsichtigten Flucht begründen, rechtzeitig dergestalt Anzeige machen, daß die Verhaftung bewirkt werden kann.

§ 122 (122). Eine noch nicht frei gewordene Sicherheit verfällt der Staatskasse, wenn der Angeschuldigte sich der Untersuchung oder dem Antritt der erkannten Freiheitsstrafe entzieht.

Vor der Entscheidung sind der Angeschuldigte sowie die, welche für den Angeschuldigten Sicherheit geleistet haben, zu einer Erklärung aufzufordern. Gegen die Entscheidung steht ihnen nur die sofortige Beschwerde zu. Vor der Entscheidung über die Beschwerde ist den Beteiligten und der Staatsanwaltschaft Gelegenheit zur mündlichen Begründung ihrer Anträge sowie zur Erörterung über stattgehabte Ermittlungen zu geben.

Die den Verfall aussprechende Entscheidung hat gegen die, welche für den Angeschuldigten Sicherheit geleistet haben, die Wirkung eines von dem Zivilrichter erlassenen, für vorläufig vollstreckbar erklärten Endurteils und nach Ablauf der Beschwerdefrist die Wirkungen eines rechtskräftigen Zivilendurteils.

§ 123 (123). Der Haftbefehl ist aufzuheben, wenn der in ihm angegebene Grund der Verhaftung weggefallen ist, oder wenn der Angeschuldigte freigesprochen oder außer Verfolgung gesetzt wird.[1])

Durch Einlegung eines Rechtsmittels darf die Freilassung des Angeschuldigten nicht verzögert werden.

1. Vgl. ferner § 126.

§ 124 (124). Die auf die Untersuchungshaft, einschließlich der Sicherheitsleistung, bezüglichen Entscheidungen werden von dem zuständigen Gericht erlassen.

In der Voruntersuchung ist der Untersuchungsrichter zur Erlassung des Haftbefehls und mit Zustimmung der Staatsanwaltschaft auch zur Aufhebung eines solchen sowie zur Freilassung des Angeschuldigten gegen Sicherheitsleistung befugt. Versagt die Staatsanwaltschaft diese Zustimmung, so hat der Untersuchungsrichter, wenn er die beanstandete Maßregel anordnen will, unverzüglich, spätestens binnen vierundzwanzig Stunden, die Entscheidung des Gerichts nachzusuchen.

Die gleiche Befugnis hat nach Eröffnung des Hauptverfahrens in dringenden Fällen der Vorsitzende des erkennenden Gerichts.

Auch die mündliche Verhandlung über den Haftbefehl (§§ 114 d, 115 a) findet vor dem zuständigen Gerichte statt. In der Voruntersuchung entscheidet im Falle des § 114 d der Untersuchungsrichter, ohne an die Stellungnahme der Staatsanwaltschaft gebunden zu sein; in den Fällen des § 115 a entscheidet nicht der Untersuchungsrichter, sondern das Gericht.[1]

1. Abs. 4 ist durch Gesetz zur Abänderung der Strafprozeßordnung vom 27. Dezember 1926 (RGBl. I S. 529) zugefügt.

§ 125 (125). Auch vor Erhebung der öffentlichen Klage[1] kann, wenn ein zur Erlassung eines Haftbefehls berechtigender Grund[2] vorhanden ist, vom Amtsrichter auf Antrag der Staatsanwaltschaft oder, bei Gefahr im Verzuge, von Amts wegen ein Haftbefehl erlassen werden.

Zur Erlassung dieses Haftbefehls und der auf die Untersuchungshaft, einschließlich der Sicherheitsleistung, bezüglichen Entscheidungen ist jeder Amtsrichter befugt, in dessen Bezirk ein Gerichtsstand[3] für die Sache begründet ist oder der zu Verhaftende betroffen wird.

Die Bestimmungen der §§ 114 bis 123 finden entsprechende Anwendung.

1. Die Erhebung der öffentlichen Klage geschieht durch Antrag auf Eröffnung der Voruntersuchung, sofern eine solche nach §§ 178 f. zulässig ist, in den übrigen Fällen durch Einreichung einer Anklageschrift beim Gericht mit dem Antrage auf Eröffnung des Hauptverfahrens (§ 170).

2. Ein zum Erlaß des Haftbefehls berechtigender Grund liegt vor, wenn die Voraussetzungen der §§ 112, 113 erfüllt sind.

3. Vgl. §§ 7 ff.

§ 126. Ist die öffentliche Klage noch nicht erhoben, so ist der Haftbefehl aufzuheben, wenn die Staatsanwaltschaft es beantragt. Gleichzeitig mit dem Antrag kann sie anordnen, daß der Beschuldigte freigelassen werde.

§ 127 (127). Wird jemand auf frischer Tat[1] betroffen oder verfolgt, so ist, wenn er der Flucht verdächtig ist oder seine Persönlichkeit nicht sofort festgestellt werden kann, jedermann befugt, ihn auch ohne richterlichen Befehl vorläufig festzunehmen.[2] [3] [4] [5] [6] [7]

Die Staatsanwaltschaft und die Polizei- und Sicherheitsbeamten[8] sind auch dann zur vorläufigen Festnahme befugt, wenn die Voraussetzungen eines Haftbefehls vorliegen und Gefahr im Verzug obwaltet.[9] [10]

Bei strafbaren Handlungen, deren Verfolgung nur auf Antrag eintritt, ist die vorläufige Festnahme von der Stellung eines solchen Antrags nicht abhängig.[11] [12]

1. Das ist bei Verübung der Tat, vgl. Anm. 3 zu § 104.

2. Die StA. sowie die Polizei und Sicherheitsbeamten, und zwar alle Polizeibeamte, d. h. auch die nicht zu Hilfsbeamten der StA. bestellten, sind auf Grund der Abs. 1 und 2 zur vorläufigen Festnahme be-

fugt. Mit dieser strafprozessualen Festnahme hat die reine verwaltungspolizeiliche Festnahme, die ihre gesetzliche Grundlage in landesrechtlichen Bestimmungen findet, nichts zu tun.

3. Für die vorläufige Festnahme zur Nachtzeit gilt das oben Anm. 5 zu § 114 bezüglich der Verhaftung Bemerkte.

4. Auf die rechtliche Beschaffenheit der Tat und des Täters kommt es nicht an. Die vorläufige Festnahme kann wegen jeder strafbaren Handlung, also z. B. auch wegen einer bloßen Übertretung erfolgen. Sie ist auch gegenüber einer — z. B. wegen jugendlichen Alters oder Unzurechnungsfähigkeit — strafrechtlich nicht verantwortlichen Person zulässig.

Beispiel: Ein elfjähriger Junge, dessen Persönlichkeit sich nicht sofort feststellen läßt, wirft eine Schaufensterscheibe ein. Jede Privatperson und jeder Polizeibeamte, die ihn bei seinem Tun betreffen oder verfolgen, können ihn festnehmen und der Polizeiwache zuführen.

5. Der Widerstand, den ein auf Grund des § 127 vorläufig Festgenommener leistet, ist rechtswidrig und unter Umständen nach § 113 StGB. als Widerstand gegen die Staatsgewalt strafbar.

6. Der Begriff der „Verfolgung" umfaßt alle Maßnahmen, „die auf die Ergreifung der als Täter ins Auge gefaßten Personen abzielen und ihrer Natur nach geeignet sind, diese zu ermöglichen, zu erleichtern, zu sichern." (RGStr. 30, 388.)

7. Das Recht zur Festnahme umfaßt die Befugnis, alle zur Durchführung erforderlichen Maßnahmen zu treffen. Der Festnehmende kann Gewalt in dem notwendigen Umfange anwenden, er darf auch, wenn es erforderlich ist, die festzunehmende Person u. U. fesseln und einsperren. Verboten ist aber die Zufügung von Körperverletzungen zwecks Verhinderung der Flucht. Je schwerer das Verbrechen ist, bei dessen Begehung der Täter ertappt wurde und je gefährlicher der auf frischer Tat zu Ergreifende erscheint — nach seiner Persönlichkeit oder etwaigen Bewaffnung — desto größere Gewalt muß dann gegen denselben zur Überwindung eines wahrscheinlichen oder wirklich schon betätigten Widerstandes gestattet sein.

Über die Berechtigung der Polizeibeamten, festgenommene Personen körperlich zu durchsuchen, und ihnen die von ihnen mitgeführten Gegenstände abzunehmen vgl. Vorbem. 14 vor § 112. Diese Befugnis steht auch den festnehmenden Privatpersonen nötigenfalls in gewissem Umfange zu.

8. Daß die zur Festnahme berechtigetn Beamten auch die Polizeibeamten eines benachbarten Ortes um die Festnahme ersuchen können, wenn der Täter sich geflüchtet hat, ist selbstverständlich.

9. Die Festnahme und Zwangsgestellung zur Wache setzt voraus, daß, sofern die Festnahme nicht wegen Fluchtverdachts oder Verdunklungsgefahr erfolgt, der Polizeibeamte sich zunächst an Ort und Stelle durch Nachprüfung etwaiger Legitimationspapiere Gewißheit über die Persönlichkeit des Festzunehmenden zu verschaffen sucht. Die Legitimationsprüfung wird aber häufig auf der Straße derart schwierig sein, z. B. bei Ansammlung einer Menschenmenge, daß schon aus diesem Grunde die Mitnahme des Beschuldigten nach der Polizeiwache gerechtfertigt ist.

10. Über die Festnahmebefugnis der Bahnpolizeibeamten vgl. § 75 der Eisenbahnbau- und Betriebsordnung vom 4. November 1904 (RGBl. 432).

11. *Beispiel zu Absatz 3: Ein Straßenpassant ist von einem vorbeifahrenden Kutscher beleidigt worden. Der hinzugerufene Polizeibeamte hat den Beleidiger festzustellen und, sofern Zweifel über seine Persönlichkeit bestehen, festzunehmen.*

12. Über die Unzulässigkeit einer vorläufigen Festnahme exterritorialer Personen vgl. oben Vorbem. 11 vor § 112 und Vorbem. 3 vor § 94.

Beispiel: Bei einer Zusammenrottung auf der Straße werden die hieran Beteiligten durch eine Polizeistreife festgestellt. Unter diesen Personen befindet sich ein Mann, der behauptet, einer ausländischen Botschaft anzugehören. Zeigt diese Person eine entsprechende Legitimation vor oder wird ihre Eigenschaft als Exterritorialer auf der nächsten Polizeiwache festgestellt, so haben alle weiteren Maßnahmen gegen sie zu unterbleiben.

§ 128 (128). Der Festgenommene ist unverzüglich,[1] sofern er nicht wieder in Freiheit gesetzt wird, dem Amtsrichter des Bezirkes, in welchem die Festnahme erfolgt ist, vorzuführen.[2] Der Amtsrichter hat ihn spätestens am Tage nach der Vorführung zu vernehmen.

Hält der Amtsrichter die Festnahme nicht für gerechtfertigt oder ihre Gründe für beseitigt, so verordnet er die Freilassung. Anderenfalls erläßt er einen Haftbefehl, auf welchen die Bestimmungen des § 126 Anwendung finden.

1. „Unverzüglich“: Das Kammergericht hat den Begriff „unverzüglich“ in folgender Weise ausgelegt (vgl. Vfg. des Preuß. Ministers des Innern vom 16. April 1924, MBl. für die innere Verwaltung S. 465): „Unverzüglich“ bedeutet eine Vorführung ohne jeden unnützen ungerechtfertigten Aufschub. Ob eine Verzögerung in diesem Sinne vorliegt, ist von Fall zu Fall besonders zu untersuchen, wobei die den Polizeibehörden gesetzlich obliegende Pflicht, strafbare Handlungen zu erforschen und alle keinen Aufschub gestattenden Anordnungen zu treffen, um die Verdunklung der Sache zu verhüten (§ 161 StPO.) in gebührender Weise zu berücksichtigen ist. Eine bestimmte Frist, innerhalb derer stets ohne Rücksicht auf den Einzelfall die Vorführung vor den Amtsrichter erfolgen muß, kann deshalb der Polizeibehörde nicht gesetzt werden, insbesondere nicht die Pflicht von 24 Stunden in Anwendung anderer hier gar nicht in Betracht kommender Bestimmungen. Wollte man den Polizeibehörden derartige Schranken setzen, wären sie gar nicht in der Lage, die ihnen gemäß § 161 StPO. obliegenden Aufgaben zu erfüllen.“

Wenn deshalb auch in besonders schwierigen und umfangreichen Fällen eine unter Umständen mehrere Tage lang währende polizeiliche Inhaftbehaltung einer auf frischer Tat festgenommenen Person dank dieser Auslegung zu rechtfertigen wäre, so wird doch im allgemeinen darauf zu halten sein, daß die Vorführung bis zum Mittage des der

Festnahme folgenden Tages bewerkstelligt wird. In den meisten Fällen wird sich der Sachverhalt auch ohne große Schwierigkeiten soweit klären lassen, daß eine Vorführung innerhalb dieser Frist sich ermöglichen läßt. Zur Vermeidung nicht unbedingt notwendiger Verzögerungen und zur Verhütung durch solche hervorgerufener Klagen und Beschwerden ist deshalb z. B. vom Polizeipräsidenten in Berlin angeordnet worden, daß die Vorführung zur Kriminalpolizei eingelieferter Personen vor die Gerichtsbehörden oder in das Untersuchungsgefängnis spätestens bis zum Mittage des der Festnahme folgenden Tages grundsätzlich zu bewirken, und daß ein „übersitzen", also eine polizeiliche Inhaftbehaltung über diesen Zeitpunkt hinaus, nur mit schriftlicher Genehmigung des Leiters der betr. Polizeiverwaltung oder, in Behinderungsfällen desselben, seines Vertreters, die in jedem Falle durch schriftlichen näher zu begründenden Antrag einzuholen ist, zulässig sei. Diese Genehmigung ist immer nur für einen Tag nachzusuchen und, abgesehen von besonderen vorher mündlich vorzutragenden Ausnahmefällen, auch nur für einen Tag gültig. Sollte eine weitere Verlängerung erforderlich werden, die aber nach Möglichkeit zu vermeiden ist, so ist eine neue Genehmigung nachzusuchen, die, wenn nicht die erste übersitzgenehmigung dazu verwendet und vorgelegt wird, den Vermerk zu enthalten hat, seit wann der Eingelieferte in polizeilicher Haft sich befindet. Diese Genehmigung nebst Begründung ist in den Strafakten niederzulegen oder diesen beizufügen.

Derartige übersitzgenehmigungen werden auf das allernotwendigste Maß zu beschränken sein. Als geeignetes Mittel zu solcher Beschränkung werden in geeigneten Fällen auch schon vor vollständigem Abschluß der polizeilichen Ermittlungen die festgenommenen Personen rechtzeitig dem Richter mit einer kurzen Darstellung des Sachverhalts als Grundlage für die Haftentscheidung vorzuführen und die Akten selbst zur weiteren Klärung der Angelegenheit zurückzubehalten sein.

2. Die Vorführung vor den Amtsrichter braucht nicht unmittelbar durch den Festnehmenden selbst zu erfolgen. Im allgemeinen wird die festgenommene Person zunächst der Polizeibehörde des Ortes der Festnahme vorgeführt werden. Dies ist für Preußen durch Verf. des Min. des Innern vom 11. Juli 1888 ausdrücklich angeordnet.

§ 129 (129). Ist gegen den Festgenommenen bereits die öffentliche Klage erhoben, so ist er entweder sofort oder auf Verfügung des Amtsrichters, welchem er zunächst vorgeführt worden, dem zuständigen Gericht oder Untersuchungsrichter vorzuführen,[1] und haben diese spätestens am Tage nach der Vorführung über Freilassung oder Verhaftung des Festgenommenen zu entscheiden.

1. In dem im § 129 behandelten Fall, daß nämlich gegen den Festgenommenen zwar die öffentliche Klage schon erhoben, aber bisher noch kein Haftbefehl erlassen ist, kann der Festnehmende den Beschuldigten entweder dem Amtsrichter des Festnahmeortes (§ 128) oder dem zuständigen Richter vorführen (§ 129).

§ 130 (130). Wird wegen Verdachts einer strafbaren Handlung, deren Verfolgung nur auf Antrag eintritt, ein Haftbefehl erlassen, bevor der Antrag gestellt ist, so ist der Antragsberechtigte, von mehreren wenigstens einer, sofort von dem Erlaß des Haftbefehls in Kenntnis zu setzen.[1] Auf den Haftbefehl finden die Bestimmungen des § 126 gleichfalls Anwendung.

1. Die Benachrichtigung des Antragsberechtigten von der Verhaftung wird zweckmäßig mit der Frage verbunden werden, ob er den Strafantrag stellen will.

§ 131 (131). Auf Grund eines Haftbefehls können von dem Richter sowie von der Staatsanwalt Steckbriefe erlassen werden, wenn der zu Verhaftende flüchtig ist oder sich verborgen hält.

Ohne vorgängigen Haftbefehl ist eine steckbriefliche Verfolgung nur dann statthaft, wenn ein Festgenommener aus dem Gefängnis entweicht oder sonst sich der Bewachung entzieht. In diesem Falle sind auch die Polizeibehörden zur Erlassung des Steckbriefs befugt.[1]

Der Steckbrief soll, soweit dies möglich, eine Beschreibung des zu Verhaftenden enthalten und die ihm zur Last gelegte strafbare Handlung sowie das Gefängnis bezeichnen, in welches die Ablieferung zu erfolgen hat.

Die §§ 114b, 114c gelten entsprechend.

1. Die Polizeibehörde kann in allen Fällen einen Steckbrief erlassen, in denen eine — auf Grund eines Haftbefehls oder infolge einer vorläufigen Festnahme — in ihrem Gewahrsam befindliche Person entweicht.

Beispiel: Der Raubmörder Lustig ist in New York auf Grund eines Haftbefehls des Münchner Gerichts festgenommen und nach Deutschland ausgeliefert worden. In Hamburg wird Lustig von Beamten der Hamburger Polizeibehörde in Empfang genommen. Die StA. München ersucht die Polizeibehörde Hamburg um Überführung des Lustig nach München. Auf dem Transport zum Hamburger Bahnhof gelingt es dem Beschuldigten, dem ihn begleitenden Hamburger Polizeibeamten zu entfliehen. Das Polizeipräsidium Hamburg wird in diesem Falle einen Steckbrief gegen Lustig erlassen und die Münchener StA. telegraphisch von dem Entweichen des Beschuldigten unterrichten.

2. Über die Benutzung der Fahndungsblätter vgl. für Preußen bezüglich des Zentralpolizeiblattes die Ministerialverfügung vom 30. November 1882 (JMBl. 377), vom 12. April 1884 (JMBl. 74), vom 16. Juni 1897 (JMBl. 154), bezüglich des Deutschen Fahndungsblattes und der Zeitschriften „Gendarm" und „Polizei" Verfügungen vom 7. August 1919 (JMBl. 395) und 28. Dezember 1920 (JMBl. 771).

§ 132 ist fortgefallen.

Zehnter Abschnitt: Vernehmung des Beschuldigten.

Vorbemerkung.

Die §§ 133—136 behandeln nur die richterliche Vernehmung im Vorverfahren. Über die polizeiliche Vernehmung des Beschuldigten, insbesondere über die Verpflichtung zum Erscheinen vor der Polizei vgl. Anm. 1 zu § 161. Jedoch gelten die Bestimmungen über die Durchführung der Vernehmung (§ 136) wie für jede strafprozessuale, so auch für die polizeiliche Vernehmung.

§ 133 (133). Der Beschuldigte ist zur Vernehmung schriftlich zu laden.

Die Ladung kann unter der Androhung geschehen, daß im Falle des Ausbleibens seine Vorführung erfolgen werde.

§ 134 (134). Die sofortige Vorführung des Beschuldigten kann verfügt werden, wenn Gründe vorliegen, welche die Erlassung eines Haftbefehls[1] rechtfertigen würden.

In dem Vorführungsbefehle ist der Beschuldigte genau zu bezeichnen und die ihm zur Last gelegte strafbare Handlung sowie der Grund der Vorführung anzugeben.

1. Vgl. §§ 112, 113.

§ 135 (135). Der Vorgeführte ist sofort von dem Richter zu vernehmen. Ist dies nicht ausführbar, so kann er bis zu seiner Vernehmung, jedoch nicht über den nächstfolgenden Tag hinaus,[1] festgehalten werden.

1. Die Frist darf keinesfalls verlängert werden.

§ 136 (136).[1] Bei Beginn der ersten Vernehmung ist dem Beschuldigten zu eröffnen, welche strafbare Handlung ihm zur Last gelegt wird. Der Beschuldigte ist zu befragen,[2] ob er etwas auf die Beschuldigung erwidern wolle.[3] [4] [5] [6] [7]

Die Vernehmung soll dem Beschuldigten Gelegenheit zur Beseitigung der gegen ihn vorliegenden Verdachtsgründe und zur Geltendmachung der zu seinen Gunsten sprechenden Tatsachen geben.

Bei der ersten Vernehmung des Beschuldigten ist zugleich auf die Ermittelung seiner persönlichen Verhältnisse Bedacht zu nehmen.

1. Allgemeines.

Der vernehmende Beamte hat mit Rücksicht darauf, daß vielfach seine gerichtliche Vorladung zur Hauptverhandlung erfolgen wird, stets, also auch dann, wenn er aus eigener Wissenschaft zur Sache nichts zu bekunden vermag, bei der Unterschrift unter Protokolle oder bei Berichten seinen Amtscharakter und nötigenfalls (in großstädtischen Verhältnissen), seine Wohnung genau zu bezeichnen, damit seine Ladung ohne zeitraubende Wohnungsermittlung auch unmittelbar erfolgen kann. Zum gleichen Zwecke hat er auch, wenn andere Polizeibeamte als Zeugen in den Akten benannt werden, deren genaue Anschriften aktenkundig zu machen.

2. Behandlung von Geständnissen.

Der erfahrungsmäßig häufige Fall, daß Beschuldigte ein vor der Polizei abgelegtes Geständnis vor Gericht widerrufen und infolgedessen mangels weiteren Schuldbeweises außer Verfolgung gesetzt und freigesprochen werden müssen, macht eine Beachtung der wichtigsten Erfordernisse der Niederschrift einer verantwortlichen Vernehmung und insbesondere der Geständnisse beschuldigter Personen zur ständigen Pflicht.

Wenn Beschuldigte auch nicht gezwungen werden können, überhaupt auszusagen oder gar eine wahrheitsgemäße Aussage zu machen, so wird es doch in den meisten Fällen durch freundliches Ermahnen oder ernstes Zureden neben wohlwollender Behandlung, geschickter Einwirkung auf das Ehrgefühl und durch Vorhalten der ermittelten Tatsachen möglich sein, den Beschuldigten zu einer wahrheitsgemäßen Aussage zu veranlassen. Die Anwendung unlauterer Kniffe zur Herbeiführung eines Geständnisses oder ein mittelbarer oder unmittelbarer Zwang, wie seelische Einwirkung in Form von Drohungen oder gar körperliche Zwangsmaßnahmen, sind unzulässig und verboten. Nach § 343 StGB. wird ein Beamter, welcher in einer Untersuchung Zwangsmittel anwendet oder anwenden läßt, um Geständnisse oder Aussagen zu erpressen, mit Zuchthausstrafe bedroht.

Wie aber jede Niederschrift einer Vernehmung nur dann Wert hat, wenn sie alles enthält, was zu den Tatbestandsmerkmalen der strafbaren Handlung gehört, so haben auch Geständnisse nur dann Beweiskraft, wenn Tatsachen eingeräumt werden, die den Tatbestand der strafbaren Handlung klar und deutlich erkennen lassen. Es erscheint deshalb erforderlich, nicht nur die kurze Tatsache eines Geständnisses etwa mit den Worten: „Ich räume die mir zur Last gelegte Straftat ein" schriftlich niederzulegen, sondern über den Inhalt des Eingeständnisses, insbesondere über die Einzelheiten der Begehung der Tat ein eingehendes Protokoll aufzunehmen und, wenn irgend möglich, solche Einzelheiten der Tat aktenkundig zu machen, die nur der wirkliche Täter wissen konnte. Ist der Beschuldigte nicht ohne weiteres geständig, sondern wird er erst durch Vorhaltungen und Fragen zu einem Schuldgeständnis veranlaßt, so empfiehlt es sich, auch die an ihn gerichteten Fragen und die darauf erteilten Antworten, die das Eingeständnis herbeiführten, zu protokollieren. Ein Vermerk am Schlusse des Protokolls, ob der Beschuldigte sein Eingeständnis ohne weiteres abgelegt hat, oder ob er erst durch Vorhaltungen und Fragen zu einem solchen bewogen werden konnte, wird ebenfalls zweckdienlich sein. Von ganz besonderer Bedeutung für die Entkräftigung eines späteren Widerrufs ist auch die Namhaftmachung von Polizeibeamten oder sonstigen Zeugen, die der Vernehmung etwa beigewohnt und das Geständnis mitangehört haben. Auch die Protokollierung des Schuldbekenntnisses mit den eigenen Worten und Ausdrücken des Geständigen wird stets geeignet sein, die Beweiskraft des Eingeständnisses zu erhöhen. Dem Beschuldigten muß in allen Fällen Gelegenheit zu eingehender Äußerung und zu eigenen Ausführungen gegeben werden. Diese Ausführungen sind auch in dem von ihm gemeinten Sinne zu Protokoll zu bringen derart, daß die Aussage ihm weder in den Mund gelegt werden, noch auch in einer den Wünschen des Vernehmenden entsprechenden Auffassung zu Papier gebracht werden darf.

Es sind auch nicht nur belastende, sondern auch entlastende Momente zu berücksichtigen. Die Vernehmung soll eben dem Beschuldigten Gelegenheit zur Beseitigung der gegen ihn vorliegenden Verdachtsgründe und zur Geltendmachung der zu seinen Gunsten sprechenden Tatsachen geben.

3. Beurteilung der Persönlichkeit des Täters.

Die Ermittlungen haben sich auch auf die für die Beurteilung der Persönlichkeit des Täters bedeutsamen Umstände zu erstrecken. Es soll größtmögliche Klarheit darüber geschaffen werden, inwieweit die Tat auf verwerfliche Gesinnung oder Willensmeinung des Täters und inwieweit sie auf Ursachen zurückzuführen ist, die den Täter zu entlasten geeignet sind. Insbesondere ist zu berücksichtigen:

a) das Vorleben des Täters, namentlich seine persönlichen und wirtschaftlichen Verhältnisse zur Zeit der Tat.
b) das Maß seiner Einsicht, der Einfluß von etwaigen geistigen oder sonstigen Störungen auf seinen Willen,
c) Beweggründe und Anreiz zu der Tat,
d) das Verhalten nach der Tat (Reue, Bemühungen, den verursachten Schaden wieder gutzumachen),
e) die gegenwärtigen persönlichen und wirtschaftlichen Verhältnisse des Täters und die durch die Verurteilung oder die Strafvollstreckung für ihn oder seine Familie zu erwartenden Nachteile (Verlust einer Stellung usw.).

Die Polizeibeamten haben indessen in jedem Einzelfalle zu erwägen, ob die Art und Schwere der strafbaren Handlung und die hiernach zu erwartende Strafe eingehende Ermittlungen in der unter a) bis e) angegebenen Richtung rechtfertigen, und inwieweit sie als Polizeibeamte in der Lage sind, solche Ermittlungen anzustellen, ohne unnötig und unbefugt in die persönlichen und wirtschaftlichen Verhältnisse von Personen einzudringen. Bei Übertretungen und leichten Vergehen wird von eingehenden Ermittlungen regelmäßig abzusehen sein, wenn nicht die Staatsanwaltschaft sie ausdrücklich verlangt oder besondere Umstände der Straftat sie ausnahmsweise begründen.

Die vernehmenden Beamten werden den Beschuldigten schon bei der ersten verantwortlichen Vernehmung über die Fragen zu a), c), d) und e) zu hören und seine hierüber gemachten Angaben in die Vernehmung aufzunehmen haben. Macht der Beschuldigte den Einfluß krankhafter Geistesstörung auf seinen Willen zur Zeit der Tat geltend (Frage zu b), so ist auch das in der Verhandlung zu berücksichtigen und nach Möglichkeit zu erörtern. Schließlich ist auch anschließend an die Vernehmung eine Äußerung des vernehmenden Beamten über den persönlichen Eindruck, den der Beschuldigte macht, häufig erwünscht.

Eine eigene Stellungnahme des vernehmenden Beamten zu den Auskünften zu a), c), d) und e) wird nur dann in Frage kommen, wenn die vom Beschuldigten in Beantwortung dieser Frage gegebenen Auskünfte auf Grund bekannter Tatsachen als falsch angesehen werden müssen. Dann wird selbstverständlich eine diese Unrichtigkeit berichtigende Äußerung beizufügen sein. Aber auch in diesen Fällen sind lediglich die die unrichtige Auskunft widerlegenden Tatsachen zu vermerken, zweckmäßigerweise aber alle Auslassungen eigener Ansichten und Schlußfolgerungen zu vermeiden. In gleicher Weise ist zu verfahren, wenn die Justizbehörde weitere Feststellungen nachträglich anordnen sollte. Auch dann sind in den Ermittlungsberichten nur die festgestellten Tatsachen, aber keinerlei eigene Schlußfolgerungen oder gar Werturteile aufzunehmen.

Die zu a) bis e) formulierten Fragen sind nur bei verantwortlichen Vernehmungen zu stellen.

4. Vernehmung Jugendlicher.

Bei der verantwortlichen Vernehmung jugendlicher Personen — zwischen 14 und 18 Jahren — sind diejenigen Tatsachen anzuführen, die aus früheren Ermittlungsverfahren bekannt geworden sind und für die Beurteilung des vorliegenden Falles Bedeutung haben können. Die anzustellenden Ermittlungen haben mit Takt und größter Schonung zu geschehen, um zu verhüten, daß die Beschuldigten durch die Ermittlungen in ihrem Berufe gestört oder sonst irgendwie geschädigt werden.

Bei nicht mehr die Schule besuchenden Jugendlichen ist anzugeben, ob und welche Fortbildungsschule (Anschrift derselben) besucht wird. Es wird ferner der Pfarrer namhaft zu machen, der die Einsegnung vorgenommen hat, und besonders darauf zu achten sein, daß die Angabe über die Beurkundung auf dem Standesamt (genaue Anschrift desselben) erfolgt.

Die Notwendigkeit der Erstattung eines Personalberichts ergibt sich aus den Bestimmungen des Jugendgerichtsgesetzes.

5. Benutzung von Formularen.

Beschuldigte werden in der Regel nur unter Benutzung eines Formulars vernommen. Erscheint der Tatbestand einer strafbaren Handlung zweifelhaft oder nicht gegeben, oder liegt nur eine durch Beweise nicht gestützte Vermutung der Täterschaft vor, so ist von einer verantwortlichen Vernehmung zunächst Abstand zu nehmen und eine informatorische Vernehmung ohne Anwendung des Formulars zu veranlassen. Auch bei der Bearbeitung der im § 374 StPO. verzeichneten Delikte, die im Wege der Privatklage verfolgt werden können, ohne daß es einer vorgängigen Anrufung der Staatsanwaltschaft bedarf, und bei der Bearbeitung von Vergehen gemäß § 153 StPO., also bei denen die Schuld des Täters gering und die Folgen der Tat unbedeutend sind, bedarf es in der Regel einer verantwortlichen Vernehmung des Beschuldigten nicht.

Bei Verfolgung von Übertretungen hat, auch wenn die Strafanzeige zur Strafverfolgung oder gerichtlichen Entscheidung an die Staatsanwaltschaft abgegeben wird, eine verantwortliche Vernehmung auf Formular nicht zu erfolgen.

6. Ermittlung von Vorstrafen.

Die Gerichtsbehörden legen auf die Angabe der Vorstrafen stets erheblichen Wert, da dies für die Frage der Strafzumessung, wie auch der Strafaussetzung und evtl. Begnadigung von erheblicher Bedeutung ist.

Mit besonderer Sorgfalt sind die Vorstrafen solcher Personen aktenkundig zu machen, die aus abgetretenen Gebieten stammen, da die Strafregister des Reichsjustizamts, die für diese Personen dort geführt werden, noch unvollständig sind und keine Möglichkeit zur anderweitigen Feststellung der Vorstrafen solcher Personen besteht.

7. Berücksichtigung der Vorschriften über Straftilgung.

Bei der Anführung von Strafen sind die Bestimmungen über Auskunftsbeschränkung und Tilgung von Strafen zu beachten.

Nach dem § 5 des Gesetzes über beschränkte Auskunft aus dem Strafregister und die Tilgung von Strafvermerken vom 9. April 1920 (RGBl. S. 507) sind die polizeilichen Listen den Strafregistern gleichgestellt. Es dürfen also auch die in den polizeilichen Listen und Personalakten vermerkten Strafen bei Auskünften an Behörden und in Strafakten nicht mehr aufgeführt werden, wenn sie nach den Bestimmungen des Gesetzes getilgt sind. Unterliegen die Strafen der beschränkten Auskunft, so können sie in den Strafakten angegeben werden, jedoch ist dann jedesmal ausdrücklich hinzuzusetzen: „über die Strafe darf nur beschränkte Auskunft erteilt werden."

Ist durch Einsichtnahme in die Personalakten nicht ohne weiteres erkenntlich, ob die Strafen getilgt sind, oder ob über sie nur beschränkte Auskunft gegeben werden darf, dann ist in nicht eiligen Fällen beim zuständigen Strafregister anzufragen. Die Antwort der Strafregisterbehörde ist zu den Personalakten zu nehmen.

Geht aus der Antwort der Strafregisterbehörde hervor, daß eine Tilgung der Strafe erfolgt ist, oder daß nur beschränkte Auskunft erteilt werden darf, so sind die Personalakten zu berichtigen. Geht aus der Antwort hervor, daß die Vergünstigungen des Gesetzes noch nicht eingetreten sind, so ist bei späterer Bearbeitung der Akten zu beachten, ob nicht inzwischen die Vergünstigungen eingetreten sein können.

Bei Vernehmung von Personen ist davon Abstand zu nehmen, ihnen weit zurückliegende Strafen vorzuhalten, die getilgt sein oder der beschränkten Auskunft unterliegen könnten. Berufen sich Personen auf eine erfolgte Löschung der Strafen, so sind sie aufzufordern, die amtliche Mitteilung darüber vorzulegen. Wird eine solche amtliche Mitteilung vorgelegt, so ist ein entsprechender Vermerk in den Personalakten zu machen.

Elfter Abschnitt: Verteidigung.

§ 137 (137). Der Beschuldigte kann sich in jeder Lage des Verfahrens[1] des Beistandes eines Verteidigers bedienen.

Hat der Beschuldigte einen gesetzlichen Vertreter, so kann auch dieser selbständig einen Verteidiger wählen.

1. Grundsätzlich also auch schon im polizeilichen Ermittelungsverfahren. Vgl. § 142 und Anm. 23 zu § 147 sowie Anm. 4 zu § 106 und Anm. 2 zu § 169.

§ 138 (138). Zu Verteidigern können die bei einem deutschen Gerichte zugelassenen Rechtsanwälte[1] sowie die Rechtslehrer an deutschen Hochschulen gewählt werden.

Andere Personen können nur mit Genehmigung des Gerichts und, wenn der Fall einer notwendigen Verteidigung[2] vorliegt und der Gewählte nicht zu den Personen gehört, welche zu Verteidigern bestellt werden dürfen, nur in Gemeinschaft mit einer solchen als Wahlverteidiger zugelassen werden.

1. Also auch nicht die allgemein zugelassenen Prozeßagenten, s. aber Abs. 2.

2. § 140.

§ 139 (139). Der als Verteidiger gewählte Rechtsanwalt kann mit Zustimmung des Angeklagten die Verteidigung einem Rechtskundigen, welcher die erste Prüfung für den Justizdienst bestanden hat und darin seit mindestens einem Jahre und drei Monaten beschäftigt ist, übertragen.

§ 140 (140). Die Verteidigung ist notwendig in den Sachen, welche vor dem Reichsgericht oder dem Oberlandesgericht in erster Instanz oder vor dem Schwurgerichte zu verhandeln sind.

In anderen Sachen ist die Verteidigung notwendig, wenn der Angeschuldigte taub oder stumm ist.

In den vor dem Amtsrichter oder dem Schöffengerichte zu verhandelnden Sachen ist die Verteidigung notwendig, wenn eine Tat den Gegenstand der Untersuchung bildet, die nicht nur wegen Rückfalls ein Verbrechen ist, und der Beschuldigte oder sein gesetzlicher Vertreter die Bestellung eines Verteidigers beantragt.

In den Fällen der Abs. 1 und 2 ist dem Angeschuldigten, der noch keinen Verteidiger gewählt hat, ein Verteidiger von Amts wegen zu bestellen, sobald der Angeschuldigte gemäß § 201 zur Erklärung über die Anklageschrift aufgefordert worden ist, oder, wenn eine solche Aufforderung nicht vorgeschrieben ist, sobald dem Angeklagten der Eröffnungsbeschluß zugestellt worden ist. Der Antrag nach Abs. 3 ist binnen einer Frist von drei Tagen zu stellen, nachdem der Angeschuldigte gemäß § 201 zur Erklärung über die Anklageschrift aufgefordert worden ist.

§ **141** (141). In anderen als in den im § 140 bezeichneten Fällen kann das Gericht und bei vorhandener Dringlichkeit der Vorsitzende auf Antrag oder von Amts wegen einen Verteidiger bestellen.

§ **142** (142). Die Bestellung des Verteidigers kann schon während des Vorverfahrens[1] erfolgen.

1. Auch schon während des polizeilichen, vgl. Anm. 1 zu § 137.

§ **143** (143). Die Bestellung ist zurückzunehmen, wenn demnächst ein anderer Verteidiger gewählt wird und dieser die Wahl annimmt.

§ **144** (144). Die Auswahl des zu bestellenden Verteidigers erfolgt durch den Vorsitzenden des Gerichts aus der Zahl der am Sitze dieses Gerichts wohnhaften Rechtsanwälte. Für das vorbereitende Verfahren erfolgt die Bestellung durch den Amtsrichter.[1]

Auch Justizbeamte, welche nicht als Richter angestellt sind, sowie solche Rechtskundige, welche die vorgeschriebene erste Prüfung für den Justizdienst bestanden haben, können als Verteidiger bestellt werden.

1. Für die Bestellung eines Verteidigers für das Vorbereitungsverfahren ist jeder Amtsrichter zuständig, der eine Amtshandlung vornimmt, sofern eine Verteidigung des Beschuldigten gerade für diese Amtshandlung erforderlich erscheint.

§ **145** (145). Wenn in einem Falle, in welchem die Verteidigung notwendig oder die Bestellung eines Verteidigers in Gemäßheit des § 141 erfolgt ist, der Verteidiger in der Hauptverhandlung ausbleibt, sich unzeitig entfernt oder sich weigert, die Verteidigung zu führen, so hat der Vorsitzende dem Angeklagten sogleich einen anderen Verteidiger zu bestellen. Das Gericht kann jedoch auch eine Aussetzung der Verhandlung beschließen.

Erklärt der neu bestellte Verteidiger, daß ihm die zur Vorbereitung der Verteidigung erforderliche Zeit nicht verbleiben würde, so ist die Verhandlung zu unterbrechen oder auszusetzen.

Wird durch die Schuld des Verteidigers eine Aussetzung erforderlich, so sind ihm, vorbehaltlich dienstlicher Ahndung, die hierdurch verursachten Kosten aufzuerlegen.

§ **146** (146). Die Verteidigung mehrerer Beschuldigter kann, insofern dies der Aufgabe der Verteidigung nicht widerstreitet, durch einen gemeinschaftlichen Verteidiger geführt werden.

§ 147 (147). Der Verteidiger ist nach dem Schlusse der Voruntersuchung und, wenn eine solche nicht stattgefunden hat, nach Einreichung der Anklageschrift bei dem Gerichte zur Einsicht der dem Gerichte vorliegenden Akten[1] befugt.

Schon vor diesem Zeitpunkt ist ihm die Einsicht der gerichtlichen Untersuchungsakten insoweit zu gestatten, als dies ohne Gefährdung des Untersuchungszwecks geschehen kann.[2]

Die Einsicht der Protokolle über die Vernehmung des Beschuldigten, der Gutachten der Sachverständigen und der Protokolle über die gerichtlichen Handlungen, denen der Verteidiger beizuwohnen befugt ist, darf ihm keinesfalls verweigert werden.[3]

Nach dem Ermessen des Vorsitzenden können die Akten, mit Ausnahme der Überführungsstücke, dem Verteidiger in seine Wohnung verabfolgt werden.[4]

1. Zu den im Abs. 1 erwähnten „dem Gericht vorliegenden Akten" gehören auch polizeiliche Ermittlungsakten, sofern sie den Gerichtsakten beigefügt sind.

2. Da auch Abs. 2 sich nur auf gerichtliche Untersuchungsakten bezieht, hat der Verteidiger während des Vorbereitungsverfahrens (vgl. Anmerkung zu § 142) keinen Anspruch auf allgemeine Akteneinsicht. Jedoch kann ihm die Polizeibehörde, wenn sie dies im Interesse der Verteidigung ohne Gefährdung des Untersuchungszweckes für erforderlich hält, die Einsicht in ihre Akten gestatten. Von dieser Befugnis wird auf entsprechenden Antrag ohne Engherzigkeit, aber mit der nötigen Umsicht Gebrauch gemacht werden können.

3. Die Frage, ob Abs. 3 sich auch auf das polizeiliche Ermittlungsverfahren erstreckt, ist bestritten, aber nach richtiger Ansicht zu bejahen. Hiernach kann der Verteidiger z. B. auch die Vorlegung der verantwortlichen Vernehmung des Beschuldigten vor der Polizei zur Einsichtnahme verlangen. Über den Zeitpunkt der Einsicht hat die vorlegende Behörde zu entscheiden, wobei auf die Interessen der Untersuchungsführung Rücksicht zu nehmen ist. Vgl. Anm. 1 zu § 137.

4. Eine Verabfolgung der polizeilichen Ermittlungsakten in die Wohnung des Verteidigers ist ausgeschlossen; Abs. 4 bezieht sich nur auf das Hauptverfahren.

§ 148 (148). Dem verhafteten[1] Beschuldigten ist schriftlicher und mündlicher Verkehr mit dem Verteidiger gestattet.

Solange das Hauptverfahren nicht eröffnet ist, kann der Richter schriftliche Mitteilungen zurückweisen, falls deren Einsicht ihm nicht gestattet wird.

Bis zu demselben Zeitpunkt kann der Richter, sofern die Verhaftung nicht lediglich wegen Verdachts der Flucht gerechtfertigt ist, anordnen, daß Unterredungen mit dem Verteidiger in seiner Gegenwart oder in Gegenwart eines beauftragten oder ersuchten Richters stattfinden.

1. Trotzdem an sich die in Anm. 1 zu § 137 und den Anm. 2, 3 zu § 147 niedergelegten Grundsätze Anwendung finden, bezieht sich § 148, wie auch aus den Abs. 2 und 3 ohne weiteres zu schließen ist, nur auf den im eigentlichen Sinne Verhafteten. Er findet keine Anwendung auf den in Polizeigewahrsam befindlichen vorläufig Festgenommenen. Natürlich kann aber die Polizeibehörde einen solchen Verkehr, wenn er ihr unbedenklich erscheint, gestatten.

§ 149 (149). Der Ehemann einer Angeklagten ist in der Hauptverhandlung als Beistand zuzulassen und auf sein Verlangen zu hören.

Dasselbe gilt von dem gesetzlichen Vertreter eines Angeklagten.

In dem Vorverfahren[1] unterliegt die Zulassung solcher Beistände dem richterlichen Ermessen.

1. Bezieht sich hier nur auf richterliche Untersuchungshandlungen, vgl. Anm. 1 zu § 148.

§ 150 (150). Dem zum Verteidiger bestellten Rechtsanwalte sind für die geführte Verteidigung die Gebühren nach Maßgabe der Gebührenordnung aus der Staatskasse zu bezahlen.

Der Rückgriff an den in die Kosten verurteilten Angeklagten bleibt vorbehalten.

Zweites Buch:

Verfahren in erster Instanz.

Erster Abschnitt: Öffentliche Klage.

Vorbemerkung.

Die öffentliche Klage, die im 1. Abschnitt des zweiten Buches behandelt wird, steht im Gegensatz zu dem auf Betreiben einer Privatperson eingeleiteten sogenannten Privatklageverfahren (§§ 374 ff.).

Im § 151 ist als Grundsatz der StPO. das Anklageprinzip festgelegt, durch das die Einleitung des Strafverfahrens von der Erhebung einer öffentlichen Klage durch das hierzu berufene Organ der Staatsgewalt (die StA.) abhängig gemacht ist. Dies bedeutet, daß der Richter — abgesehen von einigen wenigen Ausnahmen, z. B. §§ 108, 125, 165 — erst tätig werden darf, nachdem die Anklagebehörde durch bestimmte Anträge ihren Willen zur Strafverfolgung zu erkennen gegeben hat. Allerdings ist die StA. in diesem Willen nicht frei, sondern nach § 152 im allgemeinen zur Verfolgung strafbarer Handlungen, wenn auch jetzt nicht mehr völlig, so doch in den meisten Fällen uneingeschränkt verpflichtet (sog. Legalitätsprinzip). Ausnahmen von diesem Grundsatz wiederum finden sich in §§ 153, 154, 376 StPO., § 4 StGB., § 32 Abs. 2 JugendgerichtsG.

§ 151 (151). Die Eröffnung[1] einer gerichtlichen Untersuchung ist durch die Erhebung einer Klage bedingt.[2]

1. „Eröffnung der Untersuchung" bedeutet entweder Eröffnung der Voruntersuchung oder Eröffnung des Hauptverfahrens.

2. Eine Ausnahme zu § 151 bildet § 422, nach dem im Verwaltungsstrafverfahren das gerichtliche Verfahren durch einen Antrag des Beschuldigten in Lauf gesetzt wird.

§ 152 (152). Zur Erhebung der öffentlichen Klage ist die Staatsanwaltschaft berufen.[1]

Sie ist, soweit nicht gesetzlich ein anderes bestimmt ist, verpflichtet,[2] wegen aller gerichtlich strafbaren und verfolgbaren Handlungen einzuschreiten, sofern zureichende tatsächliche Anhaltspunkte vorliegen.[3] [4]

1. Eine notwendige Ergänzung zu § 152 bildet § 163, durch den die verbindliche Mitwirkung der Polizeibehörde bei der Erforschung strafbarer Handlungen sichergestellt wird.

2. Vgl. Vorbemerkung vor § 151.

3. Eine Verletzung der für die StA. im § 152 bestimmten Pflicht stellt sich als Amtsbegünstigung dar. Nach § 346 StGB. wird ein Beamter, der vermöge seines Amtes bei Ausübung der Strafgewalt mitzuwirken hat, mit Zuchthaus bis zu 5 Jahren bestraft, wenn er in der Absicht, jemanden der gesetzlichen Strafe rechtswidrig zu entziehen, die Verfolgung einer strafbaren Handlung unterläßt oder eine Handlung begeht, welche geeignet ist, eine Freisprechung oder eine dem Gesetz nicht entsprechende Bestrafung zu bewirken.

4. Über den Umfang und die Grenzen des polizeilichen Einschreitens vgl. Anmerkungen zu §§ 153, 163.

§ 153 (—).[1] Übertretungen[2] werden nicht verfolgt, wenn die Schuld des Täters gering[4] ist und die Folgen der Tat unbedeutend sind, es sei denn, daß ein öffentliches Interesse an der Herbeiführung einer gerichtlichen Entscheidung besteht.

Ist bei einem Vergehen[3] die Schuld des Täters gering und sind die Folgen der Tat unbedeutend,[5] so kann die Staatsanwaltschaft mit Zustimmung des Amtsrichters von der Erhebung der öffentlichen Klage absehen.

Ist die Klage bereits erhoben, so kann das Gericht mit Zustimmung der Staatsanwaltschaft das Verfahren einstellen; der Beschluß kann nicht angefochten werden.[6]

1. §§ 153, 154 sind als Abweichung vom Legalitätsprinzip (vgl. Vorbemerkung vor § 151) erst durch die Verordnung vom 4. Januar 1924 eingeführt worden. Ergänzend kommen in Betracht die §§ 3, 32 JugendgerichtsG.

2. Der § 153 ist für die Polizei von ganz *besonderer Wichtigkeit*. *Wegen seiner Neuheit ist er leider* vielfach in der Praxis *nicht hinreichend beachtet*. Es findet sich noch vielfach die Meinung, daß jede, auch noch so unbedeutende und gleichgültige Übertretung verfolgt werden *müsse*. Gerade um den vielfachen Klagen über „Polizeischikanen" in dieser Beziehung die Spitze abzubrechen, ist die Bestimmung des § 153 getroffen. Die Polizei wird gerade bei Übertretungen vielfach nicht nur als untersuchende, sondern als die Strafe zunächst festsetzende Behörde tätig. Vgl. §§ 413 ff. und z. B. § 1 Abs. 1 des preußischen Gesetzes, betreffend den Erlaß polizeilicher Strafverfügung wegen Übertretungen vom $\frac{\text{23. April 1883}}{\text{31. Mai 1923}}$ (GS. 1923 S. 71): „Wer die Polizeiverwaltung in einem bestimmten Bezirk auszuüben hat, ist befugt, wegen der in seinem Bezirke verübten, in sein Verwaltungsbereich fallenden Übertretungen die Strafe durch Verfügungen festzusetzen, sowie eine etwa verwirkte Einziehung zu verhängen."

Es ergibt sich daraus, daß bei Übertretungen die Entscheidung, ob und in welcher Weise eine Strafverfolgung stattzufinden hat, der Polizeibehörde zusteht. Diese ist befugt, entweder von einer Strafverfolgung überhaupt abzusehen oder selbst eine Straffestsetzung vorzunehmen oder gar, wenn ein öffentliches Interesse an der Herbeiführung einer gerichtlichen Entscheidung besteht, eine solche zu veranlassen.

Eine allgemeine Regelung, wann von der Befugnis des § 153 StPO., von einer Strafverfolgung überhaupt abzusehen, Gebrauch zu machen ist, läßt sich nicht aufstellen. Es kommt immer auf die besondere Lage des einzelnen Falles an.

Ob im einzelnen Falle bei einer vom Publikum zur Anzeige gebrachten Übertretung von der Verfolgung Abstand zu nehmen, oder ob und in welcher Form eine Strafverfolgung einzuleiten ist, unterliegt nicht der Entscheidung des einzelnen Polizeibeamten. Selbst wenn seiner Ansicht nach die Voraussetzungen des § 153 Abs. 1 StPO. vorliegen, hat er den Anzeigenden nicht unter Hinweis darauf abzuweisen, sondern hat die Anzeige entgegenzunehmen. Er kann sich gegebenenfalls etwa darauf beschränken, dies in einer möglichst kurzen Form zu tun. Er hat aber die Anzeige der zur Entscheidung berufenen Stelle vorzulegen. Vgl. Anm. 16 zu § 413 und Anm. 2 zu § 414.

3. Anders bei Vergehen. Hier steht die erste Entscheidung darüber, ob die Voraussetzungen für die Richterhebung der öffentlichen Klage vorliegen und ob deshalb von der Erhebung der öffentlichen Klage abgesehen werden kann, nicht der Polizei, sondern der StA. zu.

Die Bestimmung des § 153 Abs. 2 gilt an sich für die Polizei als untersuchende Behörde nicht. Die Polizei wird aber den Fall nur soweit zu klären haben, als es zur Prüfung erforderlich ist, ob die Voraussetzungen des § 153 vorliegen. Sie hat die Sache sodann mit ihrer Stellungnahme an die StA. abzugeben. Jeder Beamte hat sich hierbei dem Anzeigenden gegenüber jeglicher Bemerkungen zu enthalten, die den Anschein einer Entscheidung erwecken könnte (z. B. „Die Sache werde wegen ihrer Geringfügigkeit doch nicht verfolgt werden" u. dgl.). Bei der Abgabe solcher Sachen ist kurz zu vermerken, weshalb die Voraussetzungen des § 153 StPO. angenommen werden oder weshalb, falls sie nicht angenommen werden, Wert auf Strafverfolgung gelegt wird. Bei militärischen Vergehen ist die Anwendbarkeit der Abs. 2 und 3 ausgeschlossen (§ 436).

4. Eine geringe Schuld liegt vor, wenn der Grad der betätigten verbrecherischen Gesinnung im Vergleich zu anderen Fällen ähnlicher Art nicht sehr erheblich ist. Mehrfache Vorstrafen oder Warnungen vor der Begehung werden im allgemeinen die Annahme einer geringen Schuld ausschließen.

5. Bei der Beurteilung der Frage, ob die Folgen der Tat unbedeutend sind, ist, sofern die strafbare Handlung überhaupt strafrechtlich in Betracht zu ziehende Folgen gehabt hat, die Höhe des dem Verletzten entstandenen Schadens — im Hinblick auf seine gesamten Verhältnisse —, die Störung der öffentlichen Ordnung und unter Umständen auch die Größe des für den Täter erwachsenen Vorteils zu berücksichtigen.

6. Die Einstellung nach Abs. 3 kann in erster Instanz und auch im Berufungsverfahren, nicht dagegen noch in der Revisionsinstanz erfolgen.

§ 154 (208).[1] Von Erhebung der öffentlichen Klage kann abgesehen werden, wenn die Strafe, zu der die Verfolgung führen kann, neben einer Strafe, zu der der Beschuldigte wegen einer anderen Tat rechtskräftig verurteilt worden ist, oder die er wegen einer anderen Tat zu erwarten hat, nicht ins Gewicht fällt.[2]

Ist die öffentliche Klage bereits erhoben, so kann das Gericht auf Antrag der Staatsanwaltschaft das Verfahren vorläufig einstellen.

Ist das Verfahren mit Rücksicht auf eine wegen einer anderen Tat bereits rechtskräftig erkannte Strafe vorläufig eingestellt worden, so kann es, falls nicht inzwischen Verjährung eingetreten ist, wieder aufgenommen werden, wenn die rechtskräftig erkannte Strafe nachträglich in Wegfall kommt.

Ist das Verfahren mit Rücksicht auf eine wegen einer anderen Tat zu erwartende Strafe vorläufig eingestellt worden, so kann es, falls nicht inzwischen Verjährung eingetreten ist, binnen drei Monaten nach Rechtskraft des wegen der anderen Tat ergehenden Urteils wiederaufgenommen werden.

Hat das Gericht das Verfahren vorläufig eingestellt, so bedarf es zur Wiederaufnahme eines Gerichtsbeschlusses.

1. § 154 gilt auch für Verbrechen, ferner für Straftaten Jugendlicher und Militärpersonen.

2. Abs. 1 gibt der StA. nur das Recht, von der Erhebung der öffentlichen Klage abzusehen. Trotzdem sind die StA. und die Polizei aber verpflichtet, auch in den Fällen, in denen nicht angeklagt wird, den Sachverhalt zu ermitteln. Dieses ist schon deshalb notwendig, weil es vielleicht zu der erwarteten Strafe in dem als hauptsächlich angesehenen Verfahren gar nicht kommt.

§ 155 (153). Die Untersuchung[1] und Entscheidung erstreckt sich nur auf die in der Klage bezeichnete Tat und auf die durch die Klage beschuldigten Personen.

Innerhalb dieser Grenzen sind die Gerichte zu einer selbständigen Tätigkeit berechtigt und verpflichtet; insbesondere sind sie bei Anwendung des Strafgesetzes an die gestellten Anträge nicht gebunden.

1. Anm. 1 zu § 151.

§ 156 (154). Die öffentliche Klage kann nach Eröffnung der Untersuchung nicht zurückgenommen werden.

§ 157 (155). Im Sinne dieses Gesetzes ist:

Angeschuldigter der Beschuldigte, gegen welchen die öffentliche Klage erhoben ist,

Angeklagter der Beschuldigte oder Angeschuldigte, gegen welchen die Eröffnung des Hauptverfahrens beschlossen ist.

Zweiter Abschnitt: Vorbereitung der öffentlichen Klage.

Vorbemerkung.

Das in den §§ 158—177 behandelte Vorbereitungsverfahren ist zwar gesetzlich nicht zwingend vorgeschrieben, aber doch praktisch in den meisten Fällen erforderlich. Über die gerichtliche Voruntersuchung vgl. §§ 178 f.

§ 158 (156). Anzeigen strafbarer Handlungen[1] oder Anträge auf Strafverfolgung können bei der Staatsanwaltschaft, den Behörden und Beamten des Polizei- und Sicherheitsdienstes und den Amtsgerichten mündlich oder schriftlich angebracht werden.[2] Die mündliche Anzeige ist zu beurkunden.

Bei strafbaren Handlungen, deren Verfolgung nur auf Antrag eintritt,[3] muß der Antrag[4 5] bei einem Gericht oder der Staatsanwaltschaft schriftlich oder zu Protokoll bei einer anderen Behörde schriftlich angebracht werden.[6]

1. In Militärstrafsachen kann die Anzeige strafbarer Handlungen auch bei den Disziplinarvorgesetzten des Beschuldigten schriftlich oder protokollarisch erstattet werden. Der Disziplinarvorgesetzte hat die Anzeige der StA. und bei Gefahr im Verzuge dem Amtsrichter mitzuteilen (§ 6 des Gesetzes vom 17. August 1920, RGBl. S. 1580).

2. Nach Abs. 1 haben die Staatsanwaltschaften, **alle Behörden und Beamten des** Polizei- und Sicherheitsdienstes und alle Amtsgerichte Anzeigen entgegenzunehmen und an die örtlich und sachlich zuständigen Stellen weiterzuleiten. Das leider gelegentlich vorkommende Verweisen eines Anzeigenden an eine andere, angeblich zuständige Stelle widerspricht unmittelbar dem Gesetz. Immerhin verlangt dieses nicht, daß der einzelne Beamte, der z. B. im Außendienst als Verkehrspolizist oder bei der Beobachtung verdächtiger Personen begriffen, eine solche Anzeige jederzeit aufnimmt. In solchen Fällen genügt es dem Gesetz, wenn er den Anzeigenden an die nächstgelegene Dienststelle verweist. Vgl. auch Anm. 1 zu § 163.

3. Solange der erforderliche Strafantrag fehlt, ist die eigentliche Strafverfolgung von Antragsdelikten nach § 61 StGB. unzulässig; dadurch werden aber vorbereitende Handlungen (Beweiserhebungen, Beschlagnahmen usw.), falls Gefahr im Verzuge ist, nicht ausgeschlossen. Selbst die vorläufige Festnahme ist nach § 128 StPO. bei strafbaren Handlungen, deren Verfolgung nur auf Antrag eintritt, von der Stellung eines solchen nicht abhängig.

Werden strafbare Handlungen, deren Verfolgung nur auf Antrag eintritt, angezeigt, so ist darauf zu achten, daß ein schriftlicher Strafantrag des Berechtigten zu den Akten gelangt. Die Schriftlichkeit des Antrags erfordert, daß der Antragsberechtigte das Schriftstück selbst unterzeichnet oder, sofern er schreibensunkundig ist, unterkreuzt. Die Schriftform ist auch erfüllt, wenn der Antragsteller ein Protokoll in der vorbezeichneten Weise unterschreibt. Der Strafantrag kann auch durch Drahtung, nicht dagegen durch den Fernsprecher wirksam gestellt werden. Bei Aufnahme besonderer Strafanträge wird stets die Wohnung des

Antragstellers zu vermerken sein, falls diese nicht bereits aus den Akten ersichtlich ist. Im allgemeinen wird die Polizei darauf zu achten haben, daß die Strafanträge rechtzeitig und bei allen Antragsvergehen gestellt werden, falls nicht ausdrücklich auf Stellung eines Strafantrages verzichtet wird. Die Entscheidung hierüber muß dem Verletzten ohne Beeinflussung überlassen werden.

Insbesondere muß bei Straffällen, die unter §§ 248a und 264a StGB. fallen können, mit Rücksicht auf die Dehnbarkeit der Begriffe „Not" und „geringwertige Gegenstände" in weitestem Maße auf Einholung von Strafanträgen Bedacht genommen werden. Auch bei Körperverletzungen empfiehlt sich für alle Fälle die Einholung eines Strafantrages auch dann, wenn gefährliche oder schwere Körperverletzung vorzuliegen scheint.

Bei Haftsachen auf Grund von Beamtenbeleidigungen und bei gegen Beamte begangenen Körperverletzungen können die Ermittelungsverhandlungen an die StA. abgegeben werden, ohne daß der zur Strafverfolgung erforderliche Antrag des amtlichen Vorgesetzten aus §§ 196 oder 232 Abs. 3 StGB. vorliegt. Der StA. bleibt es in diesem Falle überlassen, nachträglich Stellung des Strafantrages anzufordern.

4. Auf die Wirksamkeit des Strafantrages ist es ohne Einfluß, wenn an Stelle des Antragsberechtigten in dessen Auftrage eine andere Person unterschrieben hat. Der Antragsberechtigte kann überhaupt, und zwar auch durch Generalvollmacht, einer anderen Person die Antragsberechtigung übertragen.

5. Bei den folgenden Vergehen, die von dem Verletzten im Wege der Privatklage verfolgt werden können, ohne daß es einer vorgängigen Anrufung der StA. bedarf, (§ 374) erhebt die StA. öffentliche Klage nur, wenn dies im öffentlichen Interesse liegt (§ 376):

Vergehen des Hausfriedensbruchs im Falle des § 123 StGB.; Vergehen der Beleidigung in den Fällen der §§ 185 bis 187 und 189, sofern nicht eine der im § 197 bezeichneten politischen Körperschaften beleidigt ist; Vergehen der Körperverletzung in allen Fällen der §§ 223, 223a Abs. 1 und 230, sofern nicht die Körperverletzung mit Übertretung einer Amts-, Berufs- oder Gewerbepflicht begangen ist; Vergehen der Bedrohung mit der Begehung eines Verbrechens im Falle des § 241; Vergehen der Verletzung fremder Geheimnisse (Briefgeheimnis) im Falle des § 299; Vergehen der Sachbeschädigung im Falle des § 303 StGB.; alle nach dem Gesetze gegen den unlauteren Wettbewerb strafbaren Vergehen und alle Verletzungen des literarischen, künstlerischen und gewerblichen Urheberrechts, soweit sie als Vergehen strafbar sind.

Die Entscheidung darüber, ob ein öffentliches Interesse vorliegt oder nicht, ob also Anklage zu erheben ist oder eine Verweisung auf den Weg der Privatklage zu erfolgen hat, ist nicht Sache der Polizei, sondern der Staatsanwaltschaft. Es ist deshalb unzulässig, daß die Polizei selbst eine diesbezügliche Entscheidung trifft und den Anzeigenden auf Grund eigener Entscheidung auf den Privatklageweg verweist. Die Polizei hat in diesen Fällen die Pflicht, auf Antrag des Verletzten eine Anzeige aufzunehmen, ihre Weiterbearbeitung wird sie aber auf diejenigen Erhebungen zu beschränken haben, die unumgänglich notwendig sind, um einen ungefähren Überblick über den Tatbestand zu ermöglichen. Der

Vorgang wird alsdann, möglichst mit einer kurzen Zusammenfassung des Sachverhalts, in der üblichen Weise weiterzuleiten sein.

6. Der Strafantrag kann — bis zur Verkündigung eines auf Strafe lautenden Urteils und nur in den gesetzlich vorgesehenen Fällen (§ 64 StGB.) — bei der gerade zur Zeit mit der Sache befaßten Dienststelle zurückgenommen werden.

§ 159 (157). Sind Anhaltspunkte dafür vorhanden, daß jemand eines nicht natürlichen Todes gestorben ist,[1 2 3] oder wird der Leichnam eines Unbekannten gefunden, so sind die Polizei- und Gemeindebehörden zur sofortigen Anzeige an die Staatsanwaltschaft oder[4] an den Amtsrichter verpflichtet.

Die Beerdigung darf nur auf Grund einer schriftlichen Genehmigung der Staatsanwaltschaft oder des Amtsrichters erfolgen.[5]

1. Über die im Falle des § 159 häufige Leichenschau und Leichenöffnung vgl. §§ 87 f.

2. Die Polizei und Gemeindebehörden haben auch für die Sicherstellung der Leichen zu sorgen.

3. Ein unnatürlicher Tod liegt auch bei Verdacht des Selbstmordes vor.

4. Die Anzeige ist an die StA. oder den Amtsrichter des Ortes zu richten, in dem die Leiche liegt. An wen die Anzeige zu richten ist, hat die Polizei nach dem Gesichtspunkte der Möglichkeit des rascheren Eingreifens zu prüfen. Sofern die Anzeige ohne erheblichen zeitlichen Unterschied bei StA. oder Amtsrichter einlaufen würde, wird sie an die StA. zu erstatten sein, sonst, also namentlich in ländlichen Bezirken, die dem Sitze der StA. entfernt liegen, an den Amtsrichter. Der Amtsrichter tritt in diesem Falle völlig an die Stelle der StA. Die Polizei, also auch z. B. die Bergpolizei, hat seinem Ersuchen Folge zu geben.

5. Findet im Falle des § 159 eine Beerdigung ohne Genehmigung (nach Abs. 2) statt, so ist die hierfür verantwortliche Person nach § 367 Ziff. 1 StGB. strafbar.

§ 160 (158). Sobald die Staatsanwaltschaft[1 2] durch eine Anzeige oder auf anderem Wege von dem Verdacht einer strafbaren Handlung Kenntnis erhält, hat sie behufs ihrer Entschließung darüber, ob die öffentliche Klage zu erheben sei, den Sachverhalt zu erforschen.

Die Staatsanwaltschaft hat nicht bloß die zur Belastung, sondern auch die zur Entlastung dienenden Umstände zu ermitteln und für die Erhebung der Beweise Sorge zu tragen, deren Verlust zu besorgen steht.

1. Für die Ermittelungstätigkeit der StA. und der Polizei sind auch die Bestimmungen des Jugendgerichtsgesetzes zu beachten, nach denen möglichst schon bei Einleitung des Verfahrens die Lebensverhältnisse des Beschuldigten und die zur Beurteilung seiner körperlichen und geistigen Eigenart dienlichen Umstände, evtl. unter Herbeiführung einer ärztlichen Untersuchung, zu erforschen sind. Hierbei soll das Jugendamt hinzugezogen werden (§ 31 JGG.).

2. Ebenso wie die StA. ist auch die Polizeibehörde zum Einschreiten verpflichtet, ohne daß es grundsätzlich auf die Quelle ankommt, aus der sie ihre Kenntnis von der strafbaren Handlung schöpfen. (Anzeige, Selbstbeschuldigung, anonyme Mitteilungen oder eigene Beobachtung.)

Beispiel: Der Kriminalwachtmeister Müller hört in einer Gastwirtschaft die Unterhaltung mehrerer Personen an, aus der sich ergibt, daß der Wilderer Hoffmann in der letzten Nacht den Förster Schulze erschossen hat. Müller hat über seine Wahrnehmungen bei seiner Dienstbehörde Anzeige zu erstatten und die erforderlichen Ermittlungen einzuleiten.

3. Über die Behandlung namenloser (anonymer) Anzeigen vgl. Anmerkung 11 zu § 163.

4. Die Frage, inwieweit ein Beamter der StA., oder der Polizeibehörde auf Grund von Mitteilungen einzuschreiten hat, die ihm im Laufe eines privaten Gesprächs bekannt geworden sind, ist streitig. Gänzlich erschöpfende Regeln lassen sich kaum aufstellen. Doch entspricht es dem Wesen des mit der Strafverfolgung befaßten Beamtentums, in dieser Hinsicht strenge Anforderungen zu stellen. Hiernach ist der Polizeibeamte grundsätzlich für verpflichtet zu erachten, bei jeder Kenntnisnahme von einer begangenen strafbaren Handlung durch Anzeige bei der Behörde deren Einschreiten zu veranlassen. Dieser Grundsatz ist natürlich insofern einzuschränken, als diese Verpflichtung hinsichtlich der Personen nicht gilt, bezüglich deren der Beamte ein Zeugnisverweigerungsrecht hat. (§ 52 StPO.)

5. Die Vorschrift des Abs. 2 findet sinngemäß auf die Polizeibehörde Anwendung, die ebenso wie die StA. das für wie gegen den Beschuldigten vorliegende Beweismaterial zu sammeln hat.

§ 161 (159). Zu dem im vorstehenden Paragraphen bezeichneten Zwecke kann die Staatsanwaltschaft von allen öffentlichen Behörden Auskunft[1] verlangen und Ermittelungen jeder Art, mit Ausschluß eidlicher Vernehmungen, entweder selbst[2] vornehmen oder durch die Behörden und Beamten des Polizei- und Sicherheitsdienstes vornehmen lassen.[3] [4] Die Behörden und Beamten des Polizei- und Sicherheitsdienstes sind verpflichtet, dem Ersuchen oder Auftrage der Staatsanwaltschaft zu genügen.[5]

1. Die StA. kann auch die Vorlegung von Akten oder anderen in amtlicher Verwahrung befindlichen Schriftstücken durch Behörden und öffentliche Beamte verlangen, wobei jedoch die einschränkende Bestimmung des § 96 zu beachten ist.

2. Die Vernehmung von Beschuldigten und Zeugen durch die StA. findet bei den größeren Behörden der StA. nur noch ausnahmsweise statt. In der Regel erfolgen solche Vernehmungen gemäß §§ 161, 162 auf Ersuchen der StA. durch das Gericht oder die Polizei.

Die Reformbestrebungen gehen dahin, die unmittelbare Vernehmung durch die StA. zu erweitern.

3. Die in Schrifttum und Rechtsprechung streitige Frage, ob für Beschuldigte, Zeugen und Sachverständige eine Verpflichtung zum Erscheinen und zur Aussage vor der StA. besteht, wird vom Reichsgericht in verneinendem Sinne entschieden. Über die gleiche Frage bezüglich der Polizei vgl. Anm. 2 zu § 163.

4. Die Verpflichtung, dem Ersuchen oder Auftrage der StA. nachzukommen, besteht nicht nur für die zu Hilfsbeamten der StA. bestellten, sondern für alle Beamten des Polizei- und Sicherheitsdienstes. Diese Beamten sind, soweit sie sich bei ihren Amtshandlungen im Rahmen des Ersuchens oder Auftrages der StA. halten, durch die für diese Maßnahme allein verantwortliche StA. gedeckt.

5. Nach dem Wortlaut des Gesetzes sind „die Behörden und Beamten des Polizei- und Sicherheitsdienstes" verpflichtet, dem Ersuchen oder Auftrage der Staatsanwaltschaft zu genügen. Diese Bestimmung deutet auf den Grundgedanken der StPO. hin, nach dem die Kriminalpolizei ein Organ der Staatsanwaltschaft ist. Trotzdem regelt die StPO. selbst die Organisation der Kriminalpolizei und ihr Verhältnis zur StA. nicht näher. Dies ist auch sonst reichsgesetzlich nicht erschöpfend geschehen: Das GVG. § 152 und das Reichskriminalpolizeigesetz vom 21. Juli 1922 (RGBl. I, 593; vgl. namentlich § 3, 4, 8, 10) lassen noch für das Landesrecht Raum. Nach diesem wird die Frage zu entscheiden sein, ob die Staatsanwaltschaft einzelnen, von ihr ausgewählten Kriminalbeamten unmittelbar Aufträge erteilen oder sich nur an die vorgesetzte Behörde wenden kann. Bei dem selbstverständlich notwendigen dienstfreundlichen Zusammenarbeiten beider Stellen dürfte sich aber trotz der Formfrage eine beide Teile sachlich befriedigende Lösung in jedem Einzelfalle unschwer finden lassen.

§ 162 (160). Erachtet die Staatsanwaltschaft die Vornahme einer richterlichen Untersuchungshandlung für erforderlich, so stellt sie ihre Anträge bei dem Amtsrichter des Bezirkes, in welchem die Handlung vorzunehmen ist.[1 2]

Der Amtsrichter hat zu prüfen, ob die beantragte Handlung nach den Umständen des Falles gesetzlich zulässig ist.[3]

1. Die StA. hat unter Berücksichtigung der besonderen Verhältnisse des Einzelfalles sich darüber schlüssig zu werden, ob sie für die erforderliche Untersuchungshandlung die polizeiliche (§ 161) der richterlichen Ermittlung (§ 162) vorzieht. Bei schwierigen Fragen, insbesondere solchen, bei deren Lösung nicht ganz einfache zivilrechtliche Gesichtspunkte zu berücksichtigen sind, empfiehlt sich die Übertragung der Untersuchung an den Amtsrichter.

Man wird der Polizeibehörde aber auch in den Fällen, in denen ihr infolge auftauchender schwieriger Rechtsfragen eine erschöpfende Behandlung unmöglich ist, die Befugnis zugestehen müssen, die Akten unter Darlegung dieses Umstandes zunächst noch einmal an die StA. zurückzusenden.

2. Daß die Untersuchungshandlungen, zu deren Vornahme nur der Richter zuständig ist (z. B. Beeidigung von Zeugen, Leichenschau und Leichenöffnung, Durchsicht von Papieren gemäß § 110), nur durch den Richter erfolgen können, ist selbstverständlich.

3. Wenn der Amtsrichter die Vornahme der beantragten Untersuchungshandlung ablehnt, so hat die StA. das Recht der Beschwerde (§ 304.)

§ 163 (161). Die Behörden und Beamten des Polizei- und Sicherheitsdienstes[1] haben strafbare Handlungen zu erforschen[2] und alle keinen Aufschub gestattenden Anordnungen[3][4] zu treffen, um die Verdunkelung der Sache zu verhüten.[5]

Sie übersenden ihre Verhandlungen ohne Verzug[6] der Staatsanwaltschaft. Erscheint die schleunige Vornahme richterlicher Untersuchungshandlungen erforderlich, so kann die Übersendung unmittelbar an den Amtsrichter[7] erfolgen.[8]

1. § 163 umgrenzt ganz allgemein die Befugnisse, die den sämtlichen Behörden und Beamten des Polizei- und Sicherheitsdienstes aus eigenem Recht, d. h. ohne Ersuchen oder Auftrag der StA., bei der Ermittelung strafbarer Handlungen zustehen. (Vgl. dagegen Anm. 5 zu § 161.) Die Beamten des Polizei- und Sicherheitsdienstes sind somit auch berufen, durch ihre Amtstätigkeit darauf hinzuarbeiten, daß die bei einer Straftat Beteiligten verfolgt und bestraft werden. Sie wirken also vermöge ihres Amtes auch bei der Ausübung der Strafgewalt mit. Bei Verabsäumung dieser Pflicht verfallen sie der Strafbestimmung des § 346 StGB. Nach dieser wird ein Beamter, der vermöge seines Amtes bei Ausübung der Strafgewalt mitzuwirken hat, mit Zuchthaus bis zu 5 Jahren bestraft, wenn er in der Absicht, jemanden der gesetzlichen Strafe rechtswidrig zu entziehen, die Verfolgung einer strafbaren Handlung unterläßt oder eine Handlung begeht, welche geeignet ist, eine Freisprechung oder eine dem Gesetz nicht entsprechende Bestrafung zu erwirken. Eine Verabsäumung der Strafverfolgungspflicht liegt auch dann vor, wenn ein Beamter, dem die Anzeige vorgekommener Straffälle obliegt, die Annahme einer Anzeige unterläßt oder verweigert. Die Anzeigepflicht besteht auch dann, wenn der Tatbestand einer strafbaren Handlung zweifelhaft erscheint, die Aufnahmepflicht im allgemeinen selbst dann, wenn eine solche nicht als vorliegend erachtet wird.

2. Die Frage, ob Personen, die von der Polizeibehörde als Beschuldigte oder Zeugen vorgeladen werden, zum Erscheinen und zur Aussage verpflichtet sind, und welche Rechtsfolgen sich an eine derartige Weigerung knüpfen, ist in Rechtsprechung und Schrifttum streitig. Eine allgemeine Rechtspflicht, sich von den Polizeizeibehörden wegen begangener Straftaten als Zeuge vernehmen zu lassen oder anfragenden Polizeibeamten Rede und Antwort zu stehen, also ein polizeilicher Zeugniszwang, besteht nicht. (Vgl. auch Anm. 4 zu § 68 und Anm. 1 zu § 70.) Wohl aber haben von der Polizei vorgeladene Personen die Pflicht, sich zum festgesetzten Termin zur Vernehmung einzufinden. Kommen sie dieser Pflicht nicht nach, so können sie durch Zwangsmaßnahmen hierzu angehalten werden, sofern die landesgesetzlichen Be-

stimmungen der Polizei eine derartige Zwangsgewalt einräumen. Für Preußen ist durch § 132 des LVG. vom 30. Juli 1883 den Polizeibehörden die Befugnis erteilt, die von ihnen in Ausübung der obrigkeitlichen Gewalt getroffenen, durch ihre gesetzlichen Befugnisse gerechtfertigten Anordnungen mittels Anwendung von Zwangsmitteln durchzusetzen. Nach mehrfacher Entscheidung des Oberverwaltungsgerichts hat diese Befugnis auch für die Dienstgeschäfte Platz zu greifen, welche die Polizei als Hilfsorgan der Staatsanwaltschaft (Anm. 5 zu § 161) zu verrichten hat. Es kann deshalb also auch das Erscheinen Vorgeladener zu Vernehmungen in Strafsachen durch die in § 132 LVG. festgelegten Zwangsmittel erzwungen werden. Eine Androhung von Geldstrafen, die dort als hauptsächlichstes Zwangsmittel in Frage gezogen ist, kann im strafrechtlichen Ermittlungsverfahren zu Weitläufigkeiten führen, die die Strafverfolgung sehr erschweren, wenn nicht unmöglich machen würden. Es kann daher nötigenfalls unmittelbarer Zwang gemäß § 132 Z. 3 in Anwendung gebracht werden. Ohne solchen würde die Anordnung gegebenenfalls unausführbar sein. Hieraus ergibt sich die Befugnis der Polizei, Personen, die auf Vorladung nicht erscheinen, unter Androhung von Zwangsmaßnahmen vorzuladen, auch Zwangsgestellungen (Sistierungen) vorzunehmen und zu diesem Zweck in Wohnungen einzudringen. Diese auf Grund des § 132 LVG. zulässigen Maßnahmen stellen eine rein polizeiliche Befugnis dar.

3. Über nur auf Antrag verfolgbare strafbare Handlungen vgl. Anm. 3 bis 6 zu § 158.

4. Besonders wichtig für den Außendienst tuenden Polizeibeamten ist die Frage, wann er berechtigt und verpflichtet ist, eine Person „zwangszugestellen", d. h. zur Wache mitzunehmen. Im allgemeinen wird man sagen können, daß der Polizeibeamte bei Verdacht eines Verbrechens oder schweren Vergehens (Diebstahl, Betrug) es stets wird tun müssen.

Liegt ein leichteres Vergehen (Gewerbevergehen, einfache Körperverletzung, Beleidigung oder dergl.) oder nur eine Übertretung vor, so wird der Täter an Ort und Stelle auf Grund von Ausweispapieren festzustellen sein. Eine gesetzliche Verpflichtung und eine Befugnis zur Feststellung einer Person auf Ansuchen eines Dritten besteht für den Polizeibeamten nur dann, wenn nach seiner pflichtgemäßen Überzeugung die Feststellung zur Aufklärung eines Verdachts einer strafbaren Handlung verlangt wird. Anträge auf Personenfeststellung werde daher abzulehnen sein, wenn von der ersuchenden Person die Angabe der Gründe verweigert wird. Dies auch dann, wenn der Ersuchende erklärt, selbst die Verantwortung für die Feststellung tragen zu wollen. Eine Berechtigung der Polizeibehörde zur Feststellung von Personen in reinen Privatangelegenheiten, z. B. in einer Schuldsache, besteht überhaupt nicht. Es muß jedoch von Fall zu Fall stets sorgfältig nachgeprüft werden, ob eine rein bürgerliche Angelegenheit, z. B. eine bloße Schuldforderung vorliegt, oder ob irgendwelche polizeilichen oder strafrechtlichen Interessen berührt werden. So wird sich in den meisten Fällen einer körperlichen oder sachlichen Beschädigung selbst dann, wenn zunächst ein strafbares Verschulden nicht vorzuliegen scheint, eine Personenfeststellung meist rechtfertigen lassen, da von Anfang an schwer zu übersehen sein wird, ob nicht doch eine strafbare Fahrlässigkeit oder ein Verstoß gegen eine polizeiliche Bestimmung mithineinspielt. Z. B. kann bei allen Straßenunfällen, bei denen eine Körper- oder Sachbeschädigung vorgekommen ist, sich nachträglich ein Verstoß gegen Fahrordnungsvorschriften herausstellen, und es können sonstige an und für sich nicht strafbare fahrlässige Sachbeschädigungen im Straßenverkehr vielfach durch Verletzung irgend einer straßenpolizeilichen Bestimmung hervorgerufen sein. In allen solchen Fällen, und selbstverständlich auch dann, wenn durch das Verhalten einer Person einer anderen gegenüber die Gefahr der Störung der öffentlichen Ordnung besteht, wird sich eine Feststellung durchaus rechtfertigen lassen, da es sich dann nicht um rein bürgerlichrechtliche Verhältnisse handelt.

Eine Aushändigung der Personalien an den Geschädigten oder ein Austausch der Personalien wird nur auf besonderes Verlangen und nur dann als zulässig zu erachten sein, wenn eine strafbare Handlung, die im Privatklagewege verfolgt werden kann (insbesondere also auch eine Körperverletzung oder Sachbeschädigung), oder mindestens der Verdacht einer solchen vorliegt.

5. Behandlung namenloser (anonymer) Anzeigen. Ein polizeiliches Vorgehen auf Grund anonymer Anzeige bedeutet häufig für die betroffene Person eine schwere Gefahr. Es ist deshalb in verschiedenen Ländern im Verwaltungswege angeordnet worden, daß der Polizeibeamte sich auf derartige ungeprüfte Angaben eines Unbekannten, der für die Wahrheit seiner Angaben mit seinem Namen nicht eintreten will, nicht stützen darf. Die Nachforschungen, die auf Grund einer anonymen Anzeige gemäß § 163 erforderlich sind, müssen in so unauffälliger Weise geführt werden, daß dem Verdächtigen hieraus keinerlei Nachteile entstehen. Erst wenn die Ermittelungen die Angaben der Anzeige in einem wesentlichen Punkte bestätigt haben, oder wenn sich ein auf Tatsachen gegründeter Verdacht ergeben hat, wird zu erheblicheren Eingriffen in die persönliche Freiheit des Angezeigten (Festnahme oder Durchsuchung) geschritten werden können. (Vgl. Runderlaß des Preußischen Ministers des Innern vom 29. Oktober 1927, MBl. f. d. i. V. Seite 1044.)

6. Bei wichtigen Sachen, insbesondere solchen politischer Art oder von besonderem kriminalistischem Interesse, hat die Polizei der StA. schon vor Abschluß, nötigenfalls sogar sofort vor Beginn ihrer Ermittelungen auf schnellstem Wege Mitteilung zu machen.

7. Beschleunigungsmaßnahme, vgl. Anm. 4 zu § 159. Bei Übersendung der polizeilichen Vorgänge an dem Amtsrichter hat dieser gemäß § 165 einzuschreiten.

Beispiel: Bei der Polizei wird am 16. Februar eine Anzeige gegen den Handwerksburschen Müller wegen Mordversuchs an dem Kaufmann Schulze erstattet. Schulze, der den Beschuldigten der Polizei überliefert, erklärt, daß er am 17. Februar nach Amerika auswandere und seinen dortigen Aufenthalt dauernd wechseln werde. In diesem Falle ist zur Verwertung der Aussage des Schulze in der Hauptverhandlung gemäß § 251 seine sofortige richterliche Vernehmung erforderlich. Die Polizeibehörde wird daher umgehend dem Amtsrichter den Tatbestand unterbreiten, so daß dieser sogleich den Schulze als Zeugen, und zwar gemäß § 66 Abs. 3 eidlich, vernehmen kann.

8. Über die Ausführung von polizeilichen Vernehmungen und über Vorladungen vgl. oben Vorbemerkung vor § 48, Anm. 1 zu § 69, Vorbemerkung und Anm. 1 zu § 136.

§ 164 (162). Bei Amtshandlungen an Ort und Stelle[1] ist der Beamte, welcher sie leitet, befugt, Personen, welche seine amtliche Tätigkeit vorsätzlich stören oder sich den von ihm innerhalb seiner Zuständigkeit getroffenen Anordnungen widersetzen, festnehmen und bis zur Beendigung seiner Amtsverrichtungen, jedoch nicht über den nächstfolgenden Tag hinaus, festhalten zu lassen.

1. „An Ort und Stelle" bedeutet außerhalb der Amtsräume.

Beispiel: Bei einer Haussuchung, die in der Wohnung der des Warenhausdiebstahls verdächtigten Frau Müller vorgenommen wird, belästigt der Ehemann Müller die Kriminalbeamten durch fortgesetzte laute Beschimpfungen und Drohungen. Der leitende Beamte kann ihn bis zur Beendigung der Durchsuchung, jedoch längstens bis zum Ende des folgenden Tages, festnehmen und auf der nächsten Polizeiwache festhalten lassen.

§ 165 (163). Wenn Gefahr im Verzug obwaltet, hat der Amtsrichter die erforderlichen Untersuchungshandlungen von Amts wegen vorzunehmen.[1]

1. Diese Vorschrift gibt dem Amtsrichter des Bezirkes, in dem eine Untersuchungshandlung erforderlich wird, bestimmte kriminalpolizeiliche Aufgaben. Sie ist besonders wichtig für ländliche Verhältnisse, in denen die am (entfernteren) Sitze der Landgerichte befindliche StA. häufig lange nicht so rasch benachrichtigt werden und zur Stelle sein kann wie der Amtsrichter. Die Polizeibeamten, besonders die Landjäger, werden in geeigneten Fällen, namentlich bei Kapitalverbrechen, Morden (da eventuell auch schon wegen § 159!) als auch Brandstiftungen, den zuständigen Amtsrichter, selbst zur Nachtzeit, zu benachrichtigen haben. Er entscheidet dann, ob und welche Untersuchungshandlungen er vornehmen will.

Beispiel: Der Amtsrichter wird während einer Brandstiftungsepidemie von einem Feuer in einem entfernten Dorf benachrichtigt. Er wird sich sofort hinbegeben, und die Ursache zu ermitteln suchen. Er kann dazu neben Augenscheinseinnahme alles das tun, das ihm erforderlich scheint, insbesondere auch Personen, nötigenfalls eidlich, an Ort und Stelle vernehmen.

Durch das sofortige Einschreiten des mit weit größeren gesetzlichen Machtmitteln als der einzelne Beamte ausgestatteten Richters werden häufig auf dem Lande gute Erfolge erzielt.

Vgl. auch Anm. 7 zu § 163.

§ 166 (164). Wird der Beschuldigte von dem Amtsrichter vernommen, und beantragt er bei dieser Vernehmung zu seiner Entlastung einzelne Beweiserhebungen, so hat der Amtsrichter sie, soweit er sie für erheblich erachtet, vorzunehmen, wenn der Verlust der Beweise zu besorgen steht oder die Beweiserhebung die Freilassung des Beschuldigten begründen kann.

Der Richter kann, wenn die Beweiserhebung in einem anderen Amtsbezirke vorzunehmen ist, den Amtsrichter des letzteren um ihre Vornahme ersuchen.

§ 167 (165). In den Fällen der §§ 165, 166 gebührt der Staatsanwaltschaft die weitere Verfügung.

§ 168 (166). Die Beurkundung der von dem Amtsrichter vorzunehmenden Untersuchungshandlungen und die Zuziehung eines Urkundsbeamten der Geschäftsstelle oder eines sonstigen Protokollführers[1] erfolgt nach den für die Voruntersuchung geltenden Vorschriften.[2]

1. Vgl. Anm. 1 zu § 153 GVG.
2. Vgl. §§ 187, 188.

§ 169 (167). Für die Teilnahme der Staatsanwaltschaft an den richterlichen Verhandlungen kommen die für die Voruntersuchung geltenden Vorschriften zur Anwendung.[1]

Das gleiche gilt für den Beschuldigten, seinen Verteidiger und die von ihm benannten Sachverständigen, wenn der Beschuldigte als solcher vom Richter vernommen ist oder sich in Untersuchungshaft befindet.

1. Die nach Abs. 1 auf das Vorbereitungsverfahren anwendbaren Vorschriften der Voruntersuchung finden sich in §§ 193—195.

2. Die StA. darf bei allen polizeilichen Maßnahmen anwesend sein, weil sie die Trägerin des polizeilichen Ermittelungsverfahrens ist. Dagegen steht dem Beschuldigten und seinem Verteidiger ein Anspruch auf Anwesenheit bei der polizeilichen Ermittelungstätigkeit nicht zu. Lediglich an richterlichen Verhandlungen darf der vom Richter bereits vernommene oder in Untersuchungshaft befindliche Beschuldigte in demselben Umfange wie die StA. teilnehmen. Der Beschuldigte selbst wird vom Richter im Vorbereitungsverfahren wie in der Voruntersuchung (§ 192 Abs. 2) in Abwesenheit der StA. und des Verteidigers vernommen.

Vgl. übrigens auch Anm. 4 zu § 106 und Anm. 2 zu § 147.

§ 170 (168). Bieten die angestellten Ermittelungen genügenden Anlaß zur Erhebung der öffentlichen Klage, so erhebt die Staatsanwaltschaft sie entweder durch einen Antrag auf gerichtliche Voruntersuchung oder durch Einreichung einer Anklageschrift bei dem Gerichte.

Anderenfalls verfügt die Staatsanwaltschaft die Einstellung des Verfahrens und setzt hiervon den Beschuldigten in Kenntnis, wenn er als solcher vom Richter vernommen oder ein Haftbefehl gegen ihn erlassen war.

§ 171 (169). Gibt die Staatsanwaltschaft einem bei ihr angebrachten Antrag auf Erhebung der öffentlichen Klage keine Folge, oder verfügt sie nach dem Abschluß der Ermittelungen die Einstellung des Verfahrens, so hat sie den Antragsteller unter Angabe der Gründe zu bescheiden.

§ 172 (170). Ist der Antragsteller zugleich der Verletzte, so steht ihm gegen diesen Bescheid binnen zwei Wochen nach der Bekanntmachung die Beschwerde an den vorgesetzten Beamten der Staatsanwaltschaft und gegen dessen ablehnenden Bescheid binnen einem Monat nach der Bekanntmachung der Antrag auf gerichtliche Entscheidung zu.

Der Antrag muß die Tatsachen, welche die Erhebung der öffentlichen Klage begründen sollen, und die Beweismittel angeben, auch von einem Rechtsanwalt unterzeichnet sein. Der Antrag ist bei dem für die Entscheidung zuständigen Gericht einzureichen.

Zur Entscheidung ist in den vor das Reichsgericht gehörigen Sachen das Reichsgericht, in anderen Sachen das Oberlandesgericht zuständig.

§ 173 (171). Auf Verlangen des Gerichts hat ihm die Staatsanwaltschaft die bisher von ihr geführten Verhandlungen vorzulegen.

Das Gericht kann den Antrag unter Bestimmung einer Frist dem Beschuldigten zur Erklärung mitteilen.

Das Gericht kann zur Vorbereitung seiner Entscheidung Ermittelungen anordnen und mit ihrer Vornahme eines seiner Mitglieder, den Untersuchungsrichter oder den Amtsrichter beauftragen.

§ 174 (172). Ergibt sich kein genügender Anlaß zur Erhebung der öffentlichen Klage, so verwirft das Gericht den Antrag und setzt den Antragsteller, die Staatsanwaltschaft und den Beschuldigten von der Verwerfung in Kenntnis.

Ist der Antrag verworfen, so kann die öffentliche Klage nur auf Grund neuer Tatsachen oder Beweismittel erhoben werden.

§ 175 (173). Erachtet dagegen das Gericht den Antrag für begründet, so beschließt es die Erhebung der öffentlichen Klage. Die Durchführung dieses Beschlusses liegt der Staatsanwaltschaft ob.

§ 176 (174). Dem Antragsteller kann vor der Entscheidung über den Antrag die Leistung einer Sicherheit für die durch das Verfahren über den Antrag und durch die Untersuchung der Staatskasse und dem Beschuldigten voraussichtlich erwachsenden Kosten durch Beschluß des Gerichts auferlegt werden. Die Sicherheitsleistung ist durch Hinterlegung in barem Gelde oder in Wertpapieren zu bewirken. Die Höhe der zu leistenden Sicherheit wird von dem Gerichte nach freiem Ermessen festgesetzt. Es hat zugleich eine Frist zu bestimmen, binnen welcher die Sicherheit zu leisten ist.

Wird die Sicherheit binnen der bestimmten Frist nicht geleistet, so hat das Gericht den Antrag für zurückgenommen zu erklären.

§ 177 (175). Die durch das Verfahren über den Antrag veranlaßten Kosten sind in dem Falle des § 174 und des § 176 Abs. 2 dem Antragsteller aufzuerlegen.

Dritter Abschnitt: Gerichtliche Voruntersuchung.

Vorbemerkung.

1. Die Voruntersuchung hat den Zweck, den Sachverhalt dahin zu klären, ob ein die Eröffnung des Hauptverfahrens rechtfertigender „hinreichender Tatverdacht" vorliegt, oder ob aus rechtlichen oder tatsächlichen Gründen der Angeschuldigte außer Verfolgung zu setzen ist (§§ 203, 204). Entsprechend diesem Ziel der Voruntersuchung ist auch ihr Umfang zu begrenzen, allerdings mit der Erweiterung, daß alle Beweise zu erheben sind, deren Verlust zu besorgen ist (§ 190 Abs. 2).

2. Die Untersuchungsrichter werden bei den Landgerichten von den Landesjustizverwaltungen (Justizminister) auf ein Geschäftsjahr bestellt (§ 61 GVG.). Ihr Tätigkeitsgebiet umfaßt nicht nur die erstinstanzlichen landgerichtlichen Strafsachen (Schwurgerichtssachen), sondern auch die Verfahren, die bei den zum Bezirk des Landgerichts gehörigen Amtsgerichten (Einzelrichter und Schöffengericht) geführt werden.

3. Über Beschwerden gegen Verfügungen des Untersuchungsrichters entscheidet die Strafkammer (§ 73 GVG.).

4. Während das polizeiliche und staatsanwaltschaftliche Ermittelungsverfahren auch gegen einen unbekannten Täter geführt werden kann, ist eine Voruntersuchung nur bei Angabe eines bestimmten Beschuldigten möglich (§ 79).

5. Der Untersuchungsrichter ist der Träger der Voruntersuchung. Dies gelangt im § 184 klar zum Ausdruck. Diese Tatsache hindert aber die StA. und die Polizei nicht, neben den Untersuchungsrichter weiterhin eigene Ermittelungen in derselben Strafsache anzustellen. Allerdings ist hierbei vorauszusetzen, daß durch diese Tätigkeit der StA. und der Polizei die Maßnahmen des Untersuchungsrichters nicht gestört werden. Es ist auch zur Sicherung eines einheitlichen Vorgehens notwendig, daß die StA. und die Polizei den Untersuchungsrichter über jeden in dem betreffenden Verfahren von ihnen unternommenen oder beabsichtigten Schritt unterrichten. Widerspricht der Untersuchungsrichter einem Vorhaben dieser Behörden, so hat die betreffende Handlung zu unterbleiben, weil eben der Untersuchungsrichter die zur Leitung des Verfahrens berufene und verantwortliche Stelle ist. Die Einheitlichkeit der Voruntersuchung macht es erforderlich, die daneben herlaufende Ermittelungstätigkeit der Polizeibehörde ohne vorherige Erlaubnis des Untersuchungsrichters auf die Fälle zu beschränken, in denen ein Zeitverlust eine Gefährdung des Untersuchungszweckes bedeutet (ähnlich § 443 Abs. 2).

6. Über die Frage, ob der Untersuchungsrichter bestimmten Polizeibeamten Aufträge erteilen darf, vgl. Anm. 1 zu § 189.

§ 178 (176). Die Voruntersuchung findet in den Strafsachen statt, welche zur Zuständigkeit des Reichsgerichts, der Oberlandesgerichte oder der Schwurgerichte gehören.

In den zur Zuständigkeit der Amtsgerichte gehörenden Sachen findet, abgesehen von Übertretungen, eine Voruntersuchung statt:

1. wenn die Staatsanwaltschaft es beantragt;
2. wenn der Angeschuldigte in der Erklärung über die Anklageschrift (§ 201) es beantragt und erhebliche Gründe geltend macht, aus denen eine Voruntersuchung zur Vorbereitung seiner Verteidigung erforderlich erscheint.

§ 179 (177). Der Antrag der Staatsanwaltschaft auf Eröffnung der Voruntersuchung muß den Beschuldigten und die ihm zur Last gelegte Tat bezeichnen.

§ 180 (178). Der Antrag kann nur wegen Unzuständigkeit des Gerichts oder wegen Unzulässigkeit der Strafverfolgung oder der Voruntersuchung (§ 178), oder weil die in dem Antrag bezeichnete Tat unter kein Strafgesetz fällt, abgelehnt werden. Hierzu bedarf es eines Beschlusses des Gerichts.

Der Angeschuldigte kann vor der Beschlußfassung gehört werden.

§ 181 (179). Gegen die Verfügung, durch welche auf Antrag der Staatsanwaltschaft die Voruntersuchung eröffnet worden ist, kann der Angeschuldigte aus einem der im § 180 Abs. 1 bezeichneten Gründe Einwand erheben. Über den Einwand entscheidet das Gericht.

Diese Bestimmung findet nicht Anwendung, wenn die Voruntersuchung infolge des Beschlusses des Gerichts eröffnet und der Angeschuldigte vorher gehört worden ist.

§ 182 (180). Gegen den Beschluß des Gerichts, durch welchen der von dem Angeschuldigten in dem Falle des § 180 Abs. 2 und in dem Falle des § 181 Abs. 1 erhobene Einwand der Unzuständigkeit (§ 16) verworfen wird, steht dem Angeschuldigten die sofortige Beschwerde zu.

Im übrigen kann der Beschluß des Gerichts, durch welchen der Einwand des Angeschuldigten verworfen oder die Eröffnung der Voruntersuchung angeordnet ist, nicht angefochten werden.

§ 183 (181). Gegen den Beschluß des Gerichts, durch welchen der Antrag der Staatsanwaltschaft oder des Angeschuldigten auf Eröffnung der Voruntersuchung abgelehnt worden ist, findet sofortige Beschwerde statt.

§ 184 (182). Die Voruntersuchung wird von dem Untersuchungsrichter eröffnet und geführt.[1]

1. Vgl. Vorbem. 5 vor § 178 und Anm. 1 zu § 189.

§ 185 (183). Durch Beschluß des Landgerichts kann auf Antrag der Staatsanwaltschaft die Führung der Voruntersuchung einem Amtsrichter übertragen werden. Um die Vornahme einzelner Untersuchungshandlungen kann der Untersuchungsrichter die Amtsrichter ersuchen. Auf Amtsrichter, welche mit dem Untersuchungsrichter denselben Amtssitz haben, finden diese Bestimmungen keine Anwendung.

§ 186 (184). Bei dem Reichsgerichte wird der Untersuchungsrichter für jede Strafsache aus der Zahl der Mitglieder durch den Präsidenten bestellt.

Der Präsident kann auch jedes Mitglied eines anderen deutschen Gerichts und jeden Amtsrichter zum Untersuchungsrichter, oder für einen Teil der Geschäfte des Untersuchungsrichters zu seinem Vertreter bestellen.

Der Untersuchungsrichter und dessen Vertreter können um die Vornahme einzelner Untersuchungshandlungen die Amtsrichter ersuchen.

Auf die zur Zuständigkeit der Oberlandesgerichte gehörigen Strafsachen finden die Vorschriften mit der Maßgabe Anwendung, daß der Präsident des Oberlandesgerichts jeden Richter, der in dem dem Oberlandesgerichte zugewiesenen Bezirke (§ 120 Abs. 2 des Gerichtsverfassungsgesetzes) angestellt ist, zum Untersuchungsrichter bestellen kann.

§ 187 (185). Bei der Vernehmung des Angeschuldigten, der Zeugen und Sachverständigen sowie bei der Einnahme des Augenscheins hat der Untersuchungsrichter einen Urkundsbeamten der Geschäftsstelle[1] zuzuziehen. In dringenden Fällen kann der Untersuchungsrichter eine von ihm zu beeidigende Person als Protokollführer[1] zuziehen.

1. Vgl. Anm. 1 zu § 153 GVG.

§ 188 (186). Über jede Untersuchungshandlung ist ein Protokoll aufzunehmen. Das Protokoll ist von dem Untersuchungsrichter sowie dem Protokollführer[1] zu unterschreiben.

Das Protokoll muß Ort und Tag der Verhandlung sowie die Namen der mitwirkenden oder beteiligten Personen angeben und ersehen lassen, ob die wesentlichen Förmlichkeiten des Verfahrens beobachtet sind.

Das Protokoll ist den bei der Verhandlung beteiligten Personen, soweit es sie betrifft, behufs der Genehmigung vorzulesen oder zur eigenen Durchlesung vorzulegen. Die erfolgte Genehmigung ist zu vermerken und das Protokoll von den Beteiligten entweder zu unterschreiben oder darin anzugeben, weshalb die Unterschrift unterblieben ist.

1. Vgl. Anm. 1 zu § 153 GVG.

§ 189 (187). Die Behörden[1] und Beamten des Polizei- und Sicherheitsdienstes sind verpflichtet, Ersuchen oder Aufträgen des Untersuchungsrichters[2] um Ausführung einzelner Maßregeln oder um Vornahme von Ermittelungen zu genügen.[3 4 5]

1. § 189 regelt auf Grund des Reichsrechtes die Beziehungen zwischen dem Untersuchungsrichter und den — auf Grund der Landesgesetze eingerichteten — Polizeibehörden und Polizeibeamten. Für eine dem § 189 widersprechende landesrechtliche Regelung ist kein Raum. Das Reichsrecht

unterscheidet ausdrücklich zwischen „Ersuchen“, die an die Polizeibehörde zu richten sind, und „Aufträgen“, die an die Behörden oder auch an einzelne Beamte gegeben werden. Kraft Reichsrechtes sind die Behörden bzw. auch der einzelne Beamte verpflichtet, den Aufträgen des Untersuchungsrichters Folge zu leisten. Für die einzelnen Beamten wird dies nur insoweit gelten, als sie zu Hilfsbeamten der Staatsanwaltschaft bestellt sind (§ 152 GVG.). Nach den Motiven der Strafprozeßordnung wird die Bestimmung gerade dadurch gerechtfertigt, daß dem Untersuchungsrichter, der nicht bloß eine richterliche Tätigkeit auszuüben, sondern auch an der Strafverfolgung teilzunehmen hat, auch die gerichtspolizeilichen Hilfsbeamten zur Verfügung stehen müssen. Trotz der grundlegenden Verpflichtung, die im § 189 ausgesprochen wird, kann es aber bei verständiger Würdigung des Sinnes der Vorschrift nicht zweifelhaft sein, daß der Untersuchungsrichter sich im allgemeinen der Form des Ersuchens der Polizeibehörde zu bedienen haben wird. Nur wenn ganz besondere Umstände dafür sprechen, wird im einzelnen Fall die Beauftragung eines bestimmten Beamten mit der Durchführung einer Ermittlung oder einer einzelnen Maßnahme zweckmäßig sein. Selbst in diesem Falle ist aber eine Benachrichtigung des Vorstehers der Behörde zumindest aus Gründen der Diensthöflichkeit erforderlich. Sie kann z. B. in der Weise geschehen, daß der Auftrag an den Beamten unter der Anschrift des Behördenvorstehers zugefertigt wird. Es ist immer zu beachten, daß schon bei mittleren Behörden eine ordnungsmäßige Verfügung des Behördenvorstehers unmöglich wird, wenn ohne zwingenden Grund in die Geschäftsverteilung eingegriffen wird. Wünschen der gerichtlichen Untersuchungsbehörden, möglichst einen bestimmten Beamten mit den Ermittlungen zu beauftragen, wird der Vorsteher der Polizeibehörde nach Möglichkeit zu entsprechen haben und entsprechen. Wenn von beiden Seiten mit dem nötigen Takt und sachlichen Arbeitswillen vorgegangen wird, müssen im Interesse der Sache unerwünschte Reibungen ausgeschlossen sein. Vgl. in ähnlichem Sinne auch die Verfügung des preußischen Justizministers vom 21. Juni 1883, Müller, Preußische Justizverwaltung, 6. Auflage, Band I S. 54, bezüglich der StA. s. auch § 161.

2. Sollte der Untersuchungsrichter trotz Gegenvorstellung bei der Beauftragung eines bestimmten Beamten beharren, so kann die StA. durch Einlegung einer Beschwerde gegen die Verfügung des Untersuchungsrichters über diese Frage eine Entscheidung der Strafkammer herbeiführen (§§ 304 StPO., 73 GVG.). Der Justizverwaltung steht bei etwaigen Streitigkeiten ein Eingriffsrecht nicht zu. Sie ist nur zur Dienstaufsicht über die ordnungsmäßige Ausführung der Amtsgeschäfte, nicht aber zu einer den Untersuchungsrichter sachlich beeinflussenden Entscheidung befugt. Bei etwaigen Streitfällen wird die Polizeibehörde sich nötigenfalls durch Vermittlung ihrer vorgesetzten Dienstbehörde an die StA. wenden können, um diese zur Einlegung einer Beschwerde zu veranlassen.

3. Der Untersuchungsrichter kann die Polizeibehörde auch um Vornahme einzelner Maßnahmen, wie die Aushändigung von Ladungen an Beschuldigte, Zeugen und Sachverständige, ersuchen.

4. In Militärstrafsachen sind die militärischen Vorgesetzten des Beschuldigten in gleicher Weise verpflichtet, die Ersuchen des Untersuchungsrichters auszuführen (§ 443).

5. Auch die Landeskriminalpolizeistellen haben die Aufträge der Gerichte auszuführen (§ 3 Abs. 4 des z. Z. allerdings noch nicht in Kraft getretenen ReichskriminalpolizeiG.).

§ 190 (188). Die Voruntersuchung ist nicht weiter auszudehnen, als erforderlich ist, um eine Entscheidung darüber zu begründen, ob das Hauptverfahren zu eröffnen oder der Angeschuldigte außer Verfolgung zu setzen sei.

Auch sind Beweise, deren Verlust für die Hauptverhandlung zu besorgen steht, oder deren Aufnahme zur Vorbereitung der Verteidigung des Angeschuldigten erforderlich erscheint, in der Voruntersuchung zu erheben.

§ 191 (189). Ergibt sich im Laufe der Voruntersuchung Anlaß zu ihrer Ausdehnung auf eine in dem Antrag der Staatsanwaltschaft nicht bezeichnete Person oder Tat, so hat der Untersuchungsrichter in dringenden Fällen die in dieser Beziehung erforderlichen Untersuchungshandlungen von Amts wegen vorzunehmen.

Die weitere Verfügung gebührt auch in solchen Fällen der Staatsanwaltschaft.

§ 192 (190). Der Angeschuldigte ist in der Voruntersuchung zu vernehmen, auch wenn er schon vor ihrer Eröffnung vernommen worden ist. Ihm ist hierbei die Verfügung, durch welche die Voruntersuchung eröffnet worden, bekanntzumachen.

Die Vernehmung erfolgt in Abwesenheit der Staatsanwaltschaft und des Verteidigers.[1]

1. Vgl. dagegen Anm. 2 zu § 169.

§ 193 (191). Findet die Einnahme eines Augenscheins statt, so ist der Staatsanwaltschaft, dem Angeschuldigten und dem Verteidiger die Anwesenheit bei der Verhandlung zu gestatten.

Dasselbe gilt, wenn ein Zeuge oder Sachverständiger vernommen werden soll, welcher voraussichtlich am Erscheinen in der Hauptverhandlung verhindert, oder dessen Erscheinen wegen großer Entfernung besonders erschwert sein wird.

Von den Terminen sind die zur Anwesenheit Berechtigten vorher zu benachrichtigen, soweit dies ohne Aufenthalt für die Sache geschehen kann.

Einen Anspruch auf Anwesenheit hat der nicht auf freiem Fuße befindliche Angeschuldigte nur bei solchen Terminen, welche an der Gerichtsstelle des Ortes abgehalten werden, wo er sich in Haft befindet.

Auf die Verlegung eines Termins wegen Verhinderung haben die zur Anwesenheit Berechtigten keinen Anspruch.

§ 194 (192). Der Richter kann einen Angeschuldigten von der Anwesenheit bei der Verhandlung ausschließen, wenn zu befürchten ist, daß ein Zeuge in seiner Gegenwart die Wahrheit nicht sagen werde.

§ 195 (193). Findet die Einnahme eines Augenscheins unter Zuziehung von Sachverständigen statt, so kann der Angeschuldigte beantragen, daß die von ihm für die Hauptverhandlung in Vorschlag zu bringenden Sachverständigen zu dem Termine geladen werden und, wenn der Richter den Antrag ablehnt, sie selbst laden lassen.

Den von dem Angeschuldigten benannten Sachverständigen ist die Teilnahme am Augenschein und an den erforderlichen Untersuchungen insoweit zu gestatten, als dadurch die Tätigkeit der vom Richter bestellten Sachverständigen nicht behindert wird.

§ 196 (194). Die Staatsanwaltschaft kann stets, ohne daß jedoch das Verfahren dadurch aufgehalten werden darf, von dem Stande der Voruntersuchung durch Einsicht der Akten Kenntnis nehmen und die ihr geeignet scheinenden Anträge stellen.

§ 197 (195). Erachtet der Untersuchungsrichter den Zweck der Voruntersuchung für erreicht, so übersendet er die Akten der Staatsanwaltschaft zur Stellung ihrer Anträge.

Beantragt die Staatsanwaltschaft eine Ergänzung der Voruntersuchung, so hat der Untersuchungsrichter, wenn er dem Antrage nicht stattgeben will, die Entscheidung des Gerichts einzuholen.

Von dem Schlusse der Voruntersuchung ist der Angeschuldigte in Kenntnis zu setzen.

Vierter Abschnitt:

Entscheidung über die Eröffnung des Hauptverfahrens.

Vorbemerkung.

Nach Abschluß des Vorbereitungsverfahrens hat die StA. das gesammelte Ermittelungsergebnis in der Richtung zu prüfen, ob gegen den Beschuldigten ein so schwerwiegender Verdacht vorliegt, daß eine Verurteilung zu erwarten ist. In diesem Falle muß die StA. eine Anklage erheben und dem Gericht zur Beschlußfassung über die Eröffnung des Hauptverfahrens unterbreiten.

Erachtet dagegen die StA. den Verdacht für nicht so erheblich, so hat sie, falls eine Voruntersuchung stattgefunden hat, beim Gericht die Außerverfolgungsetzung des Angeschuldigten zu beantragen oder, sofern keine Voruntersuchung geführt worden ist, selbst das Verfahren einzustellen. Das Gericht ist in seiner Entscheidung über die Eröffnung des Hauptverfahrens völlig freigestellt. Es kann — gemäß oder entgegen dem Antrage der StA. (§ 206) —:

a) das Hauptverfahren eröffnen (§ 203),
b) die Eröffnung des Hauptverfahrens ablehnen (§ 204),
c) das Verfahren vorläufig einstellen (§ 205),
d) die Außerverfolgungsetzung des Angeschuldigten beschließen,
e) eine Ergänzung bzw. Einleitung der Voruntersuchung anordnen (§ 202).

§ 198 (196). Hat eine Voruntersuchung stattgefunden, so entscheiden in den zur Zuständigkeit des Reichsgerichts oder der Oberlandesgerichte gehörigen Sachen diese Gerichte, sonst das Landgericht darüber, ob das Hauptverfahren zu eröffnen oder der Angeschuldigte außer Verfolgung zu setzen oder das Verfahren vorläufig einzustellen sei.

Die Staatsanwaltschaft legt zu diesem Zwecke die Akten mit ihrem Antrag dem Gerichte vor. Der Antrag auf Eröffnung des Hauptverfahrens erfolgt durch Einreichung einer Anklageschrift.

§ 199 (197). Erhebt die Staatsanwaltschaft, ohne daß eine Voruntersuchung stattgefunden, die Anklage, so ist die Anklageschrift mit den Akten bei dem Amtsrichter einzureichen.

§ 200 (198). Die Anklageschrift hat die dem Angeschuldigten zur Last gelegte Tat unter Hervorhebung ihrer gesetzlichen Merkmale und des anzuwendenden Strafgesetzes zu bezeichnen sowie die Beweismittel und das Gericht, vor welchem die Hauptverhandlung stattfinden soll, anzugeben.

In den von dem Reichsgerichte, den Oberlandesgerichten oder den Schwurgerichten zu verhandelnden Strafsachen sind außerdem die wesentlichen Ergebnisse der stattgehabten Ermittelungen in die Anklageschrift aufzunehmen. Das gleiche gilt in den vor dem Schöffengericht oder dem Amtsrichter zu verhandelnden Strafsachen, wenn ein Verbrechen den Gegenstand der Anklage bildet oder wenn eine Voruntersuchung stattgefunden hat. In anderen Sachen können die wesentlichen Ergebnisse der Ermittelungen in die Anklageschrift aufgenommen werden.

§ 201 (199). Der Vorsitzende des Gerichts hat die Anklageschrift dem Angeschuldigten mitzuteilen und ihn zugleich aufzufordern, sich innerhalb einer zu bestimmenden Frist zu erklären, ob er die Vornahme einzelner Beweiserhebungen vor der Hauptverhandlung beantragen oder Einwendungen gegen die Eröffnung des Hauptverfahrens vorbringen wolle. Diese Vorschrift findet in den vor dem Schöffengericht oder dem Amtsrichter zu verhandelnden Sachen nur Anwendung, wenn ein Verbrechen den Gegenstand der Anklage bildet oder wenn es sich um Vergehen handelt, bei denen das Ergebnis der Ermittelungen in die Anklageschrift aufgenommen worden ist; hat in diesen Fällen keine Voruntersuchung stattgefunden, so ist der Angeschuldigte zugleich zur Erklärung darüber aufzufordern, ob er eine Voruntersuchung beantragen wolle.

Über die Anträge und Einwendungen beschließt das Gericht. Beantragt der Angeschuldigte eine Voruntersuchung, so hat der Amtsrichter die Akten mit dem Antrag des Angeschuldigten durch Vermittelung der Staatsanwaltschaft dem Landgerichte zur Entscheidung darüber vorzulegen, ob eine Voruntersuchung zu eröffnen sei. Eine Anfechtung der Beschlüsse findet nur nach Maßgabe der Bestimmungen im § 182 Abs. 1 und § 183 statt.

§ 202 (200). Zur besseren Aufklärung der Sache kann das Gericht eine Ergänzung der Voruntersuchung anordnen.

Hält der Amtsrichter zur besseren Aufklärung der Sache eine Voruntersuchung für nötig, so hat er die Akten mit einer Begründung seiner Auffassung durch Vermittelung der Staatsanwaltschaft dem Landgerichte zur Entscheidung darüber vorzulegen, ob eine Voruntersuchung zu eröffnen sei.

Einzelne Beweiserhebungen kann auch der Amtsrichter anordnen.

Eine Anfechtung der Beschlüsse findet nicht statt.

§ 203 (201). Das Gericht beschließt die Eröffnung des Hauptverfahrens, wenn nach den Ergebnissen der Voruntersuchung oder, falls eine solche nicht stattgefunden hat, nach den Ergebnissen des vorbereitenden Verfahrens der Angeschuldigte einer strafbaren Handlung hinreichend verdächtig erscheint.

§ 204 (202). Beschließt das Gericht, das Hauptverfahren nicht zu eröffnen, so muß aus dem Beschlusse hervorgehen, ob er auf tatsächlichen oder auf Rechtsgründen beruht.

Hat eine Voruntersuchung stattgefunden, so ist auszusprechen, daß der Angeschuldigte außer Verfolgung zu setzen sei.

Der Beschluß ist dem Angeschuldigten bekanntzumachen.

§ 205 (203). Vorläufige Einstellung des Verfahrens kann beschlossen werden, wenn dem weiteren Verfahren Abwesenheit des Angeschuldigten oder der Umstand entgegensteht, daß er nach der Tat in Geisteskrankheit verfallen ist.

§ 206 (204). Das Gericht ist bei der Beschlußfassung an die Anträge der Staatsanwaltschaft nicht gebunden.

§ 207 (205). In dem Beschlusse, durch welchen das Hauptverfahren eröffnet wird, ist die dem Angeklagten zur Last gelegte Tat unter Hervorhebung ihrer gesetzlichen Merkmale und des anzuwendenden Strafgesetzes sowie das Gericht zu bezeichnen, vor welchem die Hauptverhandlung stattfinden soll.

Das Gericht hat zugleich von Amts wegen über die Anordnung oder Fortdauer der Untersuchungshaft zu beschließen.

§ 208 (206). Wenn von der Staatsanwaltschaft beantragt ist, den Angeschuldigten außer Verfolgung zu setzen, von dem Gerichte aber die Eröffnung des Hauptverfahrens beschlossen wird, so hat die Staatsanwaltschaft eine dem Beschluß entsprechende Anklageschrift einzureichen.

Die Bestimmungen des § 201 finden hier gleichfalls Anwendung; es ist jedoch die Aufforderung auf die Erklärung zu beschränken, ob der Angeklagte die Vornahme einzelner Beweiserhebungen vor der Hauptverhandlung beantragen wolle.

§ 209 (207). Das Landgericht kann das Hauptverfahren vor den erkennenden Gerichten jeder Ordnung, nicht aber vor dem Reichsgericht eröffnen. Erachtet das Landgericht die Zuständigkeit des Reichsgerichts für begründet, so legt es die Akten durch Vermittelung der Staatsanwaltschaft diesem Gerichte zur Entscheidung vor.

Ebenso hat der Amtsrichter, wenn er findet, daß eine bei ihm eingereichte Sache die Zuständigkeit des Amtsgerichts übersteige, die Akten durch Vermittelung der Staatsanwaltschaft dem Landgerichte zur Entscheidung vorzulegen.

§ 210 (209). Der Beschluß, durch welchen das Hauptverfahren eröffnet worden ist, kann von dem Angeklagten nicht angefochten werden.

Gegen den Beschluß, durch welchen die Eröffnung des Hauptverfahrens abgelehnt oder abweichend von dem Antrag der Staatsanwaltschaft die Verweisung an ein Gericht niederer Ordnung ausgesprochen worden ist, steht der Staatsanwaltschaft die sofortige Beschwerde zu.

§ 211 (210). Ist die Eröffnung des Hauptverfahrens durch einen nicht mehr anfechtbaren Beschluß abgelehnt, so kann die Klage nur auf Grund neuer Tatsachen oder Beweismittel wiederaufgenommen werden.[1]

1. Diese Vorschrift hat für die Polizei erhebliche Bedeutung, sie verbietet die Fortsetzung der Ermittelungen beim Vorliegen eines rechtskräftigen gerichtlichen Einstellungsbeschlusses. Es sind aber trotz Vorliegens des gerichtlichen Einstellungsbeschlusses in derselben Sache neue Ermittelungen auf Anzeige oder von Amts wegen einzuleiten (§ 163), wenn Tatsachen oder Beweismittel bekannt werden, die zur Zeit der früheren Entscheidung noch unbekannt waren. Hierbei ist es ohne Bedeutung, ob diese neuen Umstände vor oder nach der Entscheidung über die Nichteröffnung des Hauptverfahrens entstanden sind.

Beispiel: Das Verfahren gegen den des Mordes verdächtigen Handwerksburschen Krause ist durch Beschluß der Strafkammer vom 24. März 1928 wegen Mangels an Beweisen eingestellt worden. Am 1. Juli 1928 wird dem Kriminalwachtmeister Müller ein Brief übergeben, den Krause am 24. Oktober 1927 an seine Braut Hilde Schulze gesandt hat. In diesem Schreiben bittet er Fräulein Schulze, bei ihrer etwaigen Vernehmung zu bestätigen, daß er die Mordnacht mit ihr zusammen verbracht habe, andernfalls würde es ihm den Kopf kosten. Kriminalwachtmeister Müller kann auf Grund dieses Briefes, ohne eine besondere Entscheidung des Gerichts abzuwarten, die zur Feststellung des Sachverhalts erforderlichen Schritte unternehmen; der gerichtliche Einstellungsbeschluß vom 24. März 1928 hemmt seine Tätigkeit nicht.

§ 212 (211). Vor dem Amtsrichter oder dem Schöffengerichte kann ohne schriftlich erhobene Anklage und ohne eine Entscheidung über die Eröffnung des Hauptverfahrens zur Hauptverhandlung geschritten werden,[1] wenn der Beschuldigte entweder sich freiwillig stellt[2] oder infolge einer vorläufigen Festnahme dem Gerichte vorgeführt[3] oder nur wegen Übertretung verfolgt wird. Der wesentliche Inhalt der Anklage ist in den Fällen der freiwilligen Stellung oder der Vorführung in das Sitzungsprotokoll, anderenfalls in die Ladung des Beschuldigten aufzunehmen.

1. Sogenanntes Schnellverfahren („Schnellrichter"). Ob es anzuwenden ist, entscheidet lediglich die StA.

2. Auf Jugendliche findet nach § 38 Abs. 2 JugendgerichtsG. das Schnellverfahren keine Anwendung.

3. Vgl. §§ 127, 128 StPO. In größeren Städten werden im allgemeinen genaue Vereinbarungen zwischen Gericht, StA. und Polizei über die Einzelheiten der Vorführung getroffen sein. Der Berliner Schnellrichter amtiert z. B. im Polizeipräsidium.

Fünfter Abschnitt: Vorbereitung zur Hauptverhandlung.

§ 213 (212). Der Termin zur Hauptverhandlung wird von dem Vorsitzenden des Gerichts anberaumt.

§ 214 (213). Die zur Hauptverhandlung erforderlichen Ladungen und die Herbeischaffung der als Beweismittel dienenden Gegenstände bewirkt die Staatsanwaltschaft.

Ist anzunehmen, daß die Hauptverhandlung sich auf längere Zeit erstreckt, so kann der Vorsitzende bestimmen, daß sämtliche oder einzelne Zeugen und Sachverständige zu einem späteren Zeitpunkt als dem Beginne der Hauptverhandlung geladen werden.

§ 215 (214). Der Beschluß über die Eröffnung des Hauptverfahrens ist dem Angeklagten spätestens mit der Ladung zuzustellen.

§ 216 (215). Die Ladung eines auf freiem Fuße befindlichen Angeklagten geschieht schriftlich unter der Warnung, daß im Falle seines unentschuldigten Ausbleibens seine Verhaftung oder Vorführung erfolgen werde. Die Warnung kann in den Fällen des § 232 unterbleiben.

Die Ladung des nicht auf freiem Fuße befindlichen Angeklagten erfolgt durch Bekanntmachung des Termins zur Hauptverhandlung in Gemäßheit des § 35. Dabei ist der Angeklagte zu befragen, ob und welche Anträge er in bezug auf seine Verteidigung für die Hauptverhandlung zu stellen habe.

§ 217 (216). Zwischen der Zustellung der Ladung (§ 216) und dem Tage der Hauptverhandlung muß eine Frist von mindestens einer Woche liegen.

Ist diese Frist nicht eingehalten worden, so kann der Angeklagte die Aussetzung der Verhandlung verlangen, solange mit der Verlesung des Beschlusses über die Eröffnung des Hauptverfahrens nicht begonnen ist.

§ 218 (217). Neben dem Angeklagten ist der bestellte Verteidiger stets, der gewählte Verteidiger dann zu laden, wenn die Wahl dem Gerichte angezeigt worden ist. § 217 gilt entsprechend.

§ 219 (218). Verlangt der Angeklagte die Ladung von Zeugen oder Sachverständigen oder die Herbeischaffung anderer Beweismittel zur Hauptverhandlung, so hat er unter Angabe der Tatsachen, über welche der Beweis erhoben werden soll, seine Anträge bei dem Vorsitzenden des Gerichts zu stellen. Die hierauf ergehende Verfügung ist ihm bekanntzumachen.

Beweisanträge des Angeklagten sind, soweit ihnen stattgegeben ist, der Staatsanwaltschaft mitzuteilen.

§ 220 (219). Lehnt der Vorsitzende den Antrag auf Ladung einer Person ab, so kann der Angeklagte sie unmittelbar laden lassen.[1] Hierzu ist er auch ohne vorgängigen Antrag befugt.

Eine unmittelbar geladene Person ist nur dann zum Erscheinen verpflichtet, wenn ihr bei der Ladung die gesetzliche Entschädigung für Reisekosten und Versäumnis bar dargeboten oder deren Hinterlegung bei der Geschäftsstelle[2] nachgewiesen wird.[3]

Ergibt sich in der Hauptverhandlung, daß die Vernehmung einer unmittelbar geladenen Person zur Aufklärung der Sache dienlich war, so hat das Gericht auf Antrag anzuordnen, daß ihr die gesetzliche Entschädigung aus der Staatskasse zu gewähren sei.

1. Dies gilt grundsätzlich auch für Beamte, da zwischen ihnen und anderen Zeugen ein Unterschied nicht besteht. Die Beamten sind auch bei unmittelbarer Ladung zum Erscheinen verpflichtet, und zwar selbst dann, wenn eine Aussagegenehmigung (§ 54) ihrer vorgesetzten Dienstbehörde nicht eingeholt ist. Bei einer Ladung gemäß § 220, die der Beamte für unangebracht hält, wird er sich zweckmäßig an den Vorsitzenden des Gerichtes wenden und um Befreiung bitten. Der Vorsitzende ist selbst bei einer Ladung gemäß § 220 befugt, dem Geladenen aus hinreichenden Entschuldigungsgründen, zu denen auch das Nichtvorliegen der Genehmigung gemäß § 54 gehören kann, Befreiung zu gewähren.

2. Vgl. Anm. 1 zu § 153 GVG.

3. Jeder vom Gericht oder der Staatsanwaltschaft geladene Beamte hat gemäß § 71 nach Maßgabe der Gebührenordnung Anspruch auf Erstattung der durch Wahrnehmung des Termins entstandenen tatsächlichen Fahrkosten und, sofern der Ort der Vernehmung außerhalb seines Wohnsitzes liegt, der Kosten der Reise sowie des Aufenthalts am Ort der Vernehmung. Ein von dem Angeklagten, dessen

Verteidiger oder einem anderen Prozeßbeteiligten unmittelbar vorgeladener Beamter ist jedoch nur dann zum Erscheinen vor Gericht verpflichtet, wenn ihm bei Zustellung der Ladung durch einen Gerichtsvollzieher die ihm etwa entstehenden oben bezeichneten Kosten in bar übergeben werden oder eine Bescheinigung des Urkundsbeamten des Gerichts, daß die Kosten hinterlegt worden sind, ausgehändigt wird. Das Gericht haftet grundsätzlich für diese Kosten nicht ohne weiteres, wie sich aus Abs. 3 ergibt.

§ 221 (220). Der Vorsitzende des Gerichts kann auch von Amts wegen die Ladung von Zeugen und Sachverständigen sowie die Herbeischaffung anderer Beweismittel anordnen.

§ 222 (221). Der Angeklagte hat die von ihm unmittelbar geladenen oder zur Hauptverhandlung zu stellenden Zeugen und Sachverständigen rechtzeitig der Staatsanwaltschaft namhaft zu machen und ihren Wohn- oder Aufenthaltsort anzugeben.

Dieselbe Verpflichtung hat die Staatsanwaltschaft gegenüber dem Angeklagten, wenn sie außer den in der Anklageschrift benannten oder auf Antrag des Angeklagten geladenen Zeugen oder Sachverständigen die Ladung noch anderer Personen, sei es auf Anordnung des Vorsitzenden (§ 221) oder aus eigener Entschließung, bewirkt.

§ 223 (222). Wenn dem Erscheinen eines Zeugen oder Sachverständigen in der Hauptverhandlung für eine längere oder ungewisse Zeit Krankheit oder Gebrechlichkeit oder andere nicht zu beseitigende Hindernisse entgegenstehen, so kann das Gericht seine Vernehmung durch einen beauftragten oder ersuchten Richter anordnen. Die Vernehmung erfolgt, soweit die Beeidigung zulässig ist, eidlich.

Dasselbe gilt, wenn ein Zeuge oder Sachverständiger vernommen werden soll, dessen Erscheinen wegen großer Entfernung besonders erschwert sein wird.[1]

1. In der Zwischenzeit versetzte Beamte z. B. haben die Tatsache der Versetzung dem Gericht, das sie geladen hat, mitzuteilen.

§ 224 (223). Von dem zum Zwecke dieser Vernehmung anberaumten Terminen sind die Staatsanwaltschaft, der Angeklagte und der Verteidiger vorher zu benachrichtigen, insoweit dies nicht wegen Gefahr im Verzug untunlich ist; ihrer Anwesenheit bei der Vernehmung bedarf es nicht. Das aufgenommene

Protokoll ist der Staatsanwaltschaft und dem Verteidiger vorzulegen.

Der nicht auf freiem Fuße befindliche Angeklagte hat einen Anspruch auf Anwesenheit nur bei solchen Terminen, welche an der Gerichtsstelle des Ortes abgehalten werden, wo er sich in Haft befindet.

§ 225 (224). Ist zur Vorbereitung der Hauptverhandlung noch ein richterlicher Augenschein einzunehmen, so finden die Bestimmungen des vorhergehenden Paragraphen gleichfalls Anwendung.

Sechster Abschnitt: Hauptverhandlung.

Vorbemerkung.

Erweist es sich während der Hauptverhandlung als notwendig, über einzelne Fragen polizeiliche Ermittelungen anzustellen, so hat das Gericht einen entsprechenden Beschluß zu erlassen. Die Durchführung dieses Beschlusses erfolgt durch die StA.

§ 226 (225). Die Hauptverhandlung erfolgt in ununterbrochener Gegenwart der zur Urteilsfindung berufenen Personen[1] sowie der Staatsanwaltschaft und eines Urkundsbeamten der Geschäftsstelle.[2]

1. Die Richter, welche das Urteil fällen, müssen an der Hauptverhandlung von Beginn bis zum Ende ohne Unterbrechung teilnehmen. Dagegen ist ein Wechsel in der Person des Staatsanwalts, des Verteidigers und des Urkundsbeamten während einer Hauptverhandlung zulässig (vgl. aber § 145).
2. Vgl. Anm. 1 zu § 153 GVG.

§ 227 (226). Es können mehrere Beamte der Staatsanwaltschaft und mehrere Verteidiger in der Hauptverhandlung mitwirken und ihre Verrichtungen unter sich teilen.

§ 228 (227). Über Anträge auf Aussetzung[1] einer Hauptverhandlung entscheidet das Gericht. Kürzere Unterbrechungen ordnet der Vorsitzende an.

Eine Verhinderung des Verteidigers gibt, unbeschadet der Bestimmung des § 145, dem Angeklagten kein Recht, die Aussetzung der Verhandlung zu verlangen.

Ist die Frist des § 217 Abs. 1 nicht eingehalten worden, so soll der Vorsitzende den Angeklagten mit der Befugnis, Aussetzung der Verhandlung zu verlangen, bekannt machen.

1. Unter „Aussetzung" sind längere Unterbrechungen — Vertagungen der Hauptverhandlung —, unter „kürzeren Unterbrechungen" sind Pausen zu verstehen.

§ 229 (228). Eine unterbrochene Hauptverhandlung muß spätestens am vierten Tage nach der Unterbrechung fortgesetzt werden, widrigenfalls mit dem Verfahren von neuem zu beginnen ist.[1]

1. *Beispiel: In einer mehrwöchigen Verhandlung unterbricht der Vorsitzende die Hauptverhandlung an einem Donnerstag. Der nächste Sitzungstag, an dem spätestens die Hauptverhandlung fortgeführt werden muß, ist der folgende Montag.*

§ 230 (229). Gegen einen ausgebliebenen Angeklagten findet eine Hauptverhandlung nicht statt.

Ist das Ausbleiben des Angeklagten nicht genügend entschuldigt, so ist die Vorführung anzuordnen oder ein Haftbefehl zu erlassen.[1 2 3]

1. Die nach Abs. 2 zulässigen Zwangsmaßnahmen können nur angeordnet werden, wenn der Angeklagte in der Ladung auf diese Folgen seines unentschuldigten Ausbleibens hingewiesen ist.

2. Im Privatklageverfahren kann gegen den ausgebliebenen Angeklagten nur die Vorführung, nicht aber die Verhaftung angeordnet werden (§ 387 Abs. 3).

3. Bezüglich der Zulässigkeit der Vorführung von Abgeordneten des Reichstages oder eines Landtages vgl. Art. 37 Reichsverfassung und das Anm. 6 zu § 51 Gesagte. Danach wird in einem zulässigerweise durchgeführten Strafverfahren die zwangsweise Vorführung eines Abgeordneten insoweit für zulässig erachtet werden müssen, als sie nicht eine Ausübung des Abgeordnetenberufes beeinträchtigt. Die Verhaftung ist jedoch ohne Genehmigung des Hauses, dem er angehört, unzulässig.

§ 231 (230). Der erschienene Angeklagte darf sich aus der Verhandlung nicht entfernen. Der Vorsitzende kann die geeigneten Maßregeln treffen, um die Entfernung zu verhindern; auch kann er den Angeklagten während einer Unterbrechung der Verhandlung in Gewahrsam[1] halten lassen.

Entfernt der Angeklagte sich dennoch oder bleibt er bei der Fortsetzung einer unterbrochenen Hauptverhandlung aus,[2] so kann diese in seiner Abwesenheit zu Ende geführt werden, wenn seine Vernehmung über die Anklage schon erfolgt war und das Gericht seine fernere Anwesenheit nicht für erforderlich erachtet.

1. Nicht nur etwa durch Abschluß des Termins- oder eines Nebenzimmers, sondern auch durch Aufnahme in das Gerichts- oder Polizeigefängnis. Die Polizei ist verpflichtet, den entsprechenden Ersuchen des Vorsitzenden nachzukommen.

2. Im Falle eines Ausbleibens des Angeklagten ist nur dann eine Fortsetzung der Hauptverhandlung zulässig, wenn der Angeklagte freiwillig fernbleibt. Ist aber der Angeklagte z. B. während einer Hauptverhandlung derart erkrankt, daß er verhandlungsunfähig ist, so muß die Hauptverhandlung bis zu seiner Wiederherstellung ausgesetzt oder unterbrochen werden. Auch ein Einverständnis des unfreiwillig ausgebliebenen Angeklagten mit der Fortsetzung der Hauptverhandlung ist unerheblich.

§ 232 (231). Beim Ausbleiben des Angeklagten kann zur Hauptverhandlung geschritten werden, wenn die den Gegenstand der Untersuchung bildende Tat nur mit Geldstrafe, Haft oder Einziehung, allein oder in Verbindung miteinander, bedroht ist.

In solchen Fällen muß der Angeklagte in der Ladung auf die Zulässigkeit dieses Verfahrens ausdrücklich hingewiesen werden.

§ 233 (232). Der Angeklagte kann im Verfahren vor dem Amtsrichter und dem Schöffengericht auf seinen Antrag von der Verpflichtung zum Erscheinen in der Hauptverhandlung entbunden werden. Dies gilt nicht bei Verbrechen, die nicht nur wegen Rückfalls Verbrechen sind.[1]

Wird der Angeklagte von der Verpflichtung zum Erscheinen in der Hauptverhandlung entbunden, so muß er, wenn seine richterliche Vernehmung nicht schon im Vorverfahren erfolgt ist, durch einen beauftragten oder ersuchten Richter über die Anklage vernommen werden.

Von dem zum Zwecke der Vernehmung anberaumten Termine sind die Staatsanwaltschaft und der Verteidiger vorher zu benachrichtigen; ihrer Anwesenheit bei der Vernehmung bedarf es nicht. Das Protokoll über die Vernehmung ist in der Hauptverhandlung zu verlesen.

1. Wohl also z. B. bei Rückfalldiebstahl und Rückfallbetrug.

§ 234 (233). Insoweit die Hauptverhandlung ohne Anwesenheit des Angeklagten stattfinden kann, ist er befugt, sich durch einen mit schriftlicher Vollmacht versehenen Verteidiger vertreten zu lassen.

§ 235 (234). Hat die Hauptverhandlung ohne Anwesenheit des Angeklagten stattgefunden, so kann er gegen das Urteil binnen einer Woche nach der Zustellung die Wiedereinsetzung in den vorigen Stand unter gleichen Voraussetzungen wie gegen die Versäumung einer Frist[1] nachsuchen.

War jedoch der Angeklagte auf seinen Antrag von der Verpflichtung zum Erscheinen in der Hauptverhandlung entbunden worden, oder hatte er von der Befugnis, sich vertreten zu lassen, Gebrauch gemacht, so findet eine Wiedereinsetzung in den vorigen Stand nicht statt.

1. Vgl. §§ 44—46.

§ 236 (235). Das Gericht ist stets befugt, das persönliche Erscheinen des Angeklagten anzuordnen und durch einen Vorführungsbefehl oder Haftbefehl zu erzwingen.

§ 237 (236). Das Gericht kann im Falle eines Zusammenhanges zwischen mehreren bei ihm anhängigen Strafsachen ihre Verbindung zum Zwecke gleichzeitiger Verhandlung anordnen, auch wenn dieser Zusammenhang nicht der im § 3 bezeichnete ist.

§ 238 (237). Die Leitung der Verhandlung, die Vernehmung des Angeklagten und die Aufnahme des Beweises erfolgt durch den Vorsitzenden.[1]

Wird eine auf die Sachleitung bezügliche Anordnung des Vorsitzenden von einer bei der Verhandlung beteiligten Person als unzulässig beanstandet, so entscheidet das Gericht.

1. Die Anordnungen des Vorsitzenden sind unbedingt zu befolgen.

§ 239 (238). Die Vernehmung der von der Staatsanwaltschaft und dem Angeklagten benannten Zeugen und Sachverständigen ist der Staatsanwaltschaft und dem Verteidiger auf deren übereinstimmenden Antrag von dem Vorsitzenden zu überlassen. Bei den von der Staatsanwaltschaft benannten Zeugen und Sachverständigen hat diese, bei den von dem Angeklagten benannten der Verteidiger in erster Reihe das Recht zur Vernehmung.

Der Vorsitzende hat auch nach dieser Vernehmung die ihm zur weiteren Aufklärung der Sache erforderlich scheinenden Fragen an die Zeugen und Sachverständigen zu richten.

§ 240 (239). Der Vorsitzende hat den beisitzenden Richtern auf Verlangen zu gestatten, Fragen an die Zeugen und Sachverständigen zu stellen.

Dasselbe hat der Vorsitzende der Staatsanwaltschaft, dem Angeklagten und dem Verteidiger sowie den Geschworenen und den Schöffen zu gestatten.

§ 241 (240). Dem, welcher im Falle des § 239 Abs. 1 die Befugnis der Vernehmung mißbraucht, kann sie von dem Vorsitzenden entzogen werden.

In den Fällen des § 239 Abs. 1 und des § 240 Abs. 2 kann der Vorsitzende ungeeignete oder nicht zur Sache gehörige Fragen zurückweisen.

§ 242 (241). Zweifel über die Zulässigkeit einer Frage entscheidet in allen Fällen das Gericht.

§ 243 (242). Die Hauptverhandlung beginnt mit dem Aufruf der Zeugen und Sachverständigen.

Hieran schließt sich die Vernehmung des Angeklagten über seine persönlichen Verhältnisse und die Verlesung des Beschlusses über die Eröffnung des Hauptverfahrens.

Sodann erfolgt die weitere Vernehmung des Angeklagten nach Maßgabe des § 136.

Die Verlesung des Beschlusses und die Vernehmung des Angeklagten geschieht in Abwesenheit der zu vernehmenden Zeugen.

§ 244 (243). Nach der Vernehmung des Angeklagten folgt die Beweisaufnahme.

Es bedarf eines Gerichtsbeschlusses, wenn ein Beweisantrag abgelehnt werden soll, oder wenn die Vornahme einer Beweishandlung eine Aussetzung der Hauptverhandlung erforderlich macht.

Das Gericht kann auf Antrag und von Amts wegen die Ladung von Zeugen und Sachverständigen sowie die Herbeischaffung anderer Beweismittel anordnen.

§ 245 (244). Die Beweisaufnahme ist auf die sämtlichen vorgeladenen Zeugen und Sachverständigen, sowie auf die anderen herbeigeschafften Beweismittel zu erstrecken, es sei denn, daß die Beweiserhebung zum Zwecke der Prozeßverschleppung beantragt ist. Dies gilt auch dann, wenn die Ladung und das Erscheinen der Zeugen oder Sachverständigen oder die Herbeischaffung der anderen Beweismittel erst während der Hauptverhandlung erfolgt. Von der Erhebung einzelner Beweise kann jedoch abgesehen werden, wenn die Staatsanwaltschaft und der Angeklagte hiermit einverstanden sind.

In Verhandlungen vor dem Amtsrichter, den Schöffengerichten und den Landgerichten, die eine Übertretung betreffen oder auf erhobene Privatklage erfolgen, bestimmt das Gericht den Umfang der Beweisaufnahme, ohne hierbei durch Anträge, Verzichte oder frühere Beschlüsse gebunden zu sein.

§ 246 (245). Eine Beweiserhebung darf nicht deshalb abgelehnt werden, weil das Beweismittel oder die zu beweisende Tatsache zu spät vorgebracht worden sei.

Ist jedoch ein zu vernehmender Zeuge oder Sachverständiger dem Gegner des Antragstellers so spät namhaft gemacht oder eine zu beweisende Tatsache so spät vorgebracht worden, daß es dem Gegner an der zur Einziehung von Erkundigungen erforderlichen Zeit gefehlt hat, so kann er bis zum Schlusse der Beweisaufnahme die Aussetzung der Hauptverhandlung zum Zwecke der Erkundigung beantragen.

Dieselbe Befugnis haben die Staatsanwaltschaft und der Angeklagte in betreff der auf Anordnung des Vorsitzenden oder des Gerichts geladenen Zeugen oder Sachverständigen.

Über die Anträge entscheidet das Gericht nach freiem Ermessen.

§ 247 (246). Das Gericht kann den Angeklagten, wenn zu befürchten ist, daß ein Mitangeklagter oder ein Zeuge bei seiner Vernehmung in Gegenwart des Angeklagten die Wahrheit nicht sagen werde, während dieser Vernehmung aus dem Sitzungszimmer abtreten lassen. Der Vorsitzende hat jedoch den Angeklagten, sobald dieser wieder vorgelassen worden, von dem wesentlichen Inhalt dessen zu unterrichten, was während seiner Abwesenheit ausgesagt oder sonst verhandelt worden ist.

In gleicher Weise ist zu verfahren, wenn das Gericht wegen ordnungswidrigen Benehmens des Angeklagten zeitweise dessen Entfernung aus dem Sitzungszimmer angeordnet hat.

§ 248 (247). Die vernommenen Zeugen und Sachverständigen dürfen sich nur mit Genehmigung oder auf Anweisung des Vorsitzenden von der Gerichtsstelle entfernen. Die Staatsanwaltschaft und der Angeklagte sind vorher zu hören.

§ 249 (248). Urkunden und andere als Beweismittel dienende Schriftstücke werden in der Hauptverhandlung verlesen. Dies gilt insbesondere von früher ergangenen Strafurteilen, von Straflisten und von Auszügen aus Kirchenbüchern und

Personenstandsregistern und findet auch Anwendung auf Protokolle über die Einnahme des richterlichen Augenscheines.

§ 250 (249). Beruht der Beweis einer Tatsache auf der Wahrnehmung einer Person, so ist diese in der Hauptverhandlung zu vernehmen. Die Vernehmung darf nicht durch Verlesung des über eine frühere Vernehmung aufgenommenen Protokolls oder einer schriftlichen Erklärung ersetzt werden.

§ 251 (250). Ist ein Zeuge, Sachverständiger oder Mitbeschuldigter verstorben oder in Geisteskrankheit verfallen, oder ist sein Aufenthalt nicht zu ermitteln gewesen, so kann das Protokoll über seine frühere richterliche Vernehmung verlesen werden. Dasselbe gilt von dem bereits verurteilten Mitschuldigen.

In den im § 223 bezeichneten Fällen ist die Verlesung des Protokolls über die frühere Vernehmung statthaft, wenn sie nach Eröffnung des Hauptverfahrens oder wenn sie in dem Vorverfahren unter Beobachtung der Vorschriften des § 193 erfolgt ist.

Die Verlesung kann nur durch Gerichtsbeschluß angeordnet, auch muß ihr Grund verkündet und bemerkt werden, ob die Beeidigung der vorgenommenen Person stattgefunden hat. An den Bestimmungen über die Notwendigkeit der Beeidigung wird hierdurch für die Fälle, in denen die nochmalige Vernehmung ausführbar ist, nichts geändert.

§ 252 (251). Die Aussage eines vor der Hauptverhandlung vernommenen Zeugen, welcher erst in der Hauptverhandlung von seinem Rechte, das Zeugnis zu verweigern, Gebrauch macht, darf nicht verlesen werden.[1]

1. Ein Polizeibeamter kann jedoch über solche Angaben vernommen werden, die ihm eine zur Hauptverhandlung als Zeuge geladene Person im Ermittelungsverfahren in ihrer damaligen Eigenschaft als Beschuldigter oder Zeuge gemacht hat, auch wenn diese Person in der Hauptverhandlung ihre Aussage mit Recht verweigert.

Beispiel: Die Ehefrau des Angeklagten Müller ist bei Einleitung des polizeilichen Ermittelungsverfahrens von dem Kriminalbeamten Schulze als Zeugin vernommen worden und hat ausgesagt. In der Hauptverhandlung macht sie von ihrem Zeugnisverweigerungsrecht gemäß § 52 Ziff. 2 Gebrauch. Die Vernehmung des Schulze über die Angaben, die ihm die Ehefrau Müller bei ihrer polizeilichen Aussage gemacht hat, ist zulässig.

§ 253 (252). Erklärt ein Zeuge oder Sachverständiger, daß er sich einer Tatsache nicht mehr erinnert, so kann der hierauf bezügliche Teil des Protokolls über seine frühere Vernehmung zur Unterstützung seines Gedächtnisses verlesen werden.[1]

Dasselbe kann geschehen, wenn ein in der Vernehmung hervortretender Widerspruch mit der früheren Aussage nicht auf andere Weise ohne Unterbrechung der Hauptverhandlung festgestellt oder gehoben werden kann.

1. Im Falle des § 253 können — im Gegensatz zu §§ 251, 254 — auch Protokolle über nicht richterliche, also auch über polizeiliche, Vernehmungen der Zeugen oder Sachverständigen verlesen werden, und zwar auch dann, wenn diese Zeugen sich bei ihren früheren Vernehmungen als Beschuldigte geäußert haben.

§ 254 (253). Erklärungen des Angeklagten, welche in einem richterlichen Protokolle enthalten sind, können zum Zwecke der Beweisaufnahme über ein Geständnis verlesen werden.[1]

Dasselbe kann geschehen, wenn ein in der Vernehmung hervortretender Widerspruch mit der früheren Aussage nicht auf andere Weise ohne Unterbrechung der Hauptverhandlung festgestellt oder gehoben werden kann.

1. Polizeiliche Protokolle, die ein Geständnis des Angeklagten enthalten, dürfen zwar nicht zum Beweise der Tatsache des Geständnisses verlesen werden. Es ist aber zulässig und üblich, dem Angeklagten ein solches Geständnis, das er früher vor der Polizei abgelegt hat, vorzuhalten und — im Falle des Bestreitens — über die Ablegung und das Zustandekommen des Geständnisses durch die Vernehmung der seinerzeit anwesenden Polizeibeamten Beweis zu erheben. Es ergibt sich also auch hieraus wieder die Wichtigkeit einer sorgfältigen und zutreffenden Protokollfeststellung.

§ 255 (254). In den Fällen der §§ 253, 254 ist die Verlesung und ihr Grund auf Antrag der Staatsanwaltschaft oder des Angeklagten im Protokolle zu erwähnen.

§ 256 (255). Die ein Zeugnis oder ein Gutachten enthaltenden Erklärungen öffentlicher Behörden,[1] mit Ausschluß von Leumundszeugnissen,[2] desgleichen ärztliche Atteste über Körperverletzungen, welche nicht zu den schweren gehören, können verlesen werden.

Ist das Gutachten einer kollegialen Fachbehörde eingeholt worden, so kann das Gericht die Behörde ersuchen, eines ihrer Mitglieder mit der Vertretung des Gutachtens in der Hauptverhandlung zu beauftragen und dem Gerichte zu bezeichnen.

1. Nur die Erklärung einer Behörde, nicht der Bericht eines einzelnen Beamten darf verlesen werden. Es ist aber gleichgültig, ob die Behörde die Erklärung von sich aus, oder ob sie dieselbe erst auf Anforderung des Gerichts oder der StA. hin abgegeben hat.

2. Zu den Leumundszeugnissen, deren Verlesung verboten ist, gehören auch die polizeilichen Führungszeugnisse.

§ 257 (256). Nach der Vernehmung eines jeden Zeugen, Sachverständigen oder Mitangeklagten sowie nach der Verlesung eines jeden Schriftstücks soll der Angeklagte befragt werden, ob er etwas zu erklären habe.

§ 258 (257). Nach dem Schlusse der Beweisaufnahme erhalten die Staatsanwaltschaft und sodann der Angeklagte zu ihren Ausführungen und Anträgen das Wort.

Der Staatsanwaltschaft steht das Recht der Erwiderung zu; dem Angeklagten gebührt das letzte Wort.

Der Angeklagte ist, auch wenn ein Verteidiger für ihn gesprochen hat, zu befragen, ob er selbst noch etwas zu seiner Verteidigung anzuführen habe.

§ 259 (258). Einem der Gerichtssprache nicht mächtigen Angeklagten müssen aus den Schlußvorträgen mindestens die Anträge der Staatsanwaltschaft und des Verteidigers durch den Dolmetscher bekannt gemacht werden.

Dasselbe gilt von einem tauben Angeklagten, sofern nicht eine schriftliche Verständigung erfolgt.

§ 260 (259). Die Hauptverhandlung schließt mit der Erlassung des Urteils. Das Urteil kann nur auf Freisprechung, Verurteilung oder Einstellung des Verfahrens lauten.

Die Einstellung des Verfahrens ist auszusprechen, wenn bei einer nur auf Antrag zu verfolgenden strafbaren Handlung sich ergibt, daß der erforderliche Antrag nicht vorliegt, oder wenn der Antrag rechtzeitig zurückgenommen ist.

§ 261 (260). Über das Ergebnis der Beweisaufnahme entscheidet das Gericht nach seiner freien, aus dem Inbegriffe der Verhandlung geschöpften Überzeugung.

§ 262 (261). Hängt die Strafbarkeit einer Handlung von der Beurteilung eines bürgerlichen Rechtsverhältnisses ab, so entscheidet das Strafgericht auch über dieses nach den für das Verfahren und den Beweis in Strafsachen geltenden Vorschriften.

Das Gericht ist jedoch befugt, die Untersuchung auszusetzen und einem der Beteiligten zur Erhebung der Zivilklage eine Frist zu bestimmen oder das Urteil des Zivilgerichts abzuwarten.

1. Diese Vorschrift hat für die polizeiliche Ermittelungstätigkeit insofern Bedeutung, als die Polizeibeamten bei Feststellung des Sachverhalts auch bürgerlich-rechtliche Verhältnisse, über die zwischen den Beteiligten Streit besteht, zu klären haben, soweit ihnen das möglich ist.

Beispiel: Der Kaufmann Müller erstattet gegen den Reisenden Krause Anzeige wegen Unterschlagung, weil Krause angeblich für Müller einkassierte Geldbeträge für sich verwandt habe. Krause behauptet, daß er nicht bei Müller angestellt sei, sondern die Ware zum Weiterverkauf von Müller erworben habe und deshalb zur Einkassierung des Geldes für sich berechtigt gewesen sei. Der Kriminalbeamte wird sich den zwischen Müller und Krause etwa schriftlich abgeschlossenen Anstellungsvertrag und sonstige Urkunden vorlegen lassen, durch die ihre gegenseitigen Rechtsbeziehungen festgestellt werden können.

Natürlich wird dies nur bei einfachen Rechtsverhältnissen möglich sein. Es wird aber vom Publikum gerade häufig versucht, durch Betrugs- oder Unterschlagungsanzeigen streitige bürgerlich-rechtliche Fragen zu lösen und Zivilprozesse zu vermeiden. In dieser Beziehung ist für den Polizeibeamten Vorsicht geboten.

§ 263 (262). Zu einer jeden dem Angeklagten nachteiligen Entscheidung, welche die Schuldfrage oder die Bemessung der Strafe betrifft, ist eine Mehrheit von zwei Dritteilen der Stimmen erforderlich.

Die Schuldfrage begreift auch solche von dem Strafgesetze besonders vorgesehene Umstände, welche die Strafbarkeit ausschließen, vermindern oder erhöhen.

Die Schuldfrage begreift nicht die Voraussetzungen des Rückfalls und der Verjährung.

§ 264 (263). Gegenstand der Urteilsfindung ist die in der Anklage bezeichnete Tat, wie sie sich nach dem Ergebnisse der Verhandlung darstellt.

Das Gericht ist an die Beurteilung der Tat, welche dem Beschluß über die Eröffnung des Hauptverfahrens zugrunde liegt, nicht gebunden.

§ 265 (264). Eine Verurteilung des Angeklagten auf Grund eines anderen als des in dem Beschluß über die Eröffnung des Hauptverfahrens angeführten Strafgesetzes darf nicht erfolgen, ohne daß der Angeklagte zuvor auf die Veränderung des rechtlichen Gesichtspunktes besonders hingewiesen[1] und ihm Gelegenheit zur Verteidigung gegeben worden ist.

In gleicher Weise ist zu verfahren, wenn erst in der Verhandlung solche vom Strafgesetze besonders vorgesehene Umstände behauptet werden, welche die Strafbarkeit erhöhen.

Bestreitet der Angeklagte unter der Behauptung, auf die Verteidigung nicht genügend vorbereitet zu sein, neu hervorgetretene Umstände, welche die Anwendung eines schwereren Strafgesetzes gegen den Angeklagten zulassen als des in dem Beschluß über die Eröffnung des Hauptverfahrens angeführten, oder welche zu den im zweiten Absatz bezeichneten gehören, so ist auf seinen Antrag die Hauptverhandlung auszusetzen.

Auch sonst hat das Gericht auf Antrag oder von Amts wegen die Hauptverhandlung auszusetzen, falls dies infolge der veränderten Sachlage zur genügenden Vorbereitung der Anklage oder der Verteidigung angemessen erscheint.

Auf die in § 245 Abs. 2 bezeichneten Verhandlungen findet die Vorschrift des dritten Absatzes nicht Anwendung.

1. *Beispiel: Gegen den Wilderer Huber ist das Verfahren wegen Widerstandes gegen die Staatsgewalt eröffnet worden. In der Hauptverhandlung stellt sich durch die Bekundungen des Polizeiwachtmeisters Schmidt heraus, daß Huber den Widerstand nicht nur durch leichtes Zurückstoßen des Beamten, sondern auch insofern geleistet hat, als er den Wachtmeister Schmidt mit einem schweren Eichenstock erheblich verletzt hat. Wegen der in dieser Handlungsweise enthaltenen gefährlichen Körperverletzung (§ 223a StGB.) kann Huber nur verurteilt werden, wenn er bis zum Schluß der Hauptverhandlung darauf hingewiesen worden ist, daß seine Tat auch als Widerstand in Tateinheit (§ 73 StGB.) mit gefährlicher Körperverletzung angesehen werden könne.*

§ 266 (265). Wird der Angeklagte im Laufe der Hauptverhandlung noch einer anderen Tat beschuldigt, als wegen welcher das Hauptverfahren wider ihn eröffnet worden, so kann sie auf Antrag der Staatsanwaltschaft und mit Zustimmung des Angeklagten zum Gegenstande derselben Aburteilung gemacht werden.

Diese Bestimmung findet nicht Anwendung, wenn die Tat als ein Verbrechen sich darstellt oder ihre Aburteilung die Zuständigkeit des Gerichts überschreitet.

Beispiel: Gegen den Handwerksburschen Müller findet die Hauptverhandlung wegen Diebstahls — Entwendung eines Stück Stoffes — statt. Bei der Vernehmung des Zeugen stellt sich heraus, daß Müller aus Ärger über die Entdeckung der Tat den Krause mit einer Zaun-

latte erheblich verletzt hat. Wenn die StA. nun in der Hauptverhandlung die Aburteilung dieser gefährlichen Körperverletzung beantragt, so kann dies nur mit Zustimmung des Angeklagten Müller geschehen. Versagt Müller seine Zustimmung, so muß die Hauptverhandlung auf die Aburteilung des Diebstahls beschränkt bleiben. Es muß dann wegen der gefährlichen Körperverletzung ein besonderes Verfahren gegen Müller eingeleitet werden.

§ 267 (266). Wird der Angeklagte verurteilt, so müssen die Urteilsgründe die für erwiesen erachteten Tatsachen angeben, in welchen die gesetzlichen Merkmale der strafbaren Handlung gefunden werden. Insoweit der Beweis aus anderen Tatsachen gefolgert wird, sollen auch diese Tatsachen angegeben werden.

Waren in der Verhandlung solche vom Strafgesetze besonders vorgesehene Umstände behauptet worden, welche die Strafbarkeit ausschließen, vermindern oder erhöhen, so müssen die Urteilsgründe sich darüber aussprechen, ob diese Umstände für festgestellt oder für nicht festgestellt erachtet werden.

Die Gründe des Strafurteils müssen ferner das zur Anwendung gebrachte Strafgesetz bezeichnen und sollen die Umstände anführen, welche für die Zumessung der Strafe bestimmend gewesen sind. Macht das Strafgesetz die Anwendung einer geringeren Strafe von dem Vorhandensein mildernder Umstände im allgemeinen abhängig, so müssen die Urteilsgründe die hierüber getroffene Entscheidung ergeben, sofern das Vorhandensein solcher Umstände angenommen oder einem in der Verhandlung gestellten Antrag entgegen verneint wird.

Verzichten alle zur Anfechtung Berechtigten auf Rechtsmittel, so genügt die Angabe der für erwiesen erachteten Tatsachen, in welchen die gesetzlichen Merkmale der strafbaren Handlung gefunden werden, und des zur Anwendung gebrachten Strafgesetzes; hierbei kann auf den Eröffnungsbeschluß Bezug genommen werden.

Wird der Angeklagte freigesprochen, so müssen die Urteilsgründe ergeben, ob der Angeklagte für nicht überführt, oder ob und aus welchen Gründen die für erwiesen angenommene Tat für nicht strafbar erachtet worden ist.

§ 268 (267). Die Verkündung des Urteils erfolgt durch Verlesung der Urteilsformel und Eröffnung der Urteilsgründe am Schlusse der Verhandlung oder spätestens mit Ablauf einer Woche nach dem Schlusse der Verhandlung. Die Eröffnung der Urteilsgründe geschieht durch Verlesung oder durch mündliche

Mitteilung ihres wesentlichen Inhalts. Die Verlesung der Urteilsformel hat in jedem Falle der Mitteilung der Urteilsgründe voranzugehen.

War die Verkündung des Urteils ausgesetzt, so sind die Urteilsgründe vor ihr schriftlich festzustellen.

Ist der Angeklagte bei der Verkündung anwesend und ist gegen das Urteil ein Rechtsmittel zulässig, so soll er über die Einlegung des Rechtsmittels belehrt werden.

§ 269 (269). Das Gericht darf sich nicht für unzuständig erklären, weil die Sache vor ein Gericht niederer Ordnung gehöre.[1]

1. *Beispiel: In der Schwurgerichtsverhandlung gegen den reisenden Handwerksburschen Schmitz wegen versuchten Mordes an dem Händler Krause stellt sich durch die Aussage eines im Vorverfahren noch nicht ermittelten glaubwürdigen Zeugen heraus, daß Schmitz den Krause gar nicht töten, sondern nur verletzen wollte. Für dieses Vergehen der vorsätzlichen Körperverletzung ist an sich das Amtsgericht (der Amtsrichter allein) oder das Schöffengericht, nicht aber das Schwurgericht zuständig. Das Schwurgericht muß jedoch, nachdem es einmal mit der Sache befaßt ist, den Straffall erledigen.*

Für den umgekehrten Fall, daß eine vor ein Gericht höherer Ordnung gehörige Sache vor ein Gericht niederer Ordnung gebracht ist, gilt § 270 — Verweisung an das übergeordnete Gericht —.

§ 270 (270). Stellt sich nach dem Ergebnis der Verhandlung die dem Angeklagten zur Last gelegte Tat als eine solche dar, welche die Zuständigkeit des Gerichts überschreitet, so spricht es durch Beschluß seine Unzuständigkeit aus und verweist die Sache an das zuständige Gericht.

Dieser Beschluß hat die Wirkung eines das Hauptverfahren eröffnenden Beschlusses und muß den Erfordernissen eines solchen entsprechen.

Die Anfechtbarkeit des Beschlusses bestimmt sich nach den Vorschriften des § 210.

Ist der Beschluß von einem Amtsrichter oder einem Schöffengericht ergangen, so kann der Angeklagte, falls nicht eine Voruntersuchung stattgefunden hat, innerhalb einer bei der Bekanntmachung des Beschlusses zu bestimmenden Frist die Vornahme einzelner Beweiserhebungen vor der Hauptverhandlung beantragen. Über den Antrag entscheidet der Vorsitzende des Gerichts, an welches die Sache verwiesen ist.

§ 271 (271). Über die Hauptverhandlung ist ein Protokoll aufzunehmen und von dem Vorsitzenden und dem Urkundsbeamten der Geschäftsstelle[1] zu unterschreiben.

Ist der Vorsitzende verhindert, so unterschreibt für ihn der älteste beisitzende Richter. Ist der Vorsitzende das einzige richterliche Mitglied des Gerichts, so genügt bei seiner Verhinderung die Unterschrift des Urkundsbeamten der Geschäftsstelle.[1]

1. Vgl. Anm. 1 zu § 153 GVG.

§ 272 (272). Das Protokoll über die Hauptverhandlung enthält:

1. den Ort und den Tag der Verhandlung;
2. die Namen der Richter, Geschworenen und Schöffen, des Beamten der Staatsanwaltschaft, des Urkundsbeamten der Geschäftsstelle[1] und des zugezogenen Dolmetschers;
3. die Bezeichnung der strafbaren Handlung nach der Anklage;
4. die Namen der Angeklagten, ihrer Verteidiger, der Privatkläger, Nebenkläger, gesetzlichen Vertreter, Bevollmächtigten und Beistände;
5. die Angabe, daß öffentlich verhandelt oder die Öffentlichkeit ausgeschlossen ist.

1. Vgl. Anm. 1 zu § 153 GVG.

§ 273 (273). Das Protokoll muß den Gang und die Ergebnisse der Hauptverhandlung im wesentlichen wiedergeben und die Beobachtung aller wesentlichen Förmlichkeiten ersichtlich machen, auch die Bezeichnung der verlesenen Schriftstücke sowie die im Laufe der Verhandlung gestellten Anträge, die ergangenen Entscheidungen und die Urteilsformel enthalten.

Aus der Hauptverhandlung vor dem Amtsrichter und dem Schöffengerichte sind außerdem die wesentlichen Ergebnisse der Vernehmungen in das Protokoll aufzunehmen.

Kommt es auf die Feststellung eines Vorganges in der Hauptverhandlung oder des Wortlauts einer Aussage oder einer Äußerung an, so hat der Vorsitzende die vollständige Niederschreibung und Verlesung anzuordnen. In dem Protokoll ist zu bemerken, daß die Verlesung geschehen und die Genehmigung erfolgt ist, oder welche Einwendungen erhoben sind.

§ 274 (274). Die Beobachtung der für die Hauptverhandlung vorgeschriebenen Förmlichkeiten kann nur durch das Protokoll bewiesen werden. Gegen den diese Förmlichkeiten betreffenden Inhalt des Protokolls ist nur der Nachweis der Fälschung zulässig.

§ 275 (275). Das Urteil mit den Gründen ist binnen einer Woche nach der Verkündung zu den Akten zu bringen, falls es nicht bereits vollständig in das Protokoll aufgenommen worden ist.[1]

Es ist von den Richtern, welche bei der Entscheidung mitgewirkt haben, zu unterschreiben. Ist ein Richter verhindert, seine Unterschrift beizufügen, so wird dies unter Angabe des Verhinderungsgrundes von dem Vorsitzenden und bei dessen Verhinderung von dem ältesten beisitzenden Richter unter dem Urteil bemerkt. Der Unterschrift der Schöffen und der Geschworenen bedarf es nicht.

Die Bezeichnung des Tages der Sitzung sowie die Namen der Richter, der Geschworenen, der Schöffen, des Beamten der Staatsanwaltschaft und des Urkundsbeamten der Geschäftsstelle,[2] welche an der Sitzung teilgenommen haben, sind in das Urteil aufzunehmen.

Die Ausfertigungen und Auszüge der Urteile sind von dem Urkundsbeamten der Geschäftsstelle[2] zu unterschreiben und mit dem Gerichtssiegel zu versehen.

1. Die Nichteinhaltung der in Abs. 1 bestimmten Frist ist ohne Einfluß auf die Wirksamkeit des Urteils. In umfangreichen Strafsachen, bei denen z. B. die Hauptverhandlung allein mehrere Monate dauert, ist es technisch unmöglich, binnen einer Woche ein erschöpfendes Urteil schriftlich abzusetzen.

2. Vgl. Anm. 2 zu § 153 GVG.

Siebenter Abschnitt: Verfahren gegen Abwesende.

Vorbemerkung.

Die §§ 276 f. sind eine Ausnahme von dem im § 230 aufgestellten Grundsatz, daß gegen einen ausgebliebenen Angeklagten eine Hauptverhandlung nicht stattfindet. Der Unterschied zwischen dem Verfahren der §§ 276 f. und dem im § 232 geregelten Verfahren besteht darin, daß im Falle des § 231 der Angeklagte trotz ordnungsmäßiger Ladung und Hinweis auf die Folgen seines Ausbleibens zur Hauptverhandlung nicht erscheint, während der 7. Abschnitt (§§ 276 f.) das Verfahren gegen einen Angeklagten behandelt, dessen ordnungsmäßige Ladung gar nicht möglich ist.

§ 276 (318). Ein Beschuldigter gilt als abwesend, wenn sein Aufenthalt unbekannt ist oder, wenn er sich im Ausland aufhält und seine Gestellung vor das zuständige Gericht nicht ausführbar oder nicht angemessen erscheint.

§ 277 (319). Gegen einen Abwesenden kann eine Hauptverhandlung nur dann stattfinden, wenn die den Gegenstand der Untersuchung bildende Tat nur mit Geldstrafe oder Einziehung, allein oder in Verbindung miteinander, bedroht ist.[1]

Für das Verfahren kommen die Vorschriften der §§ 278 bis 284 zur Anwendung.

1. Durch diese Vorschrift ist das Verfahren gegen Abwesende auf eine geringe Anzahl von Vergehen und auch nur auf einige Übertretungen beschränkt; bei den meisten Übertretungen ist nämlich als Strafe Haft oder Geldstrafe vorgesehen.

§ 278 (320). Ist der Aufenthalt des Angeklagten unbekannt oder die Befolgung der für Zustellungen im Ausland bestehenden Vorschriften unausführbar oder voraussichtlich erfolglos, so wird der Angeklagte in der Weise zur Hauptverhandlung geladen, daß eine beglaubigte Abschrift der Ladung zwei Wochen an die Gerichtstafel des Gerichts erster Instanz angeheftet wird.

§ 279 (321). Die Ladung muß enthalten:

die Angabe des Namens und, soweit dies bekannt, des Vornamens, Alters, Standes, Gewerbes und Wohnorts oder Aufenthaltsorts des Angeklagten, die Bezeichnung der dem Angeklagten zur Last gelegten strafbaren Handlung sowie die Angabe des Tages und der Stunde der Hauptverhandlung.

Zugleich ist die Warnung hinzuzufügen, daß bei unentschuldigtem Ausbleiben des Angeklagten zur Hauptverhandlung werde geschritten werden.

§ 280 (322). In der Hauptverhandlung kann für den Angeklagten ein Verteidiger auftreten. Auch Angehörige des Angeklagten sind, ohne daß sie einer Vollmacht bedürfen, als Vertreter zuzulassen.

§ 281 (323). Die Zustellung des Urteils erfolgt nach Maßgabe der Bestimmungen des § 40 Abs. 2.

§ 282 (324). Die im § 280 bezeichneten Personen können von den dem Beschuldigten zustehenden Rechtsmitteln Gebrauch machen.

§ 283 (325). Insoweit es nach dem Ermessen des Richters zur Deckung der den Angeschuldigten möglicherweise treffenden höchsten Geldstrafe und der Kosten des Verfahrens erforderlich ist, können einzelne zum Vermögen des Angeschuldigten gehörige Gegenstände mit Beschlag belegt werden. Auf diese Beschlagnahme finden die Bestimmungen der Zivilprozeßordnung über die Vollziehung und die Wirkungen des dinglichen Arrestes entsprechende Anwendung. Die Beschlagnahme ist aufzuheben, wenn ihr Grund weggefallen ist.

§ 284 (326). Insoweit eine Deckung in Gemäßheit der vorstehenden Bestimmung nicht ausführbar erscheint, kann durch Beschluß des Gerichts das im Deutschen Reiche befindliche Vermögen des Angeschuldigten mit Beschlag belegt werden. Der Beschluß ist durch den Deutschen Reichsanzeiger und nach Ermessen des Gerichts auch durch andere Blätter zu veröffentlichen.

Verfügungen, welche der Angeschuldigte über sein mit Beschlag belegtes Vermögen nach der ersten durch den Deutschen Reichsanzeiger bewirkten Veröffentlichung des Beschlusses vornimmt, sind der Staatskasse gegenüber nichtig.

Die Beschlagnahme des Vermögens ist aufzuheben, sobald ihr Grund weggefallen oder die Deckung der Staatskasse durch eine Beschlagnahme in Gemäßheit des § 283 bewirkt ist.

Die Aufhebung der Beschlagnahme ist durch dieselben Blätter bekanntzumachen, durch welche die Beschlagnahme veröffentlicht worden ist.

§ 285 (327). In anderen als den im § 277 bezeichneten Fällen findet gegen einen Abwesenden eine Hauptverhandlung nicht statt. Das gegen den Abwesenden eingeleitete Verfahren hat die Aufgabe, für den Fall seiner künftigen Gestellung die Beweise zu sichern.

Für dieses Verfahren gelten die Bestimmungen der §§ 286 bis 294.

§ 286 (328). Die Zulassung eines Verteidigers wird durch die Abwesenheit des Beschuldigten nicht ausgeschlossen. Zur Wahl eines Verteidigers sind auch Angehörige des Beschuldigten befugt.

Zeugen und Sachverständige sind eidlich zu vernehmen.

§ 287 (329). Dem abwesenden Beschuldigten steht ein Anspruch auf Benachrichtigung über den Fortgang des Verfahrens nicht zu.

Der Richter ist jedoch befugt, einem Abwesenden, dessen Aufenthalt bekannt ist, Benachrichtigungen zugehen zu lassen.

§ 288 (330). Der Abwesende, dessen Aufenthalt unbekannt ist, kann in öffentlichen Blättern zum Erscheinen vor Gericht oder zur Anzeige seines Aufenthaltsorts aufgefordert werden.

§ 289 (331). Stellt sich erst nach Eröffnung des Hauptverfahrens die Abwesenheit des Angeklagten heraus, so erfolgen die noch erforderlichen Beweisaufnahmen durch einen beauftragten oder ersuchten Richter.

§ 290 (332). Liegen gegen den Abwesenden, gegen welchen die öffentliche Klage erhoben ist, Verdachtsgründe vor, welche die Erlassung eines Haftbefehls rechtfertigen würden, so kann sein im Deutschen Reiche befindliches Vermögen durch Beschluß des Gerichts mit Beschlag belegt werden.

§ 291 (333). Der die Beschlagnahme verhängende Beschluß ist durch den Deutschen Reichsanzeiger bekanntzumachen und kann nach dem Ermessen des Gerichts auch durch andere Blätter veröffentlicht werden.

§ 292 (334). Mit dem Zeitpunkt der ersten Bekanntmachung in dem Deutschen Reichsanzeiger verliert der Angeschuldigte das Recht, über das in Beschlag genommene Vermögen unter Lebenden zu verfügen.

Der die Beschlagnahme verhängende Beschluß ist der Behörde mitzuteilen, welche für die Einleitung einer Pflegschaft über Abwesende zuständig ist. Diese Behörde hat eine Pflegschaft einzuleiten.

§ 293 (335). Die Beschlagnahme ist aufzuheben, wenn ihre Gründe weggefallen sind.

Die Aufhebung der Beschlagnahme ist durch dieselben Blätter bekanntzumachen, durch welche die Beschlagnahme selbst veröffentlicht worden war.

§ 294 (336). Auf das nach Erhebung der öffentlichen Klage eintretende Verfahren finden im übrigen die Vorschriften über die Voruntersuchung entsprechende Anwendung.

In dem nach Beendigung dieses Verfahrens ergehenden Beschlusse (§ 198) ist zugleich über die Fortdauer oder Aufhebung der Beschlagnahme zu entscheiden.

§ 295 (337). Das Gericht kann einem abwesenden Beschuldigten sicheres Geleit erteilen; es kann diese Erteilung an Bedingungen knüpfen.[1]

Das sichere Geleit gewährt Befreiung von der Untersuchungshaft,[2] jedoch nur wegen der strafbaren Handlung, für welche es erteilt ist.[3]

Es erlischt, wenn ein auf Freiheitsstrafe lautendes Urteil ergeht, wenn der Beschuldigte Anstalten zur Flucht trifft, oder wenn er die Bedingungen nicht erfüllt, unter welchen ihm das sichere Geleit erteilt worden ist.

1. Als Bedingung kann dem Beschuldigten z. B. auch die Meldung bei der Polizei an bestimmten Tagen auferlegt werden.

2. Durch die Erteilung des freien Geleits ist der Beschuldigte auch von der vorläufigen Festnahme wegen der strafbaren Handlung befreit. Im Falle des Erlöschens des freien Geleits (Abs. 3), das ohne besonderen Aufhebungsbeschluß eintritt, kann die Polizeibehörde und auch jede Privatperson, sofern die Voraussetzungen des § 127 vorliegen, den Beschuldigten vorläufig festnehmen.

Beispiel: Der Kaufmann Schmitz ist ins Ausland geflüchtet, nachdem gegen ihn die Voruntersuchung wegen betrügerischen Bankrotts eingeleitet worden ist. Die Strafkammer bewilligt ihm auf den von seinem Verteidiger gestellten Antrag hin freies Geleit und Schmitz kehrt nach Deutschland zurück. Nachdem er sich hier einige Wochen aufgehalten hat, erfährt der Kriminalsekretär Schulze durch eine vertrauliche Mitteilung, daß Schmitz sich eine Fahrkarte nach Paris besorgt hat und noch am Abend desselben Tages abreisen will. In diesem Falle ist Schulze zur Festnahme des Schmitz gemäß §§ 127 Abs. 2, 295 Abs. 3 berechtigt.

3. Das freie Geleit ist naturgemäß kein Freibrief für künftige Verbrechen.

Beispiel: Der im Beispiel Anm. 2 erwähnte Schmitz, dem freies Geleit erteilt ist, verletzt aus Rache seinen früheren Kollegen Weber, der ihn angezeigt hat, schwer durch einen Messerstich. Da das freie Geleit sich nicht auf die Körperverletzung bezieht, kann Schmitz wegen dieser Tat in Untersuchungshaft genommen werden.

Drittes Buch:

Rechtsmittel.

Erster Abschnitt: Allgemeine Bestimmungen.

Vorbemerkung.

Unter „Rechtsmittel" sind die Maßnahmen der Prozeßparteien zu verstehen, durch die sie die Abänderung einer noch nicht rechtskräftigen Entscheidung betreiben können. Hierzu gehören: Beschwerde (§§ 304 bis 311), Berufung (§§ 312—332) und Revision (§§ 333—358). Die Wiederaufnahme des Verfahrens (§§ 359 f.) stellt lediglich einen außerordentlichen Rechtsbehelf dar, durch den ein bereits rechtskräftiges Urteil zur Aufhebung gebracht werden soll.

§ 296 (338). Die zulässigen Rechtsmittel gegen gerichtliche Entscheidungen stehen sowohl der Staatsanwaltschaft als dem Beschuldigten zu.

Die Staatsanwaltschaft kann von ihnen auch zugunsten des Beschuldigten Gebrauch machen.

§ 297 (339). Für den Beschuldigten kann der Verteidiger, jedoch nicht gegen dessen ausdrücklichen Willen, Rechtsmittel einlegen.

§ 298 (340). Der gesetzliche Vertreter eines Beschuldigten, desgleichen der Ehemann einer beschuldigten Frau können binnen der für den Beschuldigten laufenden Frist selbständig[1] von den zulässigen Rechtsmitteln Gebrauch machen.

Auf ein solches Rechtsmittel und auf das Verfahren finden die über die Rechtsmittel des Beschuldigten geltenden Vorschriften entsprechende Anwendung.

1. Also anders als der Verteidiger, § 297.

§ 299 (341). Der nicht auf freiem Fuße befindliche Beschuldigte kann die Erklärungen, welche sich auf Rechtsmittel beziehen, zu Protokoll der Geschäftsstelle[1] des Gerichts geben, in dessen Gefängnis er sich befindet, und, falls das Gefängnis kein gerichtliches ist, des Amtsgerichts, in dessen Bezirk das Gefängnis liegt.[2]

Zur Wahrung einer Frist genügt es, wenn innerhalb der Frist das Protokoll aufgenommen wird.

1. Vgl. Anm. 1 zu § 153 GVG.
2. Der in Polizeigewahrsam befindliche Beschuldigte kann alle auf Rechtsmittel bezüglichen Erklärungen entweder schriftlich oder zu Protokoll des Gerichtsschreibers des Amtsgerichts abgeben, in dessen Bezirk der polizeiliche Gewahrsam liegt. Die Schriftform wird allerdings auch dadurch gewahrt, daß der Beschuldigte ein von der Polizeibehörde aufgenommenes Protokoll unterschreibt; notwendig ist jedoch, daß dieses Protokoll innerhalb der gesetzlichen Frist beim Gericht eingeht.

§ 300 (342). Ein Irrtum in der Bezeichnung des zulässigen Rechtsmittels ist unschädlich.

§ 301 (343). Jedes von der Staatsanwaltschaft eingelegte Rechtsmittel hat die Wirkung, daß die angefochtene Entscheidung auch zugunsten des Beschuldigten abgeändert oder aufgehoben werden kann.

§ 302 (344). Die Zurücknahme eines Rechtsmittels sowie der Verzicht auf die Einlegung eines Rechtsmittels kann auch vor Ablauf der Frist zu seiner Einlegung wirksam erfolgen. Ein von der Staatsanwaltschaft zugunsten des Beschuldigten eingelegtes Rechtsmittel kann jedoch ohne dessen Zustimmung nicht zurückgenommen werden.

Der Verteidiger bedarf zur Zurücknahme einer ausdrücklichen Ermächtigung.

§ 303 (345). Wenn die Entscheidung über das Rechtsmittel auf Grund mündlicher Verhandlung stattzufinden hat, so kann die Zurücknahme nach Beginn der Hauptverhandlung nur mit Zustimmung des Gegners erfolgen.

Zweiter Abschnitt: Beschwerde.

Vorbemerkung.

Die §§ 304—311 beziehen sich nur auf die Beschwerden gegen gerichtliche Entscheidungen. Für die Beschwerde gegen die Anordnungen der Polizeibehörde oder gegen die Verfügung der Staatsanwaltschaft gelten die besonderen verwaltungsrechtlichen Bestimmungen. Auch für die Dienstaufsichtsbeschwerde gegen Maßnahmen von Gerichtspersonen kommen die §§ 304 f. nicht zur Anwendung.

§ 304 (346). Die Beschwerde ist gegen alle von den Gerichten in erster Instanz oder in der Berufungsinstanz erlassenen

Beschlüsse und gegen die Verfügungen des Vorsitzenden, des Untersuchungsrichters, des Amtsrichters und eines beauftragten oder ersuchten Richters zulässig, soweit das Gesetz sie nicht ausdrücklich einer Anfechtung entzieht.

Auch Zeugen, Sachverständige und andere Personen können gegen Beschlüsse und Verfügungen, durch welche sie betroffen werden, Beschwerde erheben.

Gegen Beschlüsse und Verfügungen der Oberlandesgerichte und des Reichsgerichts findet eine Beschwerde nicht statt.

§ 305 (347). Entscheidungen der erkennenden Gerichte, welche der Urteilsfällung vorausgehen, unterliegen nicht der Beschwerde. Ausgenommen sind Entscheidungen über Verhaftungen, Beschlagnahmen oder Straffestsetzungen, sowie alle Entscheidungen, durch welche dritte Personen betroffen werden.

§ 306 (348). Die Beschwerde wird bei dem Gerichte, von welchem oder von dessen Vorsitzenden die angefochtene Entscheidung erlassen ist, zu Protokoll der Geschäftsstelle[1] oder schriftlich eingelegt. Sie kann in dringenden Fällen auch bei dem Beschwerdegericht eingelegt werden.

Erachtet das Gericht oder der Vorsitzende, dessen Entscheidung angefochten wird, die Beschwerde für begründet, so haben sie ihr abzuhelfen; anderenfalls ist die Beschwerde sofort, spätestens vor Ablauf von drei Tagen, dem Beschwerdegericht vorzulegen.

Die vorstehenden Bestimmungen finden auch auf die Entscheidungen des Amtsrichters im Vorverfahren, des beauftragten oder ersuchten Richters und des Untersuchungsrichters Anwendung.

1. Vgl. Anm. 1 zu § 153 GVG.

§ 307 (349). Durch Einlegung der Beschwerde wird der Vollzug der angefochtenen Entscheidung nicht gehemmt.

Jedoch kann das Gericht, der Vorsitzende oder der Richter, dessen Entscheidung angefochten wird, sowie auch das Beschwerdegericht anordnen, daß die Vollziehung der angefochtenen Entscheidung auszusetzen sei.

§ 308 (350). Das Beschwerdegericht kann dem Gegner des Beschwerdeführers die Beschwerde zur schriftlichen Gegenerklärung mitteilen; es kann etwa erforderliche Ermittlungen anordnen oder selbst vornehmen.

§ 309 (351). Die Entscheidung über die Beschwerde erfolgt ohne vorgängige mündliche Verhandlung, in geeigneten Fällen nach Anhörung der Staatsanwaltschaft.

Wird die Beschwerde für begründet erachtet, so erläßt das Beschwerdegericht zugleich die in der Sache erforderliche Entscheidung.

§ 310 (352). Beschlüsse, welche von dem Landgericht in der Beschwerdeinstanz erlassen sind, können, insofern sie Verhaftungen betreffen, durch weitere Beschwerde angefochten werden. Im übrigen findet eine weitere Anfechtung der in der Beschwerdeinstanz ergangenen Entscheidungen nicht statt.

§ 311 (353). Für die Fälle der sofortigen Beschwerde gelten die nachfolgenden besonderen Bestimmungen.[1]

Die Beschwerde ist binnen der Frist von einer Woche, welche mit der Bekanntmachung (§ 35) der Entscheidung beginnt, einzulegen. Die Einlegung bei dem Beschwerdegerichte genügt zur Wahrung der Frist, auch wenn der Fall für dringlich nicht erachtet wird.

Das Gericht ist zu einer Abänderung seiner durch Beschwerde angefochtenen Entscheidung nicht befugt.

1. Eine sofortige Beschwerde — im Gegensatz zu der fristlosen einfachen Beschwerde — ist nur in den Fällen gegeben, in denen das Gesetz dieses Rechtsmittel ausdrücklich gewährt. Dies ist der Fall z. B. bei Ablehnung des Gesuches um Wiedereinsetzung in den vorigen Stand (§ 46), bei Zurückweisung des Antrages der StA. auf Eröffnung des Hauptverfahrens (§ 210), sowie gegen Entscheidungen im Wiederaufnahmeverfahren (§ 372).

Dritter Abschnitt: Berufung.

Vorbemerkung.

Die Berufung ist gegen alle erstinstanzlichen Strafurteile — abgesehen von den Urteilen der Schwurgerichte, den erstinstanzlichen Entscheidungen der Oberlandesgerichte und des Reichsgerichts — zulässig; nur für Übertretungen gilt unter den Voraussetzungen des § 313 eine Ausnahme.

Das Berufungsverfahren erstreckt sich auf eine Nachprüfung des ersten Urteiles sowohl in rechtlicher wie in tatsächlicher Beziehung. Im

Revisionsverfahren dagegen werden lediglich die Rechtsfragen bezüglich der angefochtenen Entscheidung nachgeprüft.

§ 312 (354). Die Berufung findet statt gegen die Urteile des Amtsrichters und des Schöffengerichts.

§ 313 (—). Ein Urteil des Amtsrichters kann nicht mit der Berufung angefochten werden, wenn es ausschließlich Übertretungen oder im Privatklageverfahren die im § 374 Nr. 1 bis 6 bezeichneten Vergehen zum Gegenstande hat und der Angeklagte entweder freigesprochen oder ausschließlich zu Geldstrafe verurteilt worden ist. Dies gilt nicht, wenn die Privatklage wegen einer durch die Presse begangenen Beleidigung erhoben worden ist.

§ 314 (355). Die Berufung muß bei dem Gericht erster Instanz binnen einer Woche nach Verkündung des Urteils zu Protokoll der Geschäftsstelle[1] oder schriftlich eingelegt werden.[2]

Hat die Verkündung des Urteils nicht in Anwesenheit des Angeklagten stattgefunden, so beginnt für diesen die Frist mit der Zustellung.

1. Vgl. Anm. 1 zu § 153 GVG.

2. Die „Schriftform" wird auch durch telegraphische, nicht aber durch telefonische Einlegung der Berufung erfüllt.

§ 315 (356). Der Beginn der Frist zur Einlegung der Berufung wird dadurch nicht ausgeschlossen, daß gegen ein auf Ausbleiben des Angeklagten ergangenes Urteil eine Wiedereinsetzung in den vorigen Stand nachgesucht werden kann.

Stellt der Angeklagte ein Gesuch um Wiedereinsetzung in den vorigen Stand, so wird die Berufung dadurch gewahrt, daß sie sofort für den Fall der Verwerfung jenes Gesuchs rechtzeitig eingelegt wird. Die weitere Verfügung in bezug auf die Berufung bleibt dann bis zur Erledigung des Gesuchs um Wiedereinsetzung in den vorigen Stand ausgesetzt.

Die Einlegung der Berufung ohne Verbindung mit dem Gesuch um Wiedereinsetzung in den vorigen Stand gilt als Verzicht auf die letztere.

§ 316 (357). Durch rechtzeitige Einlegung der Berufung wird die Rechtskraft des Urteils, soweit es angefochten ist, gehemmt.

Dem Beschwerdeführer, welchem das Urteil mit den Gründen noch nicht zugestellt war, ist es nach Einlegung der Berufung sofort zuzustellen.

§ 317 (358). Die Berufung kann binnen einer weiteren Woche nach Ablauf der Frist zur Einlegung des Rechtsmittels oder, wenn zu dieser Zeit das Urteil noch nicht zugestellt war, nach dessen Zustellung bei dem Gericht erster Instanz zu Protokoll der Geschäftsstelle[1] oder in einer Beschwerdeschrift gerechtfertigt werden.

1. Vgl. Anm. 1 zu § 153 GVG.

§ 318 (359). Die Berufung kann auf bestimmte Beschwerdepunkte beschränkt werden. Ist dies nicht geschehen oder eine Rechtfertigung überhaupt nicht erfolgt, so gilt der ganze Inhalt des Urteils als angefochten.[1]

1. Häufig ficht z. B. der Angeklagte das Urteil der ersten Instanz nur deshalb an, weil ihm die erkannte Strafe zu hoch ist. In diesem Falle kann der Angeklagte die Berufung auf das Strafmaß beschränken, wodurch u. U. die Beweisaufnahme erheblich abgekürzt wird.

§ 319 (360). Ist die Berufung verspätet eingelegt, so hat das Gericht erster Instanz das Rechtsmittel als unzulässig zu verwerfen.

Der Beschwerdeführer kann binnen einer Woche nach Zustellung des Beschlusses auf die Entscheidung des Berufungsgerichts antragen. In diesem Falle sind die Akten an das Berufungsgericht einzusenden; die Vollstreckung des Urteils wird jedoch hierdurch nicht gehemmt.

§ 320 (361). Ist die Berufung rechtzeitig eingelegt, so hat nach Ablauf der Frist zur Rechtfertigung die Geschäftsstelle[1] ohne Rücksicht darauf, ob eine Rechtfertigung stattgefunden hat oder nicht, die Akten der Staatsanwaltschaft vorzulegen. Diese stellt, wenn die Berufung von ihr eingelegt ist, dem Angeklagten die Schriftstücke über Einlegung und Rechtfertigung der Berufung zu.

1. Vgl. Anm. 1 zu § 153 GVG.

§ 321 (362). Die Staatsanwaltschaft übersendet die Akten an die Staatsanwaltschaft bei dem Berufungsgerichte. Diese übergibt die Akten binnen einer Woche dem Vorsitzenden des Gerichts.

§ 322 (363). Erachtet das Berufungsgericht die Bestimmungen über die Einlegung der Berufung nicht für beobachtet, so kann es das Rechtsmittel durch Beschluß als unzulässig verwerfen. Andernfalls entscheidet es darüber durch Urteil.

Der Beschluß kann durch sofortige Beschwerde angefochten werden.

§ 323 (364). Auf die Vorbereitung der Hauptverhandlung finden die Vorschriften der §§ 214, 216 bis 225 Anwendung. In der Ladung ist der Angeklagte auf die Folgen des Ausbleibens ausdrücklich hinzuweisen.

Die Ladung der in erster Instanz vernommenen Zeugen und Sachverständigen kann nur dann unterbleiben, wenn deren wiederholte Vernehmung zur Aufklärung der Sache nicht erforderlich erscheint.

Neue Beweismittel sind zulässig.

Bei der Auswahl der zu ladenden Zeugen und Sachverständigen ist auf die von dem Angeklagten zur Rechtfertigung der Berufung benannten Personen Rücksicht zu nehmen.

§ 324 (365). Nachdem die Hauptverhandlung nach Vorschrift des § 243 Abs. 1 begonnen hat, hält ein Berichterstatter in Abwesenheit der Zeugen einen Vortrag über die Ergebnisse des bisherigen Verfahrens. Das Urteil erster Instanz ist stets zu verlesen.

Sodann erfolgt die Vernehmung des Angeklagten und die Beweisaufnahme.

§ 325 (366). Bei der Berichterstattung und der Beweisaufnahme können Schriftstücke verlesen werden; Protokolle über Aussagen der in der Hauptverhandlung erster Instanz vernommenen Zeugen und Sachverständigen dürfen, abgesehen von den Fällen der §§ 251, 253 ohne die Zustimmung der Staatsanwaltschaft und des Angeklagten nicht verlesen werden, wenn die wiederholte Vorladung der Zeugen oder Sachverständigen erfolgt ist oder von dem Angeklagten rechtzeitig vor der Hauptverhandlung beantragt worden war.

§ 326 (367). Nach dem Schlusse der Beweisaufnahme werden die Staatsanwaltschaft sowie der Angeklagte und sein Verteidiger mit ihren Ausführungen und Anträgen, und zwar der Beschwerdeführer zuerst, gehört. Dem Angeklagten gebührt das letzte Wort.

§ 327 (368). Der Prüfung des Gerichts unterliegt das Urteil nur, soweit es angefochten ist.

§ 328 (369). Insoweit die Berufung für begründet befunden wird, hat das Berufungsgericht unter Aufhebung des Urteils in der Sache selbst zu erkennen.

Leidet das Urteil an einem Mangel, welcher die Revision wegen Verletzung einer Rechtsnorm über das Verfahren begründen würde, so kann das Berufungsgericht unter Aufhebung des Urteils die Sache, wenn die Umstände des Falles es erfordern, zur Entscheidung an die erste Instanz zurückverweisen.

Hat das Gericht erster Instanz mit Unrecht seine Zuständigkeit angenommen, so hat das Berufungsgericht unter Aufhebung des Urteils die Sache an das zuständige Gericht zu verweisen.

§ 329 (370). Ist bei dem Beginne der Hauptverhandlung weder der Angeklagte noch in den Fällen, wo solches zulässig, ein Vertreter des Angeklagten erschienen und das Ausbleiben nicht genügend entschuldigt, so ist, insoweit der Angeklagte die Berufung eingelegt hat, diese sofort zu verwerfen, insoweit die Staatsanwaltschaft die Berufung eingelegt hat, über diese zu verhandeln oder die Vorführung oder Verhaftung des Angeklagten anzuordnen.

Der Angeklagte kann binnen einer Woche nach der Zustellung des Urteils die Wiedereinsetzung in den vorigen Stand unter den in den §§ 44, 45 bezeichneten Voraussetzungen beanspruchen.

§ 330 (371). Ist von einer der im § 298 bezeichneten Personen die Berufung eingelegt worden, so hat das Gericht auch den Angeklagten zu der Hauptverhandlung vorzuladen und kann ihn bei seinem Ausbleiben zwangsweise vorführen lassen.

§ 331 (372). War das Urteil nur von dem Angeklagten oder zu seinen Gunsten von der Staatsanwaltschaft oder von einer der im § 298 bezeichneten Personen angefochten worden, so darf das Urteil nicht zum Nachteil des Angeklagten abgeändert werden.

§ 332 (373). Im übrigen finden die im sechsten Abschnitt des zweiten Buches über die Hauptverhandlung gegebenen Vorschriften Anwendung.

Vierter Abschnitt: Revision.

Vorbemerkung.

Von der Revision, deren Behandlung in der strafprozessualen Rechtsprechung und Literatur erhebliche Schwierigkeiten bereitet, interessiert hier nur das Grundsätzliche in dem Aufbau des Rechtsmittels.

Im Revisionsverfahren, das entweder vor dem Oberlandesgericht (3 Richter) oder vor dem Reichsgericht (5 Richter) stattfindet, können die tatsächlichen Feststellungen des angefochtenen Urteils nicht angegriffen werden. In der Revisionsinstanz wird lediglich geprüft, ob das Urteil auf einer Verletzung gesetzlicher Vorschriften beruht. Soweit dies der Fall ist, hebt das Revisionsgericht das angefochtene Urteil auf und verweist die Sache an die Vorinstanz zur nochmaligen Verhandlung und Entscheidung zurück. In einigen Fällen (§ 354) entscheidet das Revisionsgericht in der Sache selbst.

§ 333 (374). Die Revision findet statt gegen die Urteile der Landgerichte und der Schwurgerichte.

§ 334 (—). Gegen die Urteile des Amtsrichters ist die Revision insoweit zulässig, als nach § 313 die Berufung ausgeschlossen ist.

§ 335 (—). Ein Urteil gegen das die Berufung zulässig ist, kann statt mit der Berufung mit der Revision angefochten werden.

Über die Revision entscheidet das Gericht, das zur Entscheidung berufen wäre, wenn die Revision nach durchgeführter Berufung eingelegt worden wäre.

Legt gegen das Urteil ein Beteiligter Revision und ein anderer Beteiligter Berufung ein, so wird, solange die Berufung nicht zurückgenommen oder als unzulässig verworfen ist, die Revision als Berufung behandelt. Die Revisionsanträge und deren Begründung sind gleichwohl in der vorgeschriebenen Form und Frist anzubringen und dem Gegner zuzustellen (§§ 344 bis 347). Gegen das Berufungsurteil findet Revision nach den allgemein geltenden Vorschriften statt.

§ 336 (375). Der Beurteilung des Revisionsgerichts unterliegen auch die Entscheidungen, welche dem Urteil vorausgegangen sind, sofern es auf ihnen beruht.

§ 337 (376). Die Revision kann nur darauf gestützt werden, daß das Urteil auf einer Verletzung des Gesetzes beruhe.

Das Gesetz ist verletzt, wenn eine Rechtsform nicht oder nicht richtig angewendet worden ist.

§ 338 (377). Ein Urteil ist stets als auf einer Verletzung des Gesetzes beruhend anzusehen:

1. wenn das erkennende Gericht nicht vorschriftsmäßig besetzt war;
2. wenn bei dem Urteil ein Richter, Geschworener oder Schöffe mitgewirkt hat, welcher von der Ausübung des Richteramts kraft des Gesetzes ausgeschlossen war;
3. wenn bei dem Urteil ein Richter, Geschworener oder Schöffe mitgewirkt hat, nachdem er wegen Besorgnis der Befangenheit abgelehnt war und das Ablehnungsgesuch entweder für begründet erklärt war oder mit Unrecht verworfen worden ist;
4. wenn das Gericht seine Zuständigkeit mit Unrecht angenommen hat;
5. wenn die Hauptverhandlung in Abwesenheit der Staatsanwaltschaft oder einer Person, deren Anwesenheit das Gesetz vorschreibt, stattgefunden hat;
6. wenn das Urteil auf Grund einer mündlichen Verhandlung ergangen ist, bei welcher die Vorschriften über die Öffentlichkeit des Verfahrens verletzt sind.
7. wenn das Urteil keine Entscheidungsgründe enthält;
8. wenn die Verteidigung in einem für die Entscheidung wesentlichen Punkte durch einen Beschluß des Gerichts unzulässig beschränkt worden ist.

§ 339 (378). Die Verletzung von Rechtsnormen, welche lediglich zugunsten des Angeklagten gegeben sind, kann von der Staatsanwaltschaft nicht zu dem Zwecke geltend gemacht werden, um eine Aufhebung des Urteils zum Nachteile des Angeklagten herbeizuführen.

§ 340 (380). In den Fällen, in denen die Revision statt[1] der Berufung eingelegt wird (§ 335), kann die Revision wegen Verletzung einer Rechtsnorm über das Verfahren nur auf Verletzung der Vorschrift des § 358 gestützt werden.

1. Die sogenannte Sprungrevision ist also — abgesehen von dem Falle des § 358 — nur zulässig, wenn eine Verletzung des Strafgesetzes, nicht der Strafprozeßvorschriften gerügt wird.

§ 341 (381). Die Revision muß bei dem Gerichte, dessen Urteil angefochten wird, binnen einer Woche nach Verkündung des Urteils zu Protokoll der Geschäftsstelle[1] oder schriftlich eingelegt werden.

Hat die Verkündung des Urteils nicht in Abwesenheit des Angeklagten stattgefunden, so beginnt für diesen die Frist mit der Zustellung.

1. Vgl. Anm. 1 zu § 153 GVG.

§ 342 (382). Der Beginn der Frist zur Einlegung der Revision wird dadurch nicht ausgeschlossen, daß gegen ein auf Ausbleiben des Angeklagten ergangenes Urteil eine Wiedereinsetzung in den vorigen Stand nachgesucht werden kann.

Stellt der Angeklagte ein Gesuch um Wiedereinsetzung in den vorigen Stand, so wird die Revision dadurch gewahrt, daß sie sofort für den Fall der Verwerfung jenes Gesuchs rechtzeitig eingelegt und begründet wird. Die weitere Verfügung in bezug auf die Revision bleibt dann bis zur Erledigung des Gesuchs um Wiedereinsetzung in den vorigen Stand ausgesetzt.

Die Einlegung der Revision ohne Verbindung mit dem Gesuch um Wiedereinsetzung in den vorigen Stand gilt als Verzicht auf die letztere.

§ 343 (383). Durch rechtzeitige Einlegung der Revision wird die Rechtskraft des Urteils, soweit es angefochten ist, gehemmt.

Dem Beschwerdeführer, welchem das Urteil mit den Gründen noch nicht zugestellt war, ist es nach Einlegung der Revision zuzustellen.

§ 344 (384). Der Beschwerdeführer hat die Erklärung abzugeben, inwieweit er das Urteil anfechte und dessen Aufhebung beantrage (Revisionsanträge), und die Anträge zu begründen.

Aus der Begründung muß hervorgehen, ob das Urteil wegen Verletzung einer Rechtsnorm über das Verfahren oder wegen Verletzung einer anderen Rechtsnorm angefochten wird. Ersterenfalls müssen die den Mangel enthaltenden Tatsachen angegeben werden.

§ 345 (385). Die Revisionsanträge und deren Begründung sind spätestens binnen einer weiteren Woche nach Ablauf der Frist zur Einlegung des Rechtsmittels oder, wenn zu dieser Zeit das Urteil noch nicht zugestellt war, nach dessen Zustellung bei dem Gerichte, dessen Urteil angefochten wird, anzubringen.

Seitens des Angeklagten kann dies nur in einer von dem Verteidiger oder einem Rechtsanwalt unterzeichneten Schrift oder zu Protokoll der Geschäftsstelle[1] geschehen.

1. Vgl. Anm. 1 zu § 153 GVG.

§ 346 (386). Ist die Revision verspätet eingelegt, oder sind die Revisionsanträge nicht rechtzeitig oder nicht in der im § 345 Abs. 2 vorgeschriebenen Form angebracht worden, so hat das Gericht, dessen Urteil angefochten wird, das Rechtsmittel durch Beschluß als unzulässig zu verwerfen.

Der Beschwerdeführer kann binnen einer Woche nach Zustellung des Beschlusses auf die Entscheidung des Revisionsgerichts antragen. In diesem Falle sind die Akten an das Revisionsgericht einzusenden; die Vollstreckung des Urteils wird jedoch hierdurch nicht gehemmt.

§ 347 (387). Ist die Revision rechtzeitig eingelegt und sind die Revisionsanträge rechtzeitig und in der vorgeschriebenen Form angebracht, so ist die Revisionsschrift dem Gegner des Beschwerdeführers zuzustellen. Diesem steht frei, binnen einer Woche eine schriftliche Gegenerklärung einzureichen. Der Angeklagte kann letztere auch zu Protokoll der Geschäftsstelle[1] abgeben.

Nach Eingang der Gegenerklärung oder nach Ablauf der Frist erfolgt durch die Staatsanwaltschaft die Einsendung der Akten an das Revisionsgericht.

1. Vgl. Anm. 1 zu § 153 GVG.

§ 348 (388). Findet das Gericht, an welches die Einsendung der Akten erfolgt ist, daß die Verhandlung und Entscheidung über das Rechtsmittel zur Zuständigkeit eines anderen Gerichts gehöre, so hat es durch Beschluß seine Unzuständigkeit auszusprechen.

Dieser Beschluß, in welchem das zuständige Revisionsgericht zu bezeichnen ist, unterliegt einer Anfechtung nicht und ist für das in ihm bezeichnete Gericht bindend.

Die Abgabe der Akten erfolgt durch die Staatsanwaltschaft.

§ 349 (389). Erachtet das Revisionsgericht die Bestimmungen über die Einlegung der Revision oder die über die Anbringung der Revisionsanträge nicht für beobachtet, so kann es das Rechtsmittel durch Beschluß als unzulässig verwerfen. Das gleiche ist der Fall, wenn das Reichsgericht über die Revision zu entscheiden hat und die Revision einstimmig für offensichtlich unbegründet erklärt wird.

Andernfalls wird aber das Rechtsmittel durch Urteil entschieden.

§ 350 (390). Der Angeklagte oder auf dessen Verlangen der Verteidiger ist von dem Tage der Hauptverhandlung zu benachrichtigen. Der Angeklagte kann in dieser erscheinen oder sich durch einen mit schriftlicher Vollmacht versehenen Verteidiger vertreten lassen.

Der nicht auf freiem Fuße befindliche Angeklagte hat keinen Anspruch auf Anwesenheit.

§ 351 (391). Die Hauptverhandlung beginnt mit dem Vortrag eines Berichterstatters.

Hierauf werden die Staatsanwaltschaft sowie der Angeklagte und sein Verteidiger mit ihren Ausführungen und Anträgen, und zwar der Beschwerdeführer zuerst, gehört. Dem Angeklagten gebührt das letzte Wort.

§ 352 (392). Der Prüfung des Revisionsgerichts unterliegen nur die gestellten Revisionsanträge und, insoweit die Revision auf Mängel des Verfahrens gestützt wird, nur die Tatsachen, welche bei Anbringung der Revisionsanträge bezeichnet worden sind.

Eine weitere Begründung der Revisionsanträge, als die im § 344 Abs. 2 vorgeschriebene, ist nicht erforderlich und, wenn sie unrichtig ist, unschädlich.

§ 353 (393). Insoweit die Revision für begründet erachtet wird, ist das angefochtene Urteil aufzuheben.

Gleichzeitig sind die dem Urteil zugrunde liegenden Feststellungen aufzuheben, sofern sie durch die Gesetzesverletzung betroffen werden, wegen deren die Aufhebung des Urteils erfolgt.

§ 354 (394). Erfolgt die Aufhebung des Urteils nur wegen Gesetzesverletzung bei Anwendung des Gesetzes auf die dem Urteil zugrunde liegenden Feststellungen, so hat das Revisionsgericht in der Sache selbst zu entscheiden, sofern ohne weitere tatsächliche Erörterungen nur auf Freisprechung oder auf Einstellung oder auf eine absolut bestimmte Strafe zu erkennen ist, oder das Revisionsgericht in Übereinstimmung mit dem Antrag der Staatsanwaltschaft die gesetzlich niedrigste Strafe für angemessen erachtet.

In anderen Fällen ist die Sache zur anderweiten Verhandlung und Entscheidung an das Gericht, dessen Urteil aufgehoben ist, oder an ein demselben deutschen Lande angehöriges, benachbartes Gericht gleicher Ordnung zurückzuverweisen.

Die Zurückverweisung kann an ein Gericht niederer Ordnung erfolgen, wenn die noch in Frage kommende strafbare Handlung zu dessen Zuständigkeit gehört.

§ 355 (395). Wird ein Urteil aufgehoben, weil das Gericht der vorigen Instanz sich mit Unrecht für zuständig erachtet hat, so verweist das Revisionsgericht gleichzeitig die Sache an das zuständige Gericht.

§ 356 (396). Die Verkündung des Urteils erfolgt nach Maßgabe des § 268.

§ 357 (397). Erfolgt zugunsten eines Angeklagten die Aufhebung des Urteils wegen Gesetzesverletzung bei Anwendung des Strafgesetzes, und erstreckt sich das Urteil, soweit es aufgehoben wird, noch auf andere Angeklagte, welche die Revision nicht eingelegt haben, so ist zu erkennen, als ob sie gleichfalls die Revision eingelegt hätten.

§ 358 (398). Das Gericht, an welches die Sache zur anderweiten Verhandlung und Entscheidung verwiesen ist, hat die rechtliche Beurteilung, welche der Aufhebung des Urteils zugrunde gelegt ist, auch seiner Entscheidung zugrunde zu legen.

War das Urteil nur von dem Angeklagten oder zu seinen Gunsten von der Staatsanwaltschaft oder von einer der im § 298 bezeichneten Personen angefochten worden, so darf das neue Urteil eine härtere Strafe als die in dem ersteren erkannte nicht verhängen.

Viertes Buch:

Wiederaufnahme eines durch rechtskräftiges Urteil geschlossenen Verfahrens.

Vorbemerkung.

Die Wiederaufnahme des Verfahrens erfolgt nur auf den Antrag des Angeklagten oder des Staatsanwalts hin. Ohne einen solchen Antrag ist das Gericht zur Wiederaufnahme des Verfahrens nicht befugt.

§ 359 (399). Die Wiederaufnahme eines durch rechtskräftiges Urteil geschlossenen Verfahrens zugunsten des Verurteilten findet statt:

1. wenn eine in der Hauptverhandlung zu seinen Ungunsten als echt vorgebrachte Urkunde fälschlich angefertigt oder verfälscht war;
2. wenn durch Beeidigung eines zu seinen Ungunsten abgelegten Zeugnisses oder abgegebenen Gutachtens der Zeuge oder Sachverständige sich einer vorsätzlichen oder fahrlässigen Verletzung der Eidespflicht schuldig gemacht hat;
3. wenn bei dem Urteil ein Richter, Geschworener oder Schöffe mitgewirkt hat, welcher sich in Beziehung auf die Sache einer Verletzung seiner Amtspflichten schuldig gemacht hat, sofern diese Verletzung mit einer im Wege des gerichtlichen Strafverfahrens zu verhängenden öffentlichen Strafe bedroht und nicht vom Verurteilten selbst veranlaßt ist;
4. wenn ein zivilgerichtliches Urteil, auf welches das Strafurteil gegründet ist, durch ein anderes rechtskräftig gewordenes Urteil aufgehoben ist;
5. wenn neue Tatsachen oder Beweismittel beigebracht sind, welche allein oder in Verbindung mit den früher erhobenen Beweisen die Freisprechung des Angeklagten oder in Anwendung eines milderen Strafgesetzes eine geringere Bestrafung zu begründen geeignet sind. In den vor dem Amtsrichter oder dem Schöffengerichte verhandelten Sachen können nur solche Tatsachen oder Beweismittel beigebracht werden, welche der Verurteilte in dem früheren Verfahren einschließlich der

Berufungsinstanz nicht gekannt hatte oder ohne Verschulden nicht geltend machen konnte.

§ 360 (400). Durch den Antrag auf Wiederaufnahme des Verfahrens wird die Vollstreckung des Urteils nicht gehemmt.

Das Gericht kann jedoch einen Aufschub sowie eine Unterbrechung der Vollstreckung anordnen.

§ 361 (401). Der Antrag auf Wiederaufnahme des Verfahrens wird weder durch die erfolgte Strafvollstreckung noch durch den Tod des Verurteilten ausgeschlossen.

Im Falle des Todes sind der Ehegatte, die Verwandten auf- und absteigender Linie sowie die Geschwister des Verstorbenen zu dem Antrag befugt.

§ 362 (402). Die Wiederaufnahme eines durch rechtskräftiges Urteil geschlossenen Verfahrens zuungunsten des Angeklagten findet statt:

1. wenn eine in der Hauptverhandlung zu seinen Gunsten als echt vorgebrachte Urkunde fälschlich angefertigt oder verfälscht war;
2. wenn durch Beeidigung eines zu seinen Gunsten abgelegten Zeugnisses oder abgegebenen Gutachtens der Zeuge oder Sachverständige sich einer vorsätzlichen oder fahrlässigen Verletzung der Eidespflicht schuldig gemacht hat;
3. wenn bei dem Urteil ein Richter, Geschworener oder Schöffe mitgewirkt hat, welcher sich in Beziehung auf die Sache einer Verletzung seiner Amtspflichten schuldig gemacht hat, sofern diese Verletzung mit einer im Wege des gerichtlichen Strafverfahrens zu verhängenden öffentlichen Strafe bedroht ist;
4. wenn von dem Freigesprochenen vor Gericht oder außergerichtlich ein glaubwürdiges Geständnis der strafbaren Handlung abgelegt wird.[1]

1. Nach Ziff 4 genügt auch ein glaubwürdiges Geständnis, das der rechtskräftig Freigesprochene nach dem Urteil vor der Polizei abgelegt hat, als Grundlage für die Wiederaufnahme des Verfahrens zuungunsten des Verurteilten. Legt daher z. B. eine in einem früheren Verfahren freigesprochene Person nach Rechtskraft dieses Urteils gelegentlich einer späteren polizeilichen Vernehmung in einem anderen Verfahren ein Geständnis über die frühere Tat ab, von der sie freigesprochen worden ist, so bedarf es einer besonders genauen Protokollierung der Aussage. Ein Geständnis im Sinne dieser Bestimmung liegt auch vor, wenn der Verurteilte zwar den äußeren Tatbestand der Handlung zugibt,

aber einen Schuldausschließungsgrund, z. B. Geisteskrankheit oder sinnlose Trunkenheit (§ 51 StGB.), für sich geltend macht.

§ 363 (403). Eine Wiederaufnahme des Verfahrens zum Zwecke der Änderung der Strafe innerhalb des durch dasselbe Gesetz bestimmten Strafmaßes findet nicht statt.

§ 364 (404). Ein Antrag auf Wiederaufnahme des Verfahrens, welcher auf die Behauptung einer strafbaren Handlung gegründet werden soll, ist nur dann zulässig, wenn wegen dieser Handlung eine rechtskräftige Verurteilung ergangen ist, oder wenn die Einleitung oder Durchführung eines Strafverfahrens aus anderen Gründen als wegen Mangels an Beweis nicht erfolgen kann.

§ 365 (405). Die allgemeinen Bestimmungen über Rechtsmittel[1] finden auch bei dem Antrag auf Wiederaufnahme des Verfahrens Anwendung.

1. Vgl. §§ 296—303.

§ 366 (406). In dem Antrag müssen der gesetzliche Grund der Wiederaufnahme des Verfahrens sowie die Beweismittel angegeben werden.

Von dem Angeklagten und den im § 361 Abs. 2 bezeichneten Personen kann der Antrag nur mittels einer von dem Verteidiger oder einem Rechtsanwalt unterzeichneten Schrift oder zu Protokoll der Geschäftsstelle[1] angebracht werden.

1. Vgl. Anm. 1 zu § 153 GVG.

§ 367 (407). Über die Zulassung des Antrags auf Wiederaufnahme des Verfahrens entscheidet das Gericht, dessen Urteil mit dem Antrag angefochten wird. Wird ein in der Revisionsinstanz erlassenes Urteil aus anderen Gründen als auf Grund des § 359 Nr. 3 oder des § 362 Nr. 3 angefochten, so entscheidet das Gericht, gegen dessen Urteil die Revision eingelegt war.

Die Entscheidung erfolgt ohne mündliche Verhandlung.

§ 368 (408). Ist der Antrag nicht in der vorgeschriebenen Form angebracht, oder ist darin kein gesetzlicher Grund der Wiederaufnahme geltend gemacht oder kein geeignetes Beweismittel angeführt, so ist der Antrag als unzulässig zu verwerfen.

Anderenfalls ist er dem Gegner des Antragstellers unter Bestimmung einer Frist zur Erklärung zuzustellen.

§ 369 (409). Wird der Antrag an sich für zulässig befunden, so beauftragt das Gericht mit Aufnahme der angetretenen Beweise, soweit dies erforderlich ist, einen Richter.

Dem Ermessen des Gerichts bleibt es überlassen, ob die Zeugen und Sachverständigen eidlich vernommen werden sollen.

Hinsichtlich der Berechtigung der Beteiligten zur Anwesenheit bei der Beweisaufnahme kommen die für die Voruntersuchung gegebenen Vorschriften zur Anwendung.

Nach Schluß der Beweisaufnahme sind die Staatsanwaltschaft und der Angeklagte unter Bestimmung einer Frist zur ferneren Erklärung aufzufordern.

§ 370 (410). Der Antrag auf Wiederaufnahme des Verfahrens wird ohne mündliche Verhandlung als unbegründet verworfen, wenn die darin aufgestellten Behauptungen keine genügende Bestätigung gefunden haben, oder wenn in den Fällen des § 359 Nr. 1, 2 oder des § 362 Nr. 1, 2 nach Lage der Sache die Annahme ausgeschlossen ist, daß die in diesen Bestimmungen bezeichnete Handlung auf die Entscheidung Einfluß gehabt hat.

Anderenfalls verordnet das Gericht die Wiederaufnahme des Verfahrens und die Erneuerung der Hauptverhandlung.

§ 371 (411). Ist der Verurteilte bereits verstorben, so hat ohne Erneuerung der Hauptverhandlung das Gericht nach Aufnahme des etwa noch erforderlichen Beweises entweder die Freisprechung zu erkennen oder den Antrag auf Wiederaufnahme abzulehnen.

Auch in anderen Fällen kann das Gericht, bei öffentlichen Klagen jedoch nur mit Zustimmung der Staatsanwaltschaft, den Verurteilten sofort freisprechen, wenn dazu genügende Beweise bereits vorliegen.

Mit der Freisprechung ist die Aufhebung des früheren Urteils zu verbinden.

Die Aufhebung ist auf Verlangen des Antragstellers durch den Deutschen Reichsanzeiger bekanntzumachen und kann nach dem Ermessen des Gerichts auch durch andere Blätter veröffentlicht werden.

§ 372 (412). Alle Entscheidungen, welche aus Anlaß eines Antrags auf Wiederaufnahme des Verfahrens von dem Gericht in erster Instanz erlassen werden, können mit der sofortigen Beschwerde angefochten werden.

§ 373 (413). In der erneuten Hauptverhandlung ist entweder das frühere Urteil aufrechtzuerhalten oder unter seiner Aufhebung anderweit in der Sache zu erkennen.

Ist die Wiederaufnahme des Verfahrens nur von dem Verurteilten oder zu seinen Gunsten von der Staatsanwaltschaft oder von einer der im § 298 bezeichneten Personen beantragt worden, so darf das neue Urteil eine härtere Strafe als die in dem früheren erkannte nicht verhängen.

Fünftes Buch:

Beteiligung des Verletzten bei dem Verfahren.

Erster Abschnitt: Privatklage.

Vorbemerkung.

Über die Tätigkeit der Polizeibehörde bei der Bearbeitung von Vergehen, die im Wege der Privatklage verfolgt werden können, s. Anm. 5 zu § 158; vgl. überhaupt Anm. 3—6 daselbst.

§ 374 (414). Im Wege der Privatklage können vom Verletzten verfolgt werden, ohne daß es einer vorgängigen Anrufung der Staatsanwaltschaft bedarf,

1. das Vergehen des Hausfriedensbruchs im Falle des § 123 des Strafgesetzbuchs;
2. die Vergehen der Beleidigung in den Fällen der §§ 185 bis 187, 189 des Strafgesetzbuchs, wenn nicht eine der im § 197 bezeichneten politischen Körperschaften beleidigt ist;
3. die Vergehen der Körperverletzung in den Fällen der §§ 223, 223a Abs. 1 und des § 230 des Strafgesetzbuchs, sofern nicht die Körperverletzung mit Übertretung einer Amts-, Berufs- oder Gewerbspflicht begangen worden ist;
4. das Vergehen der Bedrohung im Falle des § 241 des Strafgesetzbuchs;
5. das Vergehen der Sachbeschädigung im Falle des § 303 des Strafgesetzbuchs;
6. das Vergehen der Verletzung fremder Geheimnisse im Falle des § 299 des Strafgesetzbuchs;
7. alle nach dem Gesetze gegen den unlauteren Wettbewerb strafbaren Vergehen;
8. alle Verletzungen des literarischen, künstlerischen und gewerblichen Urheberrechts, soweit sie als Vergehen strafbar sind.

Die gleiche Befugnis steht denen zu, welchen in den Strafgesetzen das Recht, selbständig auf Bestrafung anzutragen, beigelegt ist.

Hat der Verletzte einen gesetzlichen Vertreter, so wird die Befugnis zur Erhebung der Privatklage durch diesen und, wenn Korporationen, Gesellschaften und andere Personenvereine, welche als solche in bürgerlichen Rechtsstreitigkeiten klagen können, die

Verletzten sind, durch dieselben Personen wahrgenommen, durch welche sie in bürgerlichen Rechtsstreitigkeiten vertreten werden.

§ 375 (415). Sind wegen derselben strafbaren Handlung mehrere Personen zur Privatklage berechtigt, so ist bei Ausübung dieses Rechtes ein jeder von dem anderen unabhängig.

Hat jedoch einer der Berechtigten die Privatklage erhoben, so steht den übrigen nur der Beitritt zu dem eingeleiteten Verfahren, und zwar in der Lage zu, in welcher es sich zur Zeit der Beitrittserklärung befindet.

Jede in der Sache selbst ergangene Entscheidung äußert zugunsten des Beschuldigten ihre Wirkung auch gegenüber solchen Berechtigten, welche die Privatklage nicht erhoben haben.

§ 376 (416). Die öffentliche Klage wird wegen der im § 374 bezeichneten strafbaren Handlungen von der Staatsanwaltschaft nur dann erhoben, wenn dies im öffentlichen Interesse liegt.[1]

1. Die Frage, ob ein öffentliches Interesse vorliegt, hat stets die StA., niemals die Polizei zu entscheiden. Vgl. das Anm. 5 zu § 158 Gesagte.

§ 377 (417). In dem Verfahren auf erhobene Privatklage ist die Staatsanwaltschaft zu einer Mitwirkung nicht verpflichtet; es ist ihr jedoch der zur Hauptverhandlung bestimmte Termin bekanntzumachen.

Auch kann die Staatsanwaltschaft in jeder Lage der Sache bis zum Eintritt der Rechtskraft des Urteils durch eine ausdrückliche Erklärung die Verfolgung übernehmen. In der Einlegung eines Rechtsmittels ist die Übernahme der Verfolgung enthalten.

Übernimmt die Staatsanwaltschaft die Verfolgung, so richtet sich das weitere Verfahren nach den Bestimmungen, welche im zweiten Abschnitt dieses Buches für den Anschluß des Verletzten als Nebenkläger gegeben sind.

§ 378 (418). Der Privatkläger kann im Beistand eines Rechtsanwalts erscheinen oder sich durch einen mit schriftlicher Vollmacht versehenen Rechtsanwalt vertreten lassen. Im letzteren Falle können die Zustellungen an den Privatkläger mit rechtlicher Wirkung an den Anwalt erfolgen.

§ 379 (419). Der Privatkläger hat für die der Staatskasse und dem Beschuldigten voraussichtlich erwachsenden Kosten unter denselben Voraussetzungen Sicherheit zu leisten, unter welchen in bürgerlichen Rechtsstreitigkeiten der Kläger auf Verlangen des Beklagten Sicherheit wegen der Prozeßkosten zu leisten hat.

Die Sicherheitsleistung ist durch Hinterlegung in barem Gelde oder in Wertpapieren zu bewirken.

Für die Höhe der Sicherheit und die Frist zu ihrer Leistung sowie für die Bewilligung des Armenrechts gelten dieselben Bestimmungen wie in bürgerlichen Rechtsstreitigkeiten.

§ 380 (420). Wegen Hausfriedensbruchs, Beleidigung, leichter, vorsätzlicher oder fahrlässiger Körperverletzung, Bedrohung, Sachbeschädigung und Verletzung fremder Geheimnisse (§ 299 des Strafgesetzbuchs) ist die Erhebung der Klage erst zulässig, nachdem von einer durch die Landesjustizverwaltung zu bezeichnenden Vergleichsbehörde[1] die Sühne erfolglos versucht worden ist. Der Kläger hat die Bescheinigung hierüber mit der Klage einzureichen.

Die Landesjustizverwaltung kann bestimmen, daß die Vergleichsbehörde ihre Tätigkeit von der vorherigen Einzahlung eines angemessenen Kostenvorschusses abhängig machen darf.

Die Vorschriften des Abs. 1, 2 finden keine Anwendung, wenn der amtliche Vorgesetzte gemäß den §§ 196, 232 Abs. 3 des Strafgesetzbuchs befugt ist, Strafantrag zu stellen.

Wohnen die Parteien nicht in demselben Gemeindebezirke, so kann nach näherer Anordnung der Landesjustizverwaltung von einem Sühneversuch abgesehen werden.

1. Die Vergleichsbehörden, die auch die Amtsgerichte sein können, werden von den Justizverwaltungen der Länder bestimmt.

Für Preußen sind Schiedsmänner (Schiedsmannsordnung vom 29. März 1879, Gesetzsammlung S. 321 in der Fassung des Gesetzes vom 3. Dezember 1924 (GS. S. 75), für Bayern sind die Bürgermeister als Vergleichsbehörde bestellt.

§ 381 (421). Die Erhebung der Klage geschieht zu Protokoll der Geschäftsstelle[1] oder durch Einreichung einer Anklageschrift. Die Klage muß den im § 200 Abs. 1 bezeichneten Erfordernissen entsprechen. Mit der Anklageschrift sind zwei Abschriften einzureichen.

1. Vgl. Anm. 1 zu § 153 GVG.

§ 382 (422). Ist die Klage vorschriftsmäßig erhoben, so teilt das Gericht sie dem Beschuldigten unter Bestimmung einer

Frist zur Erklärung und der Staatsanwaltschaft zur Kenntnisnahme mit.

§ 383 (423). Nach Eingang der Erklärung des Beschuldigten oder Ablauf der Frist entscheidet das Gericht darüber, ob das Hauptverfahren zu eröffnen oder die Klage zurückzuweisen sei, nach Maßgabe der Bestimmungen, welche bei einer von der Staatsanwaltschaft unmittelbar erhobenen Anklage Anwendung finden.

§ 384 (421). Das weitere Verfahren richtet sich nach den Bestimmungen, welche für das Verfahren auf erhobene öffentliche Klage gegeben sind.

Vor dem Schwurgericht kann eine Privatklagesache nicht gleichzeitig mit einer auf öffentliche Klage anhängig gemachten Sache verhandelt werden.

§ 385 (425). Insoweit in dem Verfahren auf erhobene öffentliche Klage die Staatsanwaltschaft zuzuziehen und zu hören ist, wird in dem Verfahren auf erhobene Privatklage der Privatkläger zugezogen und gehört. Desgleichen sind alle Entscheidungen, welche dort der Staatsanwaltschaft bekanntgemacht werden, hier dem Privatkläger bekanntzugeben.

Es werden jedoch die auf richterliche Anordnung ergehenden Ladungen nicht durch die Staatsanwaltschaft, sondern durch die Geschäftsstelle[1] bewirkt.

Zwischen der Zustellung der Ladung des Privatklägers zur Hauptverhandlung und dem Tage der letzteren muß eine Frist von mindestens einer Woche liegen.

Das Recht der Akteneinsicht kann der Privatkläger nur durch seinen Anwalt ausüben.

1. Vgl. Anm. 1 zu § 153 GVG.

§ 386 (426). Der Vorsitzende des Gerichts bestimmt, welche Personen als Zeugen oder Sachverständige zur Hauptverhandlung geladen werden sollen.

Dem Privatkläger wie dem Angeklagten steht das Recht der unmittelbaren Ladung zu.

§ 387 (427). In der Hauptverhandlung kann auch der Angeklagte im Beistand eines Rechtsanwalts erscheinen oder sich auf Grund einer schriftlichen Vollmacht durch solchen vertreten lassen.

Die Bestimmung des § 139 findet auf den Anwalt des Klägers wie auf den des Angeklagten Anwendung.

Das Gericht ist befugt, das persönliche Erscheinen des Klägers sowie des Angeklagten anzuordnen, auch den Angeklagten vorführen zu lassen.

§ **388** (428). Hat der Verletzte die Privatklage erhoben, so kann der Beschuldigte bis zur Beendigung der Schlußvorträge (§ 258) in erster Instanz mittels einer Widerklage die Bestrafung des Klägers beantragen, wenn er von diesem gleichfalls durch ein Vergehen verletzt worden ist, das im Wege der Privatklage verfolgt werden kann und mit dem den Gegenstand der Klage bildenden Vergehen im Zusammenhange steht.

Über Klage und Widerklage ist gleichzeitig zu erkennen.

Die Zurücknahme der Klage ist auf das Verfahren über die Widerklage ohne Einfluß.

§ **389** (429). Findet das Gericht nach verhandelter Sache, daß die für festgestellt zu erachtenden Tatsachen eine solche strafbare Handlung darstellen, auf welche das in diesem Abschnitt vorgeschriebene Verfahren keine Anwendung erleidet, so hat es durch Urteil, welches diese Tatsachen hervorheben muß, die Einstellung des Verfahrens auszusprechen.

Die Verhandlungen sind in diesem Falle der Staatsanwaltschaft mitzuteilen.

§ **390** (430). Dem Privatkläger stehen, vorbehaltlich des § 313, die Rechtsmittel zu, welche in dem Verfahren auf erhobene öffentliche Klage der Staatsanwaltschaft zustehen. Dasselbe gilt von dem Antrag auf Wiederaufnahme des Verfahrens in den Fällen des § 362. Die Bestimmung des § 301 findet auf das Rechtsmittel des Privatklägers Anwendung.

Revisionsanträge und Anträge auf Wiederaufnahme des durch ein rechtskräftiges Urteil geschlossenen Verfahrens kann der Privatkläger nur mittels einer von einem Rechtsanwalt unterzeichneten Schrift anbringen.

Die in den §§ 320, 321, 347 angeordnete Vorlage und Einsendung der Akten erfolgt wie im Verfahren auf erhobene öffentliche Klage an und durch die Staatsanwaltschaft. Die Zustellung der Berufungs- und Revisionsschriften an den Gegner des Beschwerdeführers wird durch die Geschäftsstelle[1] bewirkt.

1. Vgl. Anm. 1 zu § 153 GVG.

§ 391 (431). Die Privatklage kann bis zur Verkündung des Urteils erster Instanz und, soweit zulässige Berufung eingelegt ist, bis zur Verkündung des Urteils zweiter Instanz zurückgenommen werden.

Als Zurücknahme gilt es im Verfahren erster und, soweit der Angeklagte die Berufung eingelegt hat, im Verfahren zweiter Instanz, wenn der Privatkläger in der Hauptverhandlung weder erscheint noch durch einen Rechtsanwalt vertreten wird, oder in der Hauptverhandlung oder einem anderen Termin ausbleibt, obwohl das Gericht sein persönliches Erscheinen angeordnet hatte oder eine Frist nicht einhält, welche ihm unter Androhung der Einstellung des Verfahrens gesetzt war.

Soweit der Privatkläger die Berufung eingelegt hat, ist sie im Falle der vorbezeichneten Versäumungen unbeschadet der Bestimmung des § 301 sofort zu verwerfen.

Der Privatkläger kann binnen einer Woche nach der Versäumung die Wiedereinsetzung in den vorigen Stand unter den in den §§ 44, 45 bezeichneten Voraussetzungen beanspruchen.

§ 392 (432). Die zurückgenommene Privatklage kann nicht von neuem erhoben werden.

§ 393 (433). Der Tod des Privatklägers hat die Einstellung des Verfahrens zur Folge.

War jedoch die Privatklage darauf gestützt, daß der Beschuldigte wider besseres Wissen in Beziehung auf den anderen eine unwahre Tatsache behauptet oder verbreitet habe, welche ihn verächtlich zu machen oder in der öffentlichen Meinung herabzuwürdigen geeignet ist, so kann die Klage nach dem Tode des Klägers von den Eltern, den Kindern oder dem Ehegatten des letzteren fortgesetzt werden.

Die Fortsetzung ist von dem Berechtigten bei Verlust des Rechtes binnen zwei Monaten, vom Tode des Privatklägers an gerechnet, bei Gericht zu erklären.

§ 394 (434). Die Zurücknahme der Privatklage und der Tod des Privatklägers sowie die Fortsetzung der Privatklage sind dem Beschuldigten bekanntzumachen.

Zweiter Abschnitt: Nebenklage.

§ 395 (435). Wer nach Maßgabe der Bestimmung des § 374 als Privatkläger aufzutreten berechtigt ist, kann sich der erhobenen öffentlichen Klage in jeder Lage des Verfahrens als Nebenkläger anschließen. Der Anschluß kann behufs Einlegung von Rechtsmitteln auch nach ergangenem Urteil geschehen.

Die gleiche Befugnis steht dem zu, welcher durch einen Antrag auf gerichtliche Entscheidung (§ 172) die Erhebung der öffentlichen Klage herbeigeführt hat, wenn die strafbare Handlung gegen sein Leben, seine Gesundheit, seine Freiheit, seinen Personenstand oder seine Vermögensrechte gerichtet war.

§ 396 (436). Die Anschlußerklärung ist bei dem Gerichte schriftlich einzureichen.

Das Gericht hat über die Berechtigung des Nebenklägers zum Anschluß nach Anhörung der Staatsanwaltschaft zu entscheiden.

Zu einer Sicherheitsleistung ist der Nebenkläger nicht verpflichtet.

§ 397 (437). Der Nebenkläger hat nach erfolgtem Anschluß die Rechte des Privatklägers.

Abs. 2 gestrichen d. Bek. v. 22. März 24.

§ 398 (438). Der Fortgang des Verfahrens wird durch den Anschluß nicht aufgehalten.

Die bereits anberaumte Hauptverhandlung sowie andere Termine finden an den bestimmten Tagen statt, auch wenn der Nebenkläger wegen Kürze der Zeit nicht mehr geladen oder benachrichtigt werden konnte.

§ 399 (439). Entscheidungen, welche schon vor dem Anschluß ergangen und der Staatsanwaltschaft bekanntgemacht waren, bedürfen keiner Bekanntmachung an den Nebenkläger.

Die Anfechtung solcher Entscheidungen steht auch dem Nebenkläger nicht mehr zu, wenn für die Staatsanwaltschaft die Frist zur Anfechtung abgelaufen ist.

§ 400 (440). Ist in der Hauptverhandlung weder der Nebenkläger noch ein Anwalt des Nebenklägers erschienen, so wird das Urteil dem ersteren zugestellt.

§ 401 (441). Der Rechtsmittel kann sich der Nebenkläger unabhängig von der Staatsanwaltschaft bedienen.

Wird auf ein nur von dem Nebenkläger eingelegtes Rechtsmittel die angefochtene Entscheidung aufgehoben, so liegt der Betrieb der Sache wiederum der Staatsanwaltschaft ob.

§ **402** (442). Die Anschlußerklärung verliert durch Widerruf sowie durch den Tod des Nebenklägers ihre Wirkung.

§ **403** (443). Die Befugnis, sich einer öffentlichen Klage nach den Bestimmungen der §§ 395 bis 402 als Nebenkläger anzuschließen, steht auch dem zu, welcher berechtigt ist, die Zuerkennung einer Buße[1]) zu verlangen.

Wer die Zuerkennung einer Buße in einem auf erhobene öffentliche Klage anhängigen Verfahren beantragen will, muß sich zu diesem Zwecke der Klage als Nebenkläger anschließen.

1. Vgl. §§ 188, 231, auch 340 StGB. Daneben sind in zahlreichen anderen Gesetzen, namentlich solchen, die den Schutz des geistigen Eigentums betreffen, entsprechende Vorschriften gegeben.

§ **404** (444). Der Antrag auf Zuerkennung einer Buße kann bis zur Verkündung des Urteils erster Instanz gestellt werden.

Der Antrag kann bis zur Verkündung des Urteils zurückgenommen, ein zurückgenommener Antrag nicht erneuert werden.

Wird der Angeklagte freigesprochen oder das Verfahren eingestellt oder die Sache ohne Urteil erledigt, so gilt auch der Antrag ohne weitere Entscheidung für erledigt.

Der Anspruch auf Buße kann von den Erben des Verletzten nicht erhoben oder fortgesetzt werden.

§ **405** (445). Der Nebenkläger hat den Betrag, welchen er als Buße verlangt, anzugeben.

Auf einen höheren Betrag der Buße als den beantragten darf nicht erkannt werden.

§ **406** (446). Die Bestimmungen der §§ 404, 405 finden auf den Fall entsprechende Anwendung, daß von dem die Buße Beanspruchenden die Privatklage erhoben wird.

Sechstes Buch.

Besondere Arten des Verfahrens.

Erster Abschnitt: Verfahren bei amtsrichterlichen Strafbefehlen.

§ 407 (447). Bei Übertragungen und Vergehen kann die Strafe durch schriftlichen Strafbefehl des Amtsrichters ohne vorgängige Verhandlung festgesetzt werden, wenn die Staatsanwaltschaft schriftlich hierauf anträgt.

Durch einen Strafbefehl darf jedoch keine andere Strafe als Geldstrafe oder Freiheitsstrafe von höchstens drei Monaten sowie eine etwa verwirkte Einziehung oder die Bekanntmachung der Entscheidung festgesetzt werden.

Die Überweisung des Beschuldigten an die Landespolizeibehörde darf in einem Strafbefehle nicht ausgesprochen werden.

Die Staatsanwaltschaft kann bei dem Antrag auf Erlaß des Strafbefehls zugleich den im § 25 Abs. 1 Nr. 2c des Gerichtsverfassungsgesetzes bezeichneten Antrag für den Fall stellen, daß der Amtsrichter die Sache zur Hauptverhandlung bringt oder der Beschuldigte Einspruch erhebt.

§ 408 (448). Der Antrag ist auf eine bestimmte Strafe zu richten. Der Amtsrichter hat ihm zu entsprechen, wenn der Erlassung des Strafbefehls Bedenken nicht entgegenstehen.

Findet der Amtsrichter Bedenken, die Strafe ohne Hauptverhandlung festzusetzen, so ist die Sache zur Hauptverhandlung zu bringen. Dasselbe gilt, wenn der Amtsrichter eine andere als die beantragte Strafe festsetzen will und die Staatsanwaltschaft bei ihrem Antrag beharrt.

§ 409 (449). Der Strafbefehl muß außer der Festsetzung der Strafe die strafbare Handlung, das angewendete Strafgesetz und die Beweismittel bezeichnen, auch die Eröffnung enthalten, daß er vollstreckbar werde, wenn der Beschuldigte nicht binnen einer Woche nach der Zustellung bei dem Amtsgerichte schriftlich oder zu Protokoll der Geschäftsstelle[1] Einspruch erhebe.

Auf den Einspruch kann vor Ablauf der Frist verzichtet werden.

1. Vgl. Anm. 1 zu § 153 GVG.

§ 410 (450). Ein Strafbefehl, gegen welchen nicht rechtzeitig Einspruch erhoben worden ist, erlangt die Wirkung eines rechtskräftigen Urteils.

§ 411 (451). Bei rechtzeitigem Einspruch wird zur Hauptverhandlung geschritten, sofern nicht bis zu ihrem Beginne die Staatsanwaltschaft die Klage fallen läßt oder der Einspruch zurückgenommen wird.

Der Angeklagte kann sich in der Hauptverhandlung durch einen mit schriftlicher Vollmacht versehenen Verteidiger vertreten lassen.

Bei der Urteilsfällung ist das Gericht an den in dem Strafbefehl enthaltenen Ausspruch nicht gebunden.

§ 412 (452). Bleibt der Angeklagte ohne genügende Entschuldigung in der Hauptverhandlung aus, und wird er auch nicht durch einen Verteidiger vertreten, so wird der Einspruch ohne Beweisaufnahme durch Urteil verworfen.

Ein Angeklagter, welchem gegen den Ablauf der Einspruchsfrist Wiedereinsetzung in den vorigen Stand gewährt worden war, kann sie nicht mehr gegen das Urteil beanspruchen.

Zweiter Abschnitt:

Verfahren nach vorangegangener polizeilicher Strafverfügung.[1 2 3]

Vorbemerkung.

1. Die Befugnis der Landesgesetzgebung, ein polizeiliches Verwaltungsstrafverfahren durchzuführen, beruht auf § 6 Z. 3 des Einführungsgesetzes. Vgl. dazu auch § 13 GVG. Zulässig ist ein landesrechtliches Strafverfahren aber nicht über den Rahmen des § 413 Abs. 2 StPO. hinaus.

2. Der zweite Abschnitt handelt nur von der Festsetzung krimineller Strafen. Er läßt die Frage der Zulässigkeit von verwaltungsrechtlichen Zwangsstrafen, wie sie z. B. auf Grund von § 132 des preußischen Landesverwaltungsgesetzes verhängt werden können, unberührt.

3. Zu beachten ist weiter § 40 JGG. Nach diesem darf gegen einen Jugendlichen nur Geldstrafe und Einziehung festgesetzt werden. Darüber, wie die Geldstrafe in Haft umgewandelt werden soll, entscheidet auf Antrag der Polizeibehörde, welche die Strafe festgesetzt hat, der Jugendrichter, in dessen Bezirk ein Gerichtsstand für die Übertretung begründet gewesen wäre. Vor der Entscheidung sind der Jugendliche, und, wenn dies ohne Verzögerung geschehen kann, das Jugendamt zu hören. Gegen den Beschluß steht der Polizeibehörde und dem Jugendlichen die sofortige Beschwerde zu.

Die Verhängung eines Verweises ist unzulässig, vgl. Anm. 5 zu § 413.

§ **413** (453). Wo nach den Bestimmungen der Landesgesetze[4] die Polizeibehörden befugt sind, eine in den Strafgesetzen angedrohte Strafe durch Verfügung festzusetzen, erstreckt sich diese Befugnis nur auf Übertretungen.

Auch kann die Polizeibehörde[5] keine andere Strafe[6] als Haft bis zu vierzehn Tagen oder Geldstrafe und die Haft, welche für den Fall, daß die Geldstrafe nicht beigetrieben werden kann, an ihre Stelle tritt, sowie eine etwa verwirkte Einziehung verhängen.[7]

Die Strafverfügung[8] muß außer der Festsetzung der Strafe die strafbare Handlung, das angewendete Strafgesetz und die Beweismittel[9] bezeichnen, auch die Eröffnung enthalten, daß der Beschuldigte, sofern er nicht eine nach den Gesetzen zugelassene Beschwerde an die höhere Polizeibehörde ergreife, gegen die Strafverfügung binnen einer Woche nach der Bekanntmachung bei der Polizeibehörde, welche diese Verfügung erlassen hat, oder bei dem zuständigen Amtsgericht auf gerichtliche Entscheidung antragen könne.[10] [11] [12] [13] [14]

Die Strafverfügung wirkt in betreff der Unterbrechung der Verjährung wie eine richterliche Handlung.[15]

4. Vgl. z. B.

Preuß. Gesetz, betreffend den Erlaß polizeilicher Strafverfügungen wegen Übertretungen.

Vom 23. April 1883. (GS. S. 65).

In der Fassung des Ges. v. 31. Mai 1923 (GS. S. 272),

von dem die §§ 1—5 nachstehend abgedruckt sind:

§ 1. Wer die Polizeiverwaltung in einem bestimmten Bezirk auszuüben hat, ist befugt, wegen der in seinem Bezirke verübten, in seinen Verwaltungsbereich fallenden Übertretungen die Strafe durch Verfügungen festzusetzen, sowie eine etwa verwirkte Einziehung zu verhängen.

Wird die Geldstrafe festgesetzt, so ist zugleich die für den Fall des Unvermögens an die Stelle der Geldstrafe tretende Haft zu bestimmen, soweit sich die Strafverfügung nicht gegen einen Jugendlichen richtet. (§§ 1, 40 des Jugendgerichtsgesetzes vom 16. Februar 1923 Reichsgesetzbl. I S. 135.)

Die festzusetzende Geldstrafe darf den Betrag von 150 Reichsmark nicht übersteigen.

§ 2. Die Festsetzung einer Strafe durch die Polizeibehörde findet nicht statt:

1. bei Übertretung, für deren Aburteilung die Rheinschiffahrtsgerichte, die Elbzollgerichte oder die Gewerbegerichte zuständig sind;
2. bei Übertretungen der Vorschriften über die Erhebung öffentlicher Abgaben oder Gefälle;
3. bei Übertretungen bergpolizeilicher Vorschriften.

§ 3. Der Beschuldigte kann gegen die Strafverfügung binnen einer Woche nach der Bekanntmachung in Gemäßheit der Strafprozeßordnung auf gerichtliche Entscheidung antragen.

Ist gegen einen Beschuldigten im Alter von 12—18 Jahren eine Strafverfügung erlassen, so kann binnen der für den Beschuldigten laufenden Frist auch der gesetzliche Vertreter desselben auf gerichtliche Entscheidung antragen.

§ 4. Die Strafverfügung muß außer der Festsetzung der Strafe die strafbare Handlung, Zeit und Ort derselben, die angewendete Strafvorschrift und die Beweismittel, sowie die Kasse bezeichnen, an welche die Geldstrafe zu zahlen ist.

Sie muß die Eröffnung enthalten:

a) daß der Beschuldigte binnen einer Woche nach der Bekanntmachung auf gerichtliche Entscheidung antragen könne;
b) daß der Antrag entweder bei der Polizeibehörde, welche die Strafverfügung erlassen hat, oder bei dem zuständigen Amtsgericht bzw. Elbzollgericht und Rheinschiffahrtsgericht anzubringen sei;
c) daß die Strafverfügung, falls innerhalb der bestimmten Frist ein Antrag auf gerichtliche Entscheidung nicht erfolge, vollstreckbar werde.

§ 5. Die polizeiliche Strafverfügung ist nach Maßgabe der zu erlassenden Ausführungsbestimmungen (§ 13) dem Beschuldigten durch einen öffentlichen Beamten zu behändigen.

5. Durch die landesgesetzlichen Bestimmungen kann die Strafbefugnis der Polizeibehörden enger begrenzt werden, als dies im § 413 Abs. 2 geschehen ist.

6. In Abs. 2 sind die Strafen, welche die Polizeibehörde verhängen kann, erschöpfend aufgezählt. Es kommen daher für die polizeilichen Strafverfügungen andere Strafen als Geldstrafe, Haft und Einziehung nicht in Frage. Die im Schrifttum teilweise verbreitete Ansicht, daß die Polizeibehörden gegen Jugendliche auch auf einen Verweis erkennen dürfen, ist mit dem Wortlaut sowohl des § 413 als auch der § 40 JGG. nicht vereinbar und deshalb abzulehnen. Vgl. Vorb. 2.

7. Eine polizeiliche Strafverfügung ist unwirksam, wenn die Polizei den ihr gesetzten Strafrahmen überschritten hat, wenn die Vorschriften des Abs. 3 nicht beachtet worden sind, oder wenn gar etwa die zu schwere Handlung gar keine Übertretung, sondern ein Verbrechen oder Vergehen war, so daß der Polizeibehörde die Zuständigkeit überhaupt fehlte (Z. 3 des § 6 EG.), vgl. Anm. 13.

8. Abs. 3 gibt den nach der Strafprozeßordnung, also reichsgesetzlich notwendigen Inhalt der Strafverfügung. Die Einzelheiten des Verfahrens der Polizeibehörden regeln die Landesgesetze, vgl. z. B. das oben Anm. 4 abgedruckte preußische Gesetz. Dies gilt auch bezüglich des sonstigen Inhaltes und der Unterzeichnung der eigentlichen Strafverfügung, wie der Ausfolgung und der Art ihrer Bekanntmachung bzw.

Behändigung an den Beschuldigten. Für Preußen vgl. noch die Anweisungen des Ministers des Innern und der Justiz vom $\frac{\text{8. Juni 1883}}{\text{17. Juli 1907}}$ (JMBl. S. 223 bzw. S. 601).

9. Als Beweismittel, die in der Strafverfügung anzugeben sind, kommen hauptsächlich in Frage: Geständnis, Zeugenaussagen, Gutachten, Urkunden. Dagegen ist die Strafanzeige selbst kein Beweismittel, wohl aber die anzeigende Person als Zeuge.

10. Wenn die Einsetzung der an Stelle einer nicht beitreibbaren Geldstrafe tretenden Haft unterblieben ist, so kann durch eine nachträgliche besondere polizeiliche Strafverfügung die Geld- in eine Freiheitsstrafe umgewandelt werden. Vgl. auch § 459.

11. Der Antrag auf gerichtliche Entscheidung kann nur bei der erlassenden Polizeibehörde oder bei dem für den Bezirk der betreffenden Polizeibehörde zuständigen Amtsgericht angebracht werden. Wenn der Beschuldigte den Antrag bei anderen Stellen einreicht, z. B. bei der Polizeibehörde des Nachbarortes, so ist die Frist von einer Woche nur gewahrt, falls der Antrag innerhalb dieser Frist bei der zuständigen Stelle eingeht.

12. Ob eine Beschwerde gegen die Verfügung zulässig ist (Abs. 3), richtet sich nach den landesgesetzlichen Vorschriften. Die Einlegung der Beschwerde schließt den Antrag auf gerichtliche Entscheidung aus.

13. Die Rechtskraft der Strafverfügung bewirkt — wie etwa der amtsrichterliche Strafbefehl — die strafrechtliche Tilgung der Tat; „sie verbraucht das Strafklagerecht". Hat jedoch die Polizeibehörde bei Erlaß der Strafverfügung ihre Zuständigkeit überschritten, so ist diese unwirksam (Anm. 7). Es ist dann nicht ausgeschlossen, daß dieselbe Tat nochmals im ordentlichen Strafverfahren unter einem anderen rechtlichen Gesichtspunkt verfolgt wird. § 10 des preußischen Gesetzes bestimmt in dieser Beziehung: „Ist die polizeiliche Strafverfügung vollstreckbar geworden, so findet wegen derselben Handlung eine fernere Anschuldigung nicht statt, es sei denn, daß die Handlung keine Übertretung, sondern ein Vergehen oder Verbrechen darstellt und daher die Polizeibehörde ihre Zuständigkeit überschritten hat."

14. Über den Antrag auf gerichtliche Entscheidung seitens einer Militärperson vgl. § 447. Grundsätzlich gelten die Bestimmungen der §§ 413 ff., wie die andern Bestimmungen der StPO., auch gegenüber Militärpersonen. Vgl. Anm. 3 zu § 434.

15. Vgl. StGB. § 68.

16. Die Polizei muß, bevor sie eine Strafverfügung erläßt, prüfen, ob sie die Übertretung wegen geringer Schuld und unbedeutender Tatfolgen unverfolgt lassen will (§ 153 StPO. und Anm. 2 daselbst).

§ 414 (454). Der Antrag auf gerichtliche Entscheidung kann bei der Polizeibehörde schriftlich oder mündlich, bei dem Amtsgerichte schriftlich oder zu Protokoll der Geschäftsstelle[1] angebracht werden.

Die Polizeibehörde übersendet, falls sie nicht die Strafverfügung zurücknimmt,[2] die Akten an die zuständige Staatsanwaltschaft, welche sie dem Amtsrichter vorlegt.[3]

1. Vgl. Anm. 1 zu § 153 GVG.
2. Bis zur Übersendung der Akten an die StA. ist die Polizeibehörde zur Zurücknahme der Verfügung befugt. Andererseits darf die Polizeibehörde nicht mehr selbständig einschreiten, wenn die StA. den Fall an sich gezogen hat, vgl. auch § 8 des preuß. Gesetzes.
3. Der Staatsanwalt wird auch für befugt zu erachten sein, darüber zu entscheiden, ob die Übertretung wegen geringer Schuld und unbedeutender Tatsachen unverfolgt bleibt, wenn ihm die Polizei nach dem Antrag auf gerichtliche Entscheidung die Akten vorlegt (§ 153 Abs. 1 StPO.). Der Mitwirkung des Gerichtes bedarf es nicht, weil öffentliche Klage noch nicht erhoben ist. Will der Staatsanwalt die Tat unverfolgt lassen, braucht er die Akten dem Gericht nicht vorzulegen.

§ 415 (455). Gegen die Versäumung der Antragsfrist ist unter den in den §§ 44, 45 bezeichneten Voraussetzungen Wiedereinsetzung in den vorigen Stand zulässig.[1] Das Gesuch ist bei einer der im § 414 Abs. 1 genannten Behörden anzubringen.

Über das Gesuch entscheidet der Amtsrichter.

Die Bestimmungen des § 46 Abs. 2, 33 finden hier gleichfalls Anwendung.

1. Mit Rücksicht auf die Möglichkeit einer Wiedereinsetzung in den vorigen Stand ist es zweckmäßig, daß die Polizeibehörde die Vollstreckung der Strafverfügung nicht sogleich nach Eintritt der Rechtskraft betreibt, sondern noch einen gewissen Zeitraum abwartet.

§ 416 (456). Ist der Antrag rechtzeitig angebracht, so wird zur Hauptverhandlung vor dem Amtsrichter geschritten, ohne daß es der Einreichung einer Anklageschrift oder einer Entscheidung über die Eröffnung des Hauptverfahrens bedarf.

Bis zum Beginne der Hauptverhandlung kann der Antrag zurückgenommen werden.

§ 417 (457). Das Verfahren vor dem Amtsrichter ist dasselbe wie im Falle einer von der Staatsanwaltschaft erhobenen und zur Hauptverhandlung verwiesenen Anklage.

Der Angeklagte kann sich durch einen mit schriftlicher Vollmacht versehenen Verteidiger vertreten lassen.

Bei der Urteilsfällung ist das Gericht an den Ausspruch der Polizeibehörde nicht gebunden.

§ 418 (458). Stellt sich nach dem Ergebnisse der Hauptverhandlung die Tat des Angeklagten als eine solche dar, bei welcher die Polizeibehörde zum Erlaß einer Strafverfügung nicht befugt war, so hat das Gericht die letztere durch Urteil aufzuheben, ohne in der Sache selbst zu entscheiden.

Dritter Abschnitt:

Verfahren bei Zuwiderhandlungen gegen die Vorschriften über die Erhebung öffentlicher Abgaben und Gefälle.

§ 419 (459). Strafbescheide der Verwaltungsbehörden wegen Zuwiderhandlungen gegen die Vorschriften über die Erhebung öffentlicher Abgaben und Gefälle dürfen nur Geldstrafen sowie eine etwa verwirkte Einziehung festsetzen.

Der Strafbescheid muß außerdem die strafbare Handlung, das angewendete Strafgesetz und die Beweismittel bezeichnen, auch die Eröffnung enthalten, daß der Beschuldigte, sofern er nicht eine nach den Gesetzen zugelassene Beschwerde an die höhere Verwaltungsbehörde ergreife, gegen den Strafbescheid binnen einer Woche nach der Bekanntmachung bei der Verwaltungsbehörde, welche ihn erlassen, oder bei der, welche ihn bekanntgemacht hat, auf gerichtliche Entscheidung antragen könne.

Der Strafbescheid wirkt in betreff der Unterbrechung der Verjährung wie eine richterliche Handlung.

§ 420 (460). Wird auf gerichtliche Entscheidung angetragen, so übersendet die Verwaltungsbehörde, falls sie nicht den Strafbescheid zurücknimmt, die Akten an die zuständige Staatsanwaltschaft, welche sie dem Gerichte vorlegt.

§ 421 (461). Für die Wiedereinsetzung in den vorigen Stand finden die Bestimmungen des § 415 entsprechende Anwendung.

§ 422 (462). Ist der Antrag rechtzeitig angebracht, so wird zur Hauptverhandlung geschritten, ohne daß es der Einreichung einer Anklageschrift oder einer Entscheidung über die Eröffnung des Hauptverfahrens bedarf.

Die Staatsanwaltschaft kann den im § 25 Abs. 1 Nr. 2c des Gerichtsverfassungsgesetzes vorgesehenen Antrag auch noch bei Vorlage der Akten an das Gericht stellen; auf Verlangen der Verwaltungsbehörde hat sie dies zu tun.

Bis zum Beginne der Hauptverhandlung kann der Antrag zurückgenommen werden.

§ 423 (463). Ist die in einem vollstreckbaren Strafbescheide festgesetzte Geldstrafe von dem Beschuldigten nicht beizutreiben und deshalb ihre Umwandlung in eine Freiheitsstrafe erforderlich, so ist diese Umwandlung nach Anhörung der Staatsanwaltschaft und des Beschuldigten durch gerichtliche Entscheidung auszusprechen, ohne daß der Strafbescheid einer Prüfung des Gerichts unterliegt.

Über die Umwandlung entscheidet der Amtsrichter.

Gegen die Entscheidung findet sofortige Beschwerde statt.

§ 424 (464). Hat die Verwaltungsbehörde einen Strafbescheid nicht erlassen, und lehnt die Staatsanwaltschaft den an sie gerichteten Antrag auf Verfolgung ab, so ist die Verwaltungsbehörde befugt, selbst die Anklage zu erheben.

In einem solchen Falle hat sie einen Beamten ihres Verwaltungszweigs oder einen Rechtsanwalt als ihren Vertreter zu bestellen und in der Anklage namhaft zu machen.

§ 425 (465). Die Staatsanwaltschaft ist zu einer Mitwirkung in jeder Lage des Verfahrens berechtigt.

Bei der Hauptverhandlung muß sie vertreten sein; auch hat sie die gerichtlich angeordneten Ladungen dazu zu bewirken.

Alle im Laufe des Verfahrens ergehenden Entscheidungen sind ihr bekanntzumachen.

§ 426 (466). Im übrigen regelt sich das Verfahren auf die von der Verwaltungsbehörde erhobene Anklage nach den für die Privatklage gegebenen Bestimmungen.

§ 427 (467). Hat der Beschuldigte gegen einen Strafbescheid auf gerichtliche Untersuchung angetragen, oder hat die Staatsanwaltschaft die Anklage erhoben, so kann die Verwaltungsbehörde sich der Verfolgung anschließen, und sie hat alsdann gleichwie bei einer von ihr erhobenen Anklage einen Vertreter zu bestellen.

In diesem Falle kommen die für den Anschluß des Verletzten als Nebenkläger gegebenen Bestimmungen zur Anwendung.

§ 428 (468). Wenn die Verwaltungsbehörde die Anklage erhoben oder sich der Verfolgung angeschlossen hat, so sind ihr das Urteil und alle sonstigen Entscheidungen zuzustellen, auch wenn sie bei deren Verkündung vertreten gewesen ist.

§ 429 (469). Die Fristen zur Einlegung von Rechtsmitteln beginnen für die Verwaltungsbehörde erst mit der Zustellung.

Zur Anbringung von Revisionsanträgen und zur Gegenerklärung auf solche steht der Verwaltungsbehörde eine Frist von einem Monat zu.

Vierter Abschnitt:

Verfahren bei Einziehungen und Vermögensbeschlagnahmen.

§ 430 (477). In den Fällen, in welchen nach § 42 des Strafgesetzbuchs oder nach anderweiten gesetzlichen Bestimmungen auf Einziehung, Vernichtung oder Unbrauchbarmachung von Gegenständen selbständig erkannt werden kann, ist der Antrag, sofern die Entscheidung nicht in Verbindung mit einem Urteil in der Hauptsache erfolgt, seitens der Staatsanwaltschaft oder des Privatklägers bei dem Gerichte zu stellen, welches für den Fall der Verfolgung einer bestimmten Person zuständig sein würde.

An die Stelle des Schwurgerichts tritt das Schöffengericht.

§ 431 (478). Die Verhandlung und Entscheidung erfolgt in einem Termin, auf welchen die Bestimmungen über die Hauptverhandlung entsprechende Anwendung finden.

Personen, welche einen rechtlichen Anspruch auf den Gegenstand der Einziehung, Vernichtung oder Unbrauchbarmachung haben, sind, soweit dies ausführbar erscheint, zu dem Termine zu laden.

Sie können alle Befugnisse ausüben, welche einem Angeklagten zustehen, sich auch durch einen mit schriftlicher Vollmacht versehenen Verteidiger vertreten lassen. Durch ihr Nichterscheinen wird das Verfahren und die Urteilsfällung nicht aufgehalten.

§ 432 (479). Die Rechtsmittel gegen das Urteil stehen der Staatsanwaltschaft, dem Privatkläger und den im § 431 bezeichneten Personen zu.

§ 433 (480). Auf die im § 93 des Strafgesetzbuchs vorgesehene Beschlagnahme des Vermögens eines Angeschuldigten finden die Bestimmungen der §§ 291—293 entsprechende Anwendung.

Fünfter Abschnitt:

Besondere Vorschriften über das Verfahren bei militärischen Straftaten für Strafsachen gegen Angehörige der Reichswehr und für Militärstrafsachen.[1 2]

§ 434 (—). Eine Militärgerichtsbarkeit besteht nur für Strafverfahren in Kriegszeiten und gegen die Angehörigen der Reichsmarine, die an Bord von in Dienst gestellten Kriegsschiffen eingeschifft sind.

Soweit eine Militärgerichtsbarkeit nicht besteht, gelten für militärische Straftaten[3] sowie für Strafsachen gegen Angehörige der Reichswehr[4] und für Militärstrafsachen[5] die folgenden besonderen Vorschriften:

1. über Anzeigen in Militärstrafsachen vgl. Anm. 1 zu § 158.

2. über Durchsuchung und Beschlagnahme gegenüber Angehörigen der Wehrmacht vgl. Vorbem. 4 vor § 94.

3. Daher die im Militärstrafgesetzbuch besonders unter Strafe gestellten militärischen Verbrechen und Vergehen.

4. Grundsätzlich finden auch für diese die Bestimmungen der StPO. Anwendung, vgl. Anm. 14 zu § 413.

5. § 442 Abs. 2.

Erster Titel.

Vorschriften für militärische Straftaten.

§ 435 ist aufgehoben (Ges. vom 26. April 1926, RGBl. I S. 197[1])).

1. S. auch Gesetz über Militärgerichte und militärgerichtliches Verfahren vom 22. Februar 1926 (RGBl. I S. 103) und die Marinestrafvollstreckungsordnung vom 28. Dezember 1926 (RGBl. 1927 I S. 1).

§ 436 (—). Bei militärischen Vergehen finden die Vorschriften des § 153 Abs. 2, 3 über die Befugnis, von der Erhebung der öffentlichen Klage abzusehen oder das Verfahren einzustellen, keine Anwendung.

§ 437 (—). Ein Abwesender, gegen den die öffentliche Klage wegen Fahnenflucht erhoben ist, kann durch Beschluß des Gerichts für fahnenflüchtig erklärt werden.

Für die Bekanntmachung und die Aufhebung des Beschlusses gelten die §§ 291, 293.

Zweiter Titel.

Vorschriften für Strafsachen gegen Angehörige der Reichswehr und für Militärstrafsachen.

§ 438 (—). In Strafverfahren gegen Angehörige der Reichswehr gelten die besonderen Vorschriften der §§ 439 bis 441.

§ 439 (—). Ein Gerichtsstand ist auch bei dem Gerichte begründet, in dessen Bezirke sich der Standort des Truppenteils befindet, dem der Beschuldigte angehört.

§ 440 (—). Von der Festnahme ist der vorgesetzten Dienstbehörde unverzüglich Nachricht zu geben.[1]

1. Über die Festnahme von Angehörigen der Wehrmacht vgl. Vorbem. 2f vor § 112.

§ 441 (—). Von der Einleitung der Strafverfolgung,[1] der Eröffnung des Hauptverfahrens und der Anberaumung einer Hauptverhandlung ist der höheren Kommandobehörde[2] des Beschuldigten Nachricht zu geben. Von dem Eingang der Nachricht über die Einleitung einer Strafverfolgung an ist eine Versetzung des Beschuldigten aus dem Bereiche der Strafverfolgungsbehörde nur noch mit deren Zustimmung zulässig.

Bei militärischen Verbrechen und Vergehen[3] ist außerdem der höheren Kommandobehörde des Beschuldigten die Verfügung der Staatsanwaltschaft über Ablehnung der Strafverfolgung oder die Einstellung des Verfahrens nebst den Gründen zuzustellen. Die Zustellung kann durch Vorlage der Akten erfolgen.

In den Fällen des Abs. 2 stehen die Rechte des Verletzten nach § 172 auch dem Befehlshaber der höheren Kommandobehörde zu. Der Antrag auf gerichtliche Entscheidung kann statt von einem Rechtsanwalte von einem Heeres- (Marine-) Anwalt unterzeichnet werden. Die §§ 176, 177 finden auf den von dem Befehlshaber gestellten Antrag keine Anwendung.

Was unter „höhere Kommandobehörde" zu verstehen ist, bestimmt der Reichswehrminister.

1. Diese Vorschrift bezieht sich nur auf die gerichtliche Strafverfolgung. Doch wird auch bei jeder polizeilichen Ermittlung Fühlung mit dem nächsten Dienstvorgesetzten zweckmäßig sein.

2. Höhere Kommandobehörden (vgl. Abs. 4) sind: das Reichswehrministerium, die Gruppenkommandos, die Kavalleriedivisionen, die Wehrkreiskommandos, die Kommandos der Marinestationen der Nord- und Ostsee.

3. Anm. 3 zu § 434.

§ **442** (—). In Militärstrafsachen gelten die besonderen Vorschriften der §§ 443 bis 448.

Militärstrafsachen sind Strafverfahren, die von Angehörigen der Reichswehr während ihrer Zugehörigkeit zur Reichswehr oder zum bisherigen aktiven Heere oder zur bisherigen aktiven Marine begangene Straftaten betreffen.

§ **443** (—). Die militärischen Vorgesetzten[1] haben die gleichen Rechte und Pflichten wie die Polizei- und Sicherheitsbeamten, welche als Hilfsbeamte der Staatsanwaltschaft deren Anordnungen Folge zu leisten haben.[2] Sie sind insbesondere verpflichtet, die Ersuchen der Staatsanwaltschaft, des Untersuchungsrichters und der Gerichte auszuführen.

Untersuchungshandlungen dürfen sie ohne Ersuchen nur vornehmen, wenn sie keinen Aufschub gestatten.

1. Dazu gehören aber nicht die militärischen Wachen.
2. GVG. § 152.

§ **444** (—). Anzeigen strafbarer Handlungen und Anträge auf Strafverfolgung können auch bei den Disziplinarvorgesetzten des Beschuldigten angebracht werden. Mündliche Anzeigen und Anträge sind zu Protokoll zu nehmen.[1]

Der Disziplinarvorgesetzte hat von der Anzeige oder dem Antrag die Staatsanwaltschaft oder, wenn die schleunige Vornahme einer richterlichen Untersuchungshandlung erforderlich erscheint, den Amtsrichter sofort zu benachrichtigen. Das gleiche gilt, wenn sich sonst der Verdacht einer strafbaren Handlung ergibt. Die Pflicht zur Benachrichtigung entfällt, wenn der militärische Vorgesetzte das Recht hat, die strafbare Handlung disziplinarisch zu ahnden.

1. Vgl. § 158.

§ **445** (—). Die Anordnung der Untersuchungshaft ist beim Vorliegen dringenden Tatverdachts auch dann zulässig, wenn die Aufrechterhaltung der militärischen Disziplin dies fordert.

In diesem Falle findet das Haftprüfungsverfahren (§ 115 a) zum erstenmale bereits nach Ablauf eines Monats statt; die Dauer der Untersuchungshaft ist auf die Strafe voll anzurechnen.[1]

1. Die — in Abweichung von § 60 StGB. — vorgeschriebene Anrechnung der Untersuchungshaft (Abs. 2) ist zwingend nur für den Fall,

wenn der alleinige Grund der Verhaftung die Aufrechterhaltung der militärischen Disziplin ist.

§ **446** (—). Als Verteidiger können mit ihrer Zustimmung auch Offiziere und gewählte Vertreter der Soldaten gewählt oder auf Antrag des Beschuldigten bestellt werden.

Den im § 144 Abs. 2 bezeichneten Justizbeamten stehen die bei den Heeres- (Marine-) Anwälten beschäftigten Sekretäre gleich.

§ **447** (—). Erklärungen über die Einlegung oder die Rechtfertigung von Rechtsmitteln, Gesuche auf Wiedereinsetzung in den vorigen Stand, Anträge auf Wiederaufnahme des Verfahrens, Einsprüche gegen Strafbefehle sowie Anträge auf gerichtliche Entscheidung gegenüber einer polizeilichen Strafverfügung kann der Beschuldigte oder Verurteilte auch zu Protokoll des nächsten mit Disziplinarstrafgewalt versehenen Vorgesetzten, eines Heeres- (Marine-) Anwalts oder eines bei einem solchen beschäftigten Sekretärs, ferner, wenn er sich in militärischem Gewahrsame befindet, zu Protokoll des mit der Aufsicht über das Gefängnis betrauten Offiziers oder Beamten anbringen. Revisionsanträge und deren Begründung können jedoch von dem Angeklagten außer in der Form des § 345 Abs. 2 nur zu Protokoll eines Heeres- (Marine-) Anwalts oder eines bei einem solchen beschäftigten Sekretärs angebracht werden.

In den Fällen des Abs. 1 genügt es zur Wahrung einer Frist, wenn innerhalb der Frist das Protokoll aufgenommen wird.

§ **448** (—). Die Revision kann auch darauf gestützt werden, daß eine allgemeine militärische Dienstvorschrift nicht oder nicht richtig angewendet worden ist.

Siebentes Buch.

Strafvollstreckung und Kosten des Verfahrens.

Erster Abschnitt: Strafvollstreckung.

Vorbemerkung.

Der Abschnitt behandelt nur die Vollstreckung gerichtlicher Strafen. Über die Vollstreckung von der Polizei oder sonstigen Verwaltungsbehörden verhängten Strafen entscheiden die Landesgesetze. Doch hat die Polizei auch bei der gerichtlichen Strafvollstreckung, nicht nur durch die Ausführung der Verhaftung selbst, sondern z. B. auch durch Berichte über Gewährung von Strafaufschub oder die Zweckmäßigkeit einer Strafaussetzung wichtige Aufgaben. Daß dieser Aufgabenkreis besonderer Sorgfalt bedarf, ist selbstverständlich. Die Einzelheiten richten sich nach den landesrechtlichen Bestimmungen.

§ 449 (481). Strafurteile sind nicht vollstreckbar, bevor sie rechtskräftig geworden sind.

§ 450 (482). Auf die zu vollstreckende Freiheitsstrafe ist unverkürzt die Untersuchungshaft anzurechnen,[1] welche der Angeklagte erlitten hat, seit er auf Einlegung eines Rechtsmittels verzichtet oder das eingelegte Rechtsmittel zurückgenommen hat, oder seitdem die Einlegungsfrist abgelaufen ist, ohne daß er eine Erklärung abgegeben hat.

1. Vgl. § 60 StGB.

§ 451 (483). Die Strafvollstreckung erfolgt durch die Staatsanwaltschaft auf Grund einer von dem Urkundsbeamten der Geschäftsstelle[1] zu erteilenden, mit der Bescheinigung der Vollstreckbarkeit versehenen, beglaubigten Abschrift der Urteilsformel.

Den Amtsanwälten steht die Strafvollstreckung nur insoweit zu, als die Landesjustizverwaltung sie ihnen übertragen hat.

Für die zur Zuständigkeit der Amtsgerichte gehörigen Sachen kann durch Anordnung der Landesjustizverwaltung die Strafvollstreckung den Amtsrichtern übertragen werden.

1. Vgl. Anm. 1 zu § 153 GVG.

§ 452 (484). In Sachen, in denen das Reichsgericht in erster Instanz erkannt hat, steht das Begnadigungsrecht dem Reiche zu.

§ 453 (485). Todesurteile bedürfen zu ihrer Vollstreckung keiner Bestätigung. Die Vollstreckung ist jedoch erst zulässig, wenn die Entschließung der zur Ausübung des Gnadenrechts berufenen Stelle ergangen ist, von dem Begnadigungsrechte keinen Gebrauch machen zu wollen.

An schwangeren oder geisteskranken Personen darf ein Todesurteil nicht vollstreckt werden.

§ 454 (486). Die Vollstreckung der Todesstrafe erfolgt in einem umschlossenen Raume.

Bei der Vollstreckung müssen zwei Mitglieder des Gerichts erster Instanz, ein Beamter der Staatsanwaltschaft, ein Urkundbeamter der Geschäftsstelle[1] und ein Gefängnisbeamter zugegen sein. Der Gemeindevorstand des Orts, wo die Hinrichtung stattfindet, ist aufzufordern, zwölf Personen aus den Vertretern oder aus anderen achtbaren Mitgliedern der Gemeinde abzuordnen, um der Hinrichtung beizuwohnen.

Außerdem ist einem Geistlichen von dem Religionsbekenntnisse des Verurteilten und dem Verteidiger und nach dem Ermessen des die Strafvollstreckung leitenden Beamten auch anderen Personen der Zutritt zu gestatten.

Über den Hergang ist ein Protokoll aufzunehmen, welches von dem Beamten der Staatsanwaltschaft und dem Urkundsbeamten der Geschäftsstelle[1] zu unterzeichnen ist.

Der Leichnam des Hingerichteten ist seinen Angehörigen auf ihr Verlangen zur einfachen, ohne Feierlichkeiten vorzunehmenden Beerdigung zu verabfolgen.

1. Vgl. Anm. 1 zu § 153 GVG.

§ 455 (487). Die Vollstreckung einer Freiheitsstrafe ist aufzuschieben, wenn der Verurteilte in Geisteskrankheit verfällt.

Dasselbe gilt bei anderen Krankheiten, wenn von der Vollstreckung eine nahe Lebensgefahr für den Verurteilten zu besorgen steht.

Die Strafvollstreckung kann auch dann aufgeschoben werden, wenn sich der Verurteilte in einem körperlichen Zustande befindet, bei welchem eine sofortige Vollstreckung mit der Einrichtung der Strafanstalt unverträglich ist.

§ 456 (488). Auf Antrag des Verurteilten kann die Vollstreckung aufgeschoben werden, sofern durch die sofortige Vollstreckung dem Verurteilten oder seiner Familie erhebliche, außerhalb des Strafzwecks liegende Nachteile erwachsen.

Der Strafaufschub darf den Zeitraum von vier Monaten nicht übersteigen.

Seine Bewilligung kann an eine Sicherheitsleistung oder andere Bedingungen geknüpft werden.

§ **457** (489). Die Staatsanwaltschaft ist befugt, behufs Vollstreckung einer Freiheitsstrafe einen Vorführungs- oder Haftbefehl zu erlassen, wenn der Verurteilte auf die an ihn ergangene Ladung zum Antritt der Strafe sich nicht gestellt hat oder der Flucht verdächtig ist.

Auch kann von der Staatsanwaltschaft zu demselben Zwecke ein Steckbrief erlassen werden, wenn der Verurteilte flüchtig ist oder sich verborgen hält.

Diese Befugnisse stehen im Falle des § 451 Abs. 3 auch dem Amtsrichter zu.

§ **458** (490). Wenn über die Auslegung eines Strafurteils oder über die Berechnung der erkannten Strafe Zweifel entstehen, oder wenn Einwendungen gegen die Zulässigkeit der Strafvollstreckung erhoben werden, so ist die Entscheidung des Gerichts herbeizuführen.

Dasselbe gilt, wenn nach Maßgabe des § 455 Einwendungen gegen die Ablehnung eines Antrags auf Aufschub der Strafvollstreckung erhoben werden.

Der Fortgang der Vollstreckung wird hierdurch nicht gehemmt; das Gericht kann jedoch einen Aufschub oder eine Unterbrechung der Vollstreckung anordnen.

§ **459** (491). Kann eine verhängte Geldstrafe nicht beigetrieben werden und ist die Festsetzung der für diesen Fall eintretenden Freiheitsstrafe unterlassen worden, so ist die Geldstrafe nachträglich von dem Gericht in die entsprechende Freiheitsstrafe umzuwandeln.[1]

1. Bezüglich der polizeilichen Strafverfügungen vgl. Anm. 10 zu § 413.

§ **460** (492). Ist jemand durch verschiedene rechtskräftige Urteile zu Strafen verurteilt worden, und sind dabei die Vorschriften über die Zuerkennung einer Gesamtstrafe (§ 79 des Strafgesetzbuchs) außer Betracht geblieben, so sind die erkannten Strafen durch eine nachträgliche gerichtliche Entscheidung auf eine Gesamtstrafe zurückzuführen.

§ 461 (493). Ist der Verurteilte nach Beginn der Strafvollstreckung wegen Krankheit in eine von der Strafanstalt getrennte Krankenanstalt gebracht worden, so ist die Dauer des Aufenthalts in der Krankenanstalt in die Strafzeit einzurechnen, wenn nicht der Verurteilte mit der Absicht, die Strafvollstreckung zu unterbrechen, die Krankheit herbeigeführt hat.

Die Staatsanwaltschaft hat im letzteren Falle eine Entscheidung des Gerichts herbeizuführen.

§ 462 (494). Die bei der Strafvollstreckung notwendig werdenden gerichtlichen Entscheidungen (§§ 458 bis 461) werden von dem Gericht erster Instanz ohne mündliche Verhandlung erlassen.

Vor der Entscheidung ist der Staatsanwaltschaft und dem Verurteilten Gelegenheit zu geben, Anträge zu stellen und zu begründen.

Kommt es auf die Festsetzung einer Gesamtstrafe an (§ 460), und waren die verschiedenen hierdurch abzuändernden Urteile von verschiedenen Gerichten erlassen, so steht die Entscheidung dem Gerichte zu, welches die schwerste Strafart oder bei Strafen gleicher Art die höchste Strafe erkannt hat, falls hiernach aber mehrere Gerichte zuständig sein würden, dem, dessen Urteil zuletzt ergangen ist. War das hiernach maßgebende Urteil von einem Gerichte höherer Instanz erlassen, so setzt das Gericht erster Instanz, und war eines der Strafurteile von dem Reichsgericht oder einem Oberlandesgericht in erster Instanz erlassen, das Reichsgericht oder das Oberlandesgericht die Gesamtstrafe fest.

Gegen diese Entscheidungen findet, insofern sie nicht von dem Reichsgericht oder einem Oberlandesgericht erlassen sind, sofortige Beschwerde statt.

§ 463 (495). Die Vollstreckung der über eine Vermögensstrafe oder eine Buße ergangenen Entscheidung erfolgt nach den Vorschriften über die Vollstreckung der Urteile der Zivilgerichte.

Zweiter Abschnitt: Kosten des Verfahrens.

§ 464 (496). Jedes Urteil, jeder Strafbefehl und jede eine Untersuchung einstellende Entscheidung muß darüber Bestimmung treffen, von wem die Kosten des Verfahrens zu tragen sind.[1] [2]

Die Höhe der Kosten und Auslagen, die ein Beteiligter einem anderen Beteiligten zu erstatten hat, wird auf Antrag eines Beteiligten durch den Urkundsbeamten der Geschäftsstelle[3] festgesetzt. Auf das Verfahren und auf die Vollstreckung der Entscheidung finden die Vorschriften der Zivilprozeßordnung entsprechende Anwendung.

1. An sich bezieht sich die Bestimmung nur auf gerichtliche Entscheidungen. Wer die Kosten in dem Verfahren durch polizeiliche Strafverfügung zu tragen hat, das nicht durch Abgabe der Akten an das Gericht zu einem gerichtlichen wird, bestimmen die Landesgesetze. Für Preußen vgl. z. B. § 6 des Ges. vom $\frac{\text{23. April 1883}}{\text{31. Mai 1923}}$ (GS. S. 271).

Soweit das polizeiliche Verfahren der Vorbereitung des gerichtlichen gedient hat, kommt § 465 zur Anwendung.

2. Bezüglich des Sonderfalls der falschen Anzeige s. Anm. 1 zu § 469.

3. Vgl. Anm. 1 zu § 153 GVG.

§ 465 (497). Die Kosten,[1] mit Einschluß der durch die Vorbereitung der öffentlichen Klage[2] und die Strafvollstreckung entstandenen, hat der Angeklagte zu tragen, wenn er zu Strafe verurteilt wird.

Stirbt ein Verurteilter vor eingetretener Rechtskraft des Urteils, so haftet sein Nachlaß nicht für die Kosten.

1. Vgl. Anm. 1 zu § 464.

2. Wenn im Verfolg der behördlichen Untersuchung von Lebensmitteln oder von Bedarfsgegenständen eine rechtskräftige strafrechtliche Verurteilung eintritt, fallen dem Verurteilten die der Behörde durch die Beschaffung und Untersuchung der Proben erwachsenen Kosten zur Last. Sie sind zugleich mit den Kosten des gerichtlichen Verfahrens festzusetzen und einzuziehen.

Diese Bestimmung des § 20 des Lebensmittelgesetzes vom 5. Juli 1927 (RGBl. I S. 134) ist für die Polizeibehörden von besonderer Wichtigkeit.

§ 466 (498). Wenn ein Angeklagter in einer Untersuchung, welche mehrere strafbare Handlungen umfaßt, nur in Ansehung eines Teiles derselben verurteilt wird, durch die Verhandlung der übrigen Straffälle aber besondere Kosten entstanden sind, so ist er von deren Tragung zu entbinden.

Mitangeklagte, welche in bezug auf dieselbe Tat zu Strafe verurteilt sind, haften für die Auslagen als Gesamtschuldner. Dies gilt nicht von den durch die Strafvollstreckung oder die Untersuchungshaft entstandenen Kosten.

§ 467 (499). Einem freigesprochenen oder außer Verfolgung gesetzten Angeschuldigten sind nur solche Kosten aufzuerlegen, welche er durch eine schuldbare Versäumnis verursacht hat.

Die dem Angeschuldigten erwachsenen notwendigen Auslagen können der Staatskasse auferlegt werden.

§ **468** (500). Bei wechselseitigen Beleidigungen oder Körperverletzungen wird die Verurteilung eines oder beider Teile in die Kosten dadurch nicht ausgeschlossen, daß einer oder beide für straffrei erklärt werden.

§ **469** (501). Ist ein, wenn auch nur außergerichtliches[1] Verfahren durch eine wider besseres Wissen gemachte oder auf grober Fahrlässigkeit beruhende Anzeige[2] veranlaßt worden, so kann das Gericht dem Anzeigenden, nachdem er gehört worden, die der Staatskasse und dem Beschuldigten erwachsenden Kosten auferlegen.

War noch kein Gericht mit der Sache befaßt, so erfolgt die Entscheidung auf den Antrag der Staatsanwaltschaft durch das Gericht, welches für die Eröffnung des Hauptverfahrens zuständig gewesen wäre.

Gegen die Entscheidung findet sofortige Beschwerde statt.

1. Durch die ausdrückliche Hervorhebung des „außergerichtlichen" Verfahrens ist einwandfrei festgestellt, daß die Vorschrift sich auch auf das polizeiliche Ermittelungsverfahren bezieht.

2. D. h. einer Privatperson. Auf falsche dienstliche Angaben von Beamten bezieht sich § 469 nicht.

§ **470** (502). Erfolgt eine Einstellung des Verfahrens wegen Zurücknahme des Antrags, durch welchen es bedingt war, so hat der Antragsteller die Kosten zu tragen.

§ **471** (503). In einem Verfahren auf erhobene Privatklage hat der Verurteilte auch die dem Privatkläger erwachsenen notwendigen Auslagen zu erstatten.

Das Gericht kann, wenn den Anträgen des Privatklägers nur zum Teil entsprochen ist, die im Verfahren entstandenen Auslagen, sowie die dem Privatkläger und dem Beschuldigten erwachsenen notwendigen Auslagen angemessen verteilen.

Wird der Beschuldigte außer Verfolgung gesetzt oder freigesprochen, oder wird das Verfahren eingestellt, so fallen dem Privatkläger die Kosten des Verfahrens sowie die dem Beschuldigten erwachsenen notwendigen Auslagen zur Last.

Mehrere Privatkläger haften als Gesamtschuldner. Das gleiche gilt hinsichtlich der Haftung mehrerer Beschuldigter für die dem Privatkläger erwachsenen notwendigen Auslagen.

Die nach den Bestimmungen dieses Paragraphen zu erstattenden Auslagen umfassen auch die Entschädigung für die durch notwendige Reisen oder durch die notwendige Wahrnehmung von Terminen entstandene Zeitversäumnis; die für die Entschädigung von Zeugen geltenden Vorschriften finden entsprechende Anwendung. Hat sich der Gegner der erstattungspflichtigen Partei eines Rechtsanwalts bedient, so sind die Gebühren und Auslagen des Anwalts insoweit inbegriffen, als solche nach der Bestimmung des § 91 der Zivilprozeßordnung die unterliegende Partei der obsiegenden zu erstatten hat.

§ **472** (504). Wird in dem Falle des § 175 der Angeschuldigte außer Verfolgung gesetzt oder freigesprochen, oder das Verfahren eingestellt, so finden auf den Antragsteller die Bestimmungen des § 471 Abs. 2 bis 5 entsprechende Anwendung. Das Gericht kann jedoch nach Befinden der Umstände den Antragsteller von der Tragung der Kosten ganz oder teilweise entbinden.
Vor der Entscheidung über den Kostenpunkt ist der Antragsteller zu hören, sofern er nicht als Nebenkläger aufzutreten berechtigt war.

§ **473** (505). Die Kosten eines zurückgenommenen oder erfolglos eingelegten Rechtsmittels treffen den, der es eingelegt hat. War das Rechtsmittel von der Staatsanwaltschaft eingelegt, so können die dem Beschuldigten erwachsenen notwendigen Auslagen der Staatskasse auferlegt werden. Hatte das Rechtsmittel teilweisen Erfolg, so kann das Gericht die Gebühr ermäßigen und die entstandenen Auslagen angemessen verteilen.
Dasselbe gilt von den Kosten, welche durch einen Antrag auf Wiederaufnahme des durch ein rechtskräftiges Urteil geschlossenen Verfahrens verursacht worden sind.
Die Kosten der Wiedereinsetzung in den vorigen Stand fallen dem Antragsteller zur Last, soweit sie nicht durch einen unbegründeten Widerspruch des Gegners entstanden sind.

§ **474** (506). In den zur Zuständigkeit des Reichsgerichts in erster Instanz gehörigen Sachen sind die von der Staatskasse zu tragenden Kosten der Reichskasse aufzuerlegen.

Gerichtsverfassungsgesetz

vom 27. Januar 1877 (RGBl. S. 41) in der Fassung der Bekanntmachung vom 22. März 1924 (RGBl. I S. 299).

Erster Titel: Richteramt.

§ 1 (1). Die richterliche Gewalt wird durch unabhängige, nur dem Gesetz unterworfene Gerichte ausgeübt.

§ 2 (2). Die Fähigkeit zum Richteramte wird durch die Ablegung zweier Prüfungen erlangt.

Der ersten Prüfung muß ein dreijähriges Studium der Rechtswissenschaft auf einer Universität vorangehen. Von dem dreijährigen Zeitraum sind mindestens drei Halbjahre dem Studium auf einer deutschen Universität zu widmen.

Zwischen der ersten und zweiten Prüfung muß ein Zeitraum von drei Jahren liegen, welcher im Dienste bei den Gerichten und bei den Rechtsanwälten zu verwenden ist, auch zum Teil bei der Staatsanwaltschaft verwendet werden kann.

In den einzelnen deutschen Ländern kann bestimmt werden, daß der für das Universitätsstudium oder für den Vorbereitungsdienst bezeichnete Zeitraum verlängert wird, oder daß ein Teil des letzten Zeitraums, jedoch höchstens ein Jahr, im Dienste bei Verwaltungsbehörden zu verwenden ist, oder verwendet werden darf.

§ 3 (3). Wer in einem deutschen Lande die erste Prüfung bestanden hat, kann in jedem anderen Lande zur Vorbereitung für den Justizdienst und zur zweiten Prüfung zugelassen werden.

Die in einem deutschen Lande auf die Vorbereitung verwendete Zeit kann in jedem anderen Lande angerechnet werden.

§ 4 (4). Zum Richteramte befähigt ist ferner jeder ordentliche öffentliche Lehrer des Rechtes an einer deutschen Universität.

§ 5 (5). Wer in einem deutschen Lande die Fähigkeit zum Richteramt erlangt hat, ist, soweit dieses Gesetz keine Ausnahme bestimmt, zu jedem Richteramt innerhalb des Deutschen Reichs befähigt.

§ 6 (6). Die Ernennung der Richter erfolgt auf Lebenszeit.

§ 7 (7). Die Richter beziehen in ihrer richterlichen Eigenschaft ein festes Gehalt mit Ausschluß von Gebühren.

§ 8 (8). Richter können wider ihren Willen nur kraft richterlicher Entscheidung und nur aus den Gründen und unter den Formen, welche die Gesetze bestimmen, dauernd oder zeitweise ihres Amtes enthoben oder an eine andere Stelle oder in den Ruhestand versetzt werden. Die Gesetzgebung kann Altersgrenzen festsetzen, bei deren Erreichung Richter in den Ruhestand treten.

Die vorläufige Amtsenthebung, welche kraft Gesetzes eintritt, wird hierdurch nicht berührt.

Bei einer Veränderung in der Einrichtung der Gerichte oder ihrer Bezirke können unfreiwillige Versetzungen an ein anderes Gericht oder Entfernungen vom Amte unter Belassung des vollen Gehalts durch die Landesjustizverwaltung verfügt werden.

§ 9 (9). Wegen vermögensrechtlicher Ansprüche der Richter aus ihrem Dienstverhältnis, insbesondere auf Gehalt, Wartegeld oder Ruhegehalt, darf der Rechtsweg nicht ausgeschlossen werden.

§ 10 (10). Die landesgesetzlichen Bestimmungen über die Befähigung zur zeitweiligen Wahrnehmung richterlicher Geschäfte bleiben unberührt.

§ 11 (11). Auf Handelsrichter, Schöffen und Geschworene finden die Bestimmungen der §§ 2 bis 9 keine Anwendung.

Zweiter Titel: Gerichtsbarkeit.

§ 12 (12). Die ordentliche streitige Gerichtsbarkeit wird durch Amtsgerichte und Landgerichte, durch Oberlandesgerichte und durch das Reichsgericht ausgeübt.[1]

1. Vgl. Anm. 2 zu § 3 EG. StPO.

§ 13 (13). Vor die ordentlichen Gerichte gehören alle bürgerlichen Rechtsstreitigkeiten und Strafsachen, für welche nicht entweder die Zuständigkeit von Verwaltungsbehörden oder Verwaltungsgerichten begründet ist oder reichsgesetzlich besondere Gerichte bestellt oder zugelassen sind.

§ 14 (14). Als besondere Gerichte werden zugelassen:

1. Rhein- und Elbschiffahrtsgerichte für die in Staatsverträgen bezeichneten Angelegenheiten der Schiffahrt auf dem Rhein und auf der Elbe;
2. Gerichte, welchen die Entscheidung von bürgerlichen Rechtsstreitigkeiten bei der Auflösung von Gerechtigkeiten oder Reallasten, bei Separationen, Konsolidationen, Verkoppelungen, gutsherrlich-bäuerlichen Auseinandersetzungen und dergleichen obliegt;
3. Gemeindegerichte, insoweit ihnen die Entscheidung über vermögensrechtliche Ansprüche obliegt, deren Gegenstand in Geld oder Geldeswert die Summe von sechzig Goldmark nicht übersteigt, jedoch mit der Maßgabe, daß gegen die Entscheidung der Gemeindegerichte innerhalb einer gesetzlich zu bestimmenden Frist sowohl dem Kläger wie dem Beklagten die Berufung auf den ordentlichen Rechtsweg zusteht, und daß der Gerichtsbarkeit des Gemeindegerichts, als Kläger oder Beklagter, nur Personen unterworfen werden dürfen, welche in der Gemeinde den Wohnsitz, eine Niederlassung oder im Sinne der §§ 16, 20 der Zivilprozeßordnung den Aufenthalt haben;
4. Gewerbegerichte.[1]

1. Jetzt Arbeitsgerichte. Arbeitsgerichtsgesetz vom 23. Dezember 1926 (RGBl. I S. 507).

§ 15 (15). Die Gerichte sind Staatsgerichte.[1]

Die Privatgerichtsbarkeit ist aufgehoben; an ihre Stelle tritt die Gerichtsbarkeit des deutschen Landes, in welchem sie ausgeübt wurde. Präsentationen für Anstellungen bei den Gerichten finden nicht statt.

Die Ausübung einer geistlichen Gerichtsbarkeit in weltlichen Angelegenheiten ist ohne bürgerliche Wirkung. Dies gilt insbesondere bei Ehe- und Verlöbnissachen.

1. Vgl. Anm. 2 zu § 3 EG. StPO.

§ 16 (16). Ausnahmegerichte sind unstatthaft. Niemand darf seinem gesetzlichen Richter entzogen werden. Die gesetzlichen Bestimmungen über Kriegsgerichte und Standgerichte werden hiervon nicht berührt.

§ 17 (17). Die Gerichte entscheiden über die Zulässigkeit des Rechtswegs.

Die Landesgesetzgebung kann jedoch die Entscheidung von Streitigkeiten zwischen den Gerichten und den Verwaltungsbehörden oder Verwaltungsgerichten über die Zulässigkeit des Rechtswegs besonderen Behörden nach Maßgabe der folgenden Bestimmungen übertragen:

1. Die Mitglieder werden für die Dauer des zur Zeit ihrer Ernennung von ihnen bekleideten Amts oder, falls sie zu dieser Zeit ein Amt nicht bekleiden, auf Lebenszeit ernannt. Eine Enthebung vom Amte kann nur unter denselben Voraussetzungen wie bei den Mitgliedern des Reichsgerichts stattfinden.
2. Mindestens die Hälfte der Mitglieder muß dem Reichsgericht oder dem obersten Landesgericht oder einem Oberlandesgericht angehören. Bei Entscheidungen dürfen Mitglieder nur in der gesetzlich bestimmten Anzahl mitwirken. Diese Anzahl muß eine ungerade sein und mindestens fünf betragen.
3. Das Verfahren ist gesetzlich zu regeln. Die Entscheidung erfolgt in öffentlicher Sitzung nach Ladung der Parteien.
4. Sofern die Zulässigkeit des Rechtswegs durch rechtskräftiges Urteil des Gerichts feststeht, ohne daß zuvor auf die Entscheidung der besonderen Behörde angetragen war, bleibt die Entscheidung des Gerichts maßgebend.

§ 18 (18). Die inländische Gerichtsbarkeit erstreckt sich nicht auf die Chefs und Mitglieder der bei dem Deutschen Reiche beglaubigten Missionen.[1] Sind diese Personen Staatsangehörige eines der deutschen Länder, so sind sie nur insofern von der inländischen Gerichtsbarkeit befreit, als das Land, dem sie angehören, sich der Gerichtsbarkeit über sie begeben hat.

Die Chefs und Mitglieder der bei einem deutschen Lande beglaubigten Missionen sind der Gerichtsbarkeit dieses Landes nicht unterworfen. Dasselbe gilt von den Mitgliedern des Reichsrats, welche nicht von dem Lande abgeordnet sind, in dessen Gebiete der Reichsrat seinen Sitz hat.

1. Über die Bedeutung der Exterritorialität für die Maßnahmen der Polizeibehörde vgl. Vorbem. 4 vor § 48 StPO., Vorbem. 3 vor § 94 StPO.

§ 19 (19). Auf die Familienmitglieder, das Geschäftspersonal der im § 18 erwähnten Personen und auf solche Bedienstete derselben, welche nicht Deutsche sind, finden die vorstehenden Bestimmungen Anwendung.

§ 20 (20). Durch die Bestimmungen der §§ 18, 19 werden die Vorschriften über den ausschließlichen dinglichen Gerichtsstand in bürgerlichen Rechtsstreitigkeiten nicht berührt.

§ 21 (21). Die im Deutschen Reiche angestellten Konsuln sind der inländischen Gerichtsbarkeit unterworfen, sofern nicht in Verträgen des Deutschen Reichs mit anderen Mächten Vereinbarungen über die Befreiung der Konsuln von der inländischen Gerichtsbarkeit getroffen sind.[1]

1. Vgl. den Hinweis in Anm. 1 zu § 18.

Dritter Titel: Amtsgerichte.

Über die Organisation und Zuständigkeit der Strafgerichte vgl. die Anmerkungen zu § 1 StPO.

§ 22 (22). Den Amtsgerichten stehen Einzelrichter vor.

Ein Amtsrichter kann zugleich Mitglied oder Direktor bei dem übergeordneten Landgericht sein.

Die allgemeine Dienstaufsicht kann von der Landesjustizverwaltung dem Präsidenten des übergeordneten Landgerichts übertragen werden. Geschieht dies nicht, so ist, wenn das Amtsgericht mit mehreren Richtern besetzt ist, einem von ihnen von der Landesjustizverwaltung die allgemeine Dienstaufsicht zu übertragen; ist die Zahl der Richter höher als fünfzehn, so kann die Dienstaufsicht zwischen mehreren von ihnen geteilt werden.

Jeder Amtsrichter erledigt die ihm obliegenden Geschäfte, soweit dieses Gesetz nichts anderes bestimmt, als Einzelrichter.

§ 23 (23). Die Zuständigkeit der Amtsgerichte umfaßt in bürgerlichen Rechtsstreitigkeiten, soweit sie nicht ohne Rücksicht auf den Wert des Streitgegenstandes den Landgerichten zugewiesen sind:

1. Streitigkeiten über vermögensrechtliche Ansprüche, deren Gegenstand an Geld oder Geldeswert die Summe von fünfhundert Goldmark nicht übersteigt;

2. ohne Rücksicht auf den Wert des Streitgegenstandes:

Streitigkeiten zwischen dem Vermieter und dem Mieter oder Untermieter von Wohnräumen oder anderen Räumen oder zwischen dem Mieter und dem Untermieter solcher Räume wegen Überlassung, Benutzung oder Räumung, sowie wegen Zurückhaltung der von dem Untermieter in die Mietsräume eingebrachten Sachen;

Streitigkeiten zwischen Dienstherrschaft und Gesinde, zwischen Arbeitgebern und Arbeitern hinsichtlich des Dienst- oder Arbeitsverhältnisses, sowie die im § 4 des Gewerbegerichtsgesetzes in der Fassung der Bekanntmachung vom 29. September 1901 (Reichsgesetzbl. S. 353) und des Gesetzes vom 14. Januar 1922 (Reichsgesetzbl. I S. 155) bezeichneten Streitigkeiten, sofern sie während der Dauer des Dienst-, Arbeits- oder Lehrverhältnisses entstehen;

Streitigkeiten zwischen Reisenden und Wirten, Fuhrleuten, Schiffern, Flößern oder Auswanderungsexpedienten in den Einschiffungshäfen, welche über Wirtszechen, Fuhrlohn, Überfahrtsgelder, Beförderung der Reisenden und ihrer Habe und über Verlust und Beschädigung der letzteren, sowie Streitigkeiten zwischen Reisenden und Handwerkern, welche aus Anlaß der Reise entstanden sind;

Streitigkeiten wegen Viehmängel;

Streitigkeiten wegen Wildschadens;

alle Ansprüche auf Erfüllung einer durch Ehe oder Verwandtschaft begründeten gesetzlichen Unterhaltspflicht;

Ansprüche aus einem außerehelichen Beischlaf;

Ansprüche aus einem mit der Überlassung eines Grundstücks in Verbindung stehenden Leibgedings-, Leibzuchts-, Altenteils- oder Auszugvertrag;

das Aufgebotsverfahren.

§ 24 (—). In Strafsachen sind die Amtsgerichte zuständig für:

1. Übertretungen;
2. Vergehen;
3. folgende Verbrechen:
   a) die Verbrechen, die mit Gefängnis oder Festungshaft oder mit Zuchthaus von höchstens zehn Jahren allein oder in Verbindung mit anderen Strafen oder mit Nebenfolgen bedroht sind, soweit für sie nicht das Reichsgericht zu-

ständig ist; ausgenommen sind die Verbrechen des Meineids in den Fällen der §§ 153 bis 155 des Strafgesetzbuchs. Für die Bestimmung der angedrohten Strafe bleibt der § 53 des Militärstrafgesetzbuchs außer Betracht;

b) die Verbrechen des Widerstandes im Falle des § 119, der Falschmünzerei in den Fällen der §§ 146, 147, 149, der Notzucht im Falle des § 177, des Rückfalldiebstahls im Falle des § 244, des Raubes in den Fällen der §§ 249, 250, des räuberischen Diebstahls und der räuberischen Erpressung in den Fällen der §§ 252 und 255, wenn die Strafe aus den §§ 249, 250 zu entnehmen ist, der Rückfallhehlerei im Falle des § 261 Abs. 1 und der schweren Körperverletzung im Amte im Falle des § 340 Abs. 2 des Strafgesetzbuchs;

c) die Verbrechen des militärischen Diebstahls im Falle des § 138 Abs. 2 des Militärstrafgesetzbuchs, des betrügerischen Bankrotts in den Fällen der §§ 239, 244 der Konkursordnung und der Unterschlagung fremder Wertpapiere in den Fällen der §§ 11, 12 Abs. 2 Nr. 2 des Gesetzes, betreffend die Pflichten der Kaufleute bei Aufbewahrung fremder Wertpapiere, vom 5. Juli 1896 (Reichsgesetzbl. S. 183, 194).

§ 25 (—). Der Amtsrichter entscheidet allein:

1. bei Übertretungen;
2. bei Vergehen,
   a) wenn sie im Wege der Privatklage verfolgt werden;
   b) wenn die Tat mit keiner höheren Strafe als Gefängnis von höchstens sechs Monaten, allein oder in Verbindung mit anderen Strafen oder mit Nebenfolgen, bedroht ist;
   c) wenn die Staatsanwaltschaft es bei Einreichung der Anklageschrift oder, falls es einer Anklageschrift nicht bedarf, bei der mündlichen Erhebung der Anklage beantragt.

Die Staatsanwaltschaft soll den im Abs. 1 Nr. 2 c bezeichneten Antrag nur stellen, wenn zu erwarten ist, daß auf keine schwerere Strafe als Gefängnis von höchstens einem Jahre, allein oder in Verbindung mit anderen Strafen oder mit Nebenfolgen, erkannt werden wird.

Erhebt bei Zuwiderhandlungen gegen die Vorschriften über die Erhebung öffentlicher Abgaben und Gefälle der Verwaltungsbehörde die öffentliche Klage, so kann sie den Antrag in gleicher Weise stellen wie die Staatsanwaltschaft.

§ 26 (—). Der Amtsrichter allein entscheidet ferner bei den Verbrechen des schweren Diebstahls und der Hehlerei sowie bei solchen strafbaren Handlungen, die nur wegen Rückfalls Verbrechen sind, wenn die Staatsanwaltschaft es bei Einreichung der Anklageschrift oder, falls es einer Anklageschrift nicht bedarf, bei der mündlichen Erhebung der Anklage beantragt.

Der Beschuldigte kann während der für die Erklärung auf die Anklageschrift gesetzten Frist oder, falls ohne schriftlich erhobene Anklage zur Hauptverhandlung geschritten wird, bis zum Beginne seiner Vernehmung zur Sache widersprechen. Er ist bei der Mitteilung der Anklageschrift oder, falls ohne schriftlich erhobene Anklage zur Hauptverhandlung geschritten wird, vor dem Beginne seiner Vernehmung zur Sache über sein Recht zum Widerspruche zu belehren.

§ 27 (24). Im übrigen wird die Zuständigkeit und der Geschäftskreis der Amtsgerichte durch die Vorschriften dieses Gesetzes und der Prozeßordnungen bestimmt.

Vierter Titel: Schöffengerichte.

§ 28 (25). Für die Verhandlung und Entscheidung der zur Zuständigkeit der Amtsgerichte gehörenden Strafsachen werden, soweit nicht der Amtsrichter allein entscheidet (§§ 25, 26), bei den Amtsgerichten Schöffengerichte gebildet.

§ 29 (26). Die Schöffengerichte bestehen aus dem Amtsrichter[1] als Vorsitzenden und zwei Schöffen. Mindestens ein Schöffe muß ein Mann sein.

Ein zweiter Amtsrichter ist zuzuziehen, falls die Staatsanwaltschaft es bei Einreichung der Anklageschrift beantragt. Die Staatsanwaltschaft soll den Antrag nur stellen, wenn die Zuziehung eines zweiten Amtsrichters nach Umfang und Bedeutung der Sache notwendig erscheint.

§ 25 Abs. 3 findet entsprechende Anwendung.

1. Häufig ist der „Amtsrichter" ein Landgerichtsdirektor, was durch die neue Bestimmung des § 22 Abs. 2 GVG. ermöglicht ist.

§ 30 (30). Insoweit das Gesetz nicht Ausnahmen bestimmt, üben die Schöffen während der Hauptverhandlung das Richteramt im vollen Umfang und mit gleichem Stimmrechte wie die Amtsrichter aus und nehmen auch an den im Laufe einer Hauptverhandlung zu erlassenden Entscheidungen teil, welche in keiner Beziehung zu der Urteilsfällung stehen, und welche auch ohne vorgängige mündliche Verhandlung erlassen werden können.

Die außerhalb der Hauptverhandlung erforderlichen Entscheidungen werden von dem Amtsrichter erlassen.

§ 31 (31). Das Amt eines Schöffen ist ein Ehrenamt. Es kann nur von Deutschen versehen werden.

§ 32 (32). Unfähig zu dem Amte eines Schöffen sind:

1. Personen, welche die Befähigung infolge strafgerichtlicher Verurteilung verloren haben;
2. Personen, gegen welche das Hauptverfahren wegen eines Verbrechens oder Vergehens eröffnet ist, das die Aberkennung der bürgerlichen Ehrenrechte oder der Fähigkeit zur Bekleidung öffentlicher Ämter zur Folge haben kann;
3. Personen, welche infolge gerichtlicher Anordnung in der Verfügung über ihr Vermögen beschränkt sind.

§ 33 (33). Zu dem Amte eines Schöffen sollen nicht berufen werden:

1. Personen, welche zur Zeit der Aufstellung der Urliste das dreißigste Lebensjahr noch nicht vollendet haben;
2. Personen, welche zur Zeit der Aufstellung der Urliste den Wohnsitz in der Gemeinde noch nicht zwei volle Jahre haben;
3. [1]
4. Personen, welche wegen geistiger oder körperlicher Gebrechen zu dem Amte nicht geeignet sind.

1. Ziff. 3 ist aufgehoben durch Gesetz vom 13. Februar 1926 (RGBl. I S. 99).

§ 34 (34). Zu dem Amte eines Schöffen sollen ferner nicht berufen werden:

1. der Reichspräsident und der Präsident eines deutschen Landes;
2. die Mitglieder der Reichsregierung oder einer Landesregierung (Staatsministerium, Senat);
3. Reichsbeamte, welche jederzeit einstweilig in den Ruhestand versetzt werden können;
4. Staatsbeamte, welche auf Grund der Landesgesetze jederzeit einstweilig in den Ruhestand versetzt werden können;

5. richterliche Beamte und Beamte der Staatsanwaltschaft;
6. gerichtliche und polizeiliche Vollstreckungsbeamte;[1]
7. Religionsdiener und Mitglieder solcher religiösen Vereinigungen, die satzungsgemäß zu gemeinsamem Leben verpflichtet sind.

Die Landesgesetze können außer den vorbezeichneten Beamten höhere Verwaltungsbeamte bezeichnen, welche zu dem Amte eines Schöffen nicht berufen werden sollen.

1. Von der Berufung zum Schöffenamt sind nur die zu Vollstreckungsbeamten bestellten Polizeibeamten ausgeschlossen. Andere Polizeibeamte können zum Amte eines Schöffen berufen werden.

§ 35 (35). Die Berufung zum Amte eines Schöffen dürfen ablehnen:

1. Mitglieder des Reichstags, des Reichsrats, des Reichswirtschaftsrats, eines Landtags oder eines Staatsrats;
2. Personen, welche im letzten Geschäftsjahr die Verpflichtung eines Geschworenen oder an wenigstens fünf Sitzungstagen die Verpflichtung eines Schöffen erfüllt haben;
3. Ärzte, Krankenpfleger und Hebammen;
4. Apotheker, welche keine Gehilfen haben;
5. Personen, welche das fünfundsechzigste Lebensjahr zur Zeit der Aufstellung der Urliste vollendet haben oder es bis zum Ablauf des Geschäftsjahrs vollenden würden;
6. Frauen, welche glaubhaft machen, daß ihnen die Fürsorge für ihre Familie die Ausübung des Amtes in besonderem Maße erschwert.

§ 36 (36). Der Vorsteher einer jeden Gemeinde oder eines landesgesetzlich der Gemeinde gleichstehenden Verbandes hat alljährlich ein Verzeichnis der in der Gemeinde wohnhaften Personen, welche zu dem Schöffenamte berufen werden können, aufzustellen (Urliste).

Die Urliste ist in der Gemeinde eine Woche lang zu jedermanns Einsicht auszulegen. Der Zeitpunkt der Auslegung ist vorher öffentlich bekanntzumachen.

Die Landesjustizverwaltung kann für eine Gemeinde anordnen:

a) daß in einer von der Landesjustizverwaltung im voraus bestimmten Reihenfolge in die Urliste für das einzelne Jahr ein nach den Anfangsbuchstaben der Namen oder der Straßen oder nach beiden Gesichtspunkten beschränkter Teil der Personen aufzunehmen ist, die zum Schöffenamte berufen werden können. Die Anordnung soll so getroffen werden, daß die aufzustellende Urliste mindestens die sechsfache Zahl der aus ihr auszuwählenden Personen umfaßt. Die Reihenfolge darf erst geändert werden, wenn sämtliche Anfangsbuchstaben durchlaufen worden sind. Ist eine Gemeinde in mehrere Amtsgerichtsbezirke geteilt, so kann die Anordnung auf die zu den einzelnen Bezirken gehörenden Teile der Gemeinde beschränkt werden;

b) daß der Auswahl der Schöffen ein für die Gemeinde anderweit aufgestelltes amtliches Verzeichnis der Einwohner zugrunde gelegt wird.

Im Falle des Abs. 3 Buchstabe a gilt die beschränkte Urliste, im Falle des Abs. 3 Buchstabe b das amtliche Verzeichnis als Urliste im Sinne dieses Gesetzes.

§ 37 (37). Gegen die Richtigkeit oder Vollständigkeit der Urliste kann innerhalb der einwöchigen Frist schriftlich oder zu Protokoll Einsprache erhoben werden.

§ 38 (38). Der Gemeindevorsteher sendet die Urliste nebst den erhobenen Einsprachen und den ihm erforderlich erscheinenden Bemerkungen an den Amtsrichter des Bezirkes.

Wird nach Absendung der Urliste ihre Berichtigung erforderlich, so hat der Gemeindevorsteher hiervon dem Amtsrichter Anzeige zu machen.

§ 39 (39). Der Amtsrichter stellt die Urlisten des Bezirkes zusammen und bereitet den Beschluß über die Einsprachen vor. Er hat die Beachtungen der Vorschriften des § 36 Abs. 2 zu prüfen und die Abstellung etwaiger Mängel zu veranlassen.

§ 40 (40). Bei dem Amtsgerichte tritt alljährlich ein Ausschuß zusammen.

Der Ausschuß besteht aus dem Amtsrichter als Vorsitzenden und einem von der Landesregierung zu bestimmenden Staatsverwaltungsbeamten, sowie sieben Vertrauenspersonen als Beisitzern.

Die Vertrauenspersonen werden aus den Einwohnern des Amtsgerichtsbezirkes gewählt.

Die Wahl erfolgt nach näherer Bestimmung der Landesgesetze durch die Vertretungen der Kreise, Ämter, Gemeinden oder dergleichen Verbände; wenn solche Vertretungen nicht vorhanden sind, durch den Amtsrichter. Letzterer hat die Vertrauenspersonen vornehmlich aus den Vorstehern der vorbezeichneten Verbände zu wählen.

Zur Beschlußfähigkeit des Ausschusses genügt die Anwesenheit des Vorsitzenden, des Staatsverwaltungsbeamten und dreier Vertrauenspersonen. Der Ausschuß faßt seine Beschlüsse nach der absoluten Mehrheit der Stimmen. Bei Stimmengleichheit entscheidet die Stimme des Vorsitzenden.

§ 41 (41). Der Ausschuß entscheidet über die gegen die Urliste erhobenen Einsprachen. Die Entscheidungen sind zu Protokoll zu vermerken. Beschwerde findet nicht statt.

§ 42 (42). Aus der berichtigten Urliste wählt der Ausschuß für das nächste Geschäftsjahr:

1. die erforderliche Zahl von Schöffen;
2. die erforderliche Zahl der Personen, welche in der von dem Ausschuß festzusetzenden Reihenfolge an die Stelle wegfallender Schöffen treten (Hilfsschöffen). Die Wahl ist auf Personen zu richten, welche am Sitze des Amtsgerichts oder in dessen nächster Umgebung wohnen.

§ 43 (43). Die für jedes Amtsgericht erforderliche Zahl von Hauptschöffen und Hilfsschöffen wird durch die Landesjustizverwaltung bestimmt.

Die Bestimmung der Zahl der Hauptschöffen erfolgt in der Art, daß voraussichtlich jeder höchstens zu fünf ordentlichen Sitzungstagen im Jahr herangezogen wird.

§ 44 (44). Die Namen der erwählten Hauptschöffen und Hilfsschöffen werden bei jedem Amtsgericht in gesonderte Verzeichnisse aufgenommen (Jahreslisten).

§ 45 (45). Die Tage der ordentlichen Sitzungen des Schöffengerichts werden für das ganze Jahr im voraus festgestellt.

Die Reihenfolge, in welcher die Hauptschöffen an den einzelnen ordentlichen Sitzungen des Jahres teilnehmen, wird durch Auslosung in öffentlicher Sitzung des Amtsgericht bestimmt. Das Los zieht der Amtsrichter. Ist für eine Sitzung eine Frau ausgelost worden, so sind weitere auf eine Frau lautende Auslosungen für diese Sitzung unwirksam.

Über die Auslosung wird von dem Urkundsbeamten der Geschäftsstelle[1] ein Protokoll aufgenommen.

1. Vgl. Anm. 1 zu § 153.

§ 46 (46). Der Amtsrichter setzt die Schöffen von ihrer Auslosung und von den Sitzungstagen, an welchen sie in Tätigkeit zu treten haben, unter Hinweis auf die gesetzlichen Folgen des Ausbleibens in Kenntnis.

In gleicher Weise werden die im Laufe des Geschäftsjahres einzuberufenden Schöffen benachrichtigt.

§ 47 (47). Eine Änderung in der bestimmten Reihenfolge kann auf übereinstimmenden Antrag der beteiligten Schöffen von dem Amtsrichter bewilligt werden, sofern die in den betreffenden Sitzungen zu verhandelnden Sachen noch nicht bestimmt sind. Der Antrag und die Bewilligung sind aktenkundig zu machen.

§ 48 (48). Wenn die Geschäfte die Anberaumung außerordentlicher Sitzungen erforderlich machen, so werden die einzuberufenden Schöffen vor dem Sitzungstage in Gemäßheit des § 45 ausgelost.

Erscheint dies wegen Dringlichkeit untunlich, so erfolgt die Auslosung durch den Amtsrichter lediglich aus der Zahl der am Sitze des Gerichts wohnenden Hilfsschöffen. Die Umstände, welche den Amtsrichter hierzu veranlaßt haben, sind aktenkundig zu machen.

§ 49 (49). Wird zu einzelnen Sitzungen die Zuziehung anderer als der zunächst berufenen Schöffen erforderlich, so erfolgt sie aus der Zahl der Hilfsschöffen nach der Reihenfolge der Jahresliste mit der Maßgabe, daß tunlichst an Stelle eines zunächst berufenen Mannes ein Mann, an Stelle einer zunächst berufenen Frau eine Frau tritt.

Würde durch die Berufung der Hilfsschöffen nach der Reihenfolge der Jahresliste eine Vertagung der Verhandlung oder eine erhebliche Verzögerung ihres Beginnes notwendig, so sind die nicht am Sitze des Gerichts wohnenden Hilfsschöffen zu übergehen.

§ 50 (50). Erstreckt sich die Dauer einer Sitzung über die Zeit hinaus, für welche der Schöffe zunächst einberufen ist, so hat er bis zur Beendigung der Sitzung seine Amtstätigkeit fortzusetzen.

§ 51 (51). Die Beeidigung der Schöffen erfolgt bei ihrer ersten Dienstleistung in öffentlicher Sitzung. Sie gilt für die Dauer des Geschäftsjahres.

Der Vorsitzende richtet an die zu Beeidigenden die Worte:

„Sie schwören bei Gott dem Allmächtigen und Allwissenden,[1] die Pflichten eines Schöffen getreulich zu erfüllen und ihre Stimme nach bestem Wissen und Gewissen abzugeben."

Die Schöffen leisten den Eid, indem jeder einzeln die Worte spricht:

„ich schwöre es, so wahr mir Gott helfe."

Der Schwörende soll bei der Eidesleistung die rechte Hand erheben.

Ist ein Schöffe Mitglied einer Religionsgesellschaft, welcher das Gesetz den Gebrauch gewisser Beteuerungsformeln an Stelle des Eides gestattet, so wird die Abgabe einer Erklärung unter der Beteuerungsformel dieser Religionsgesellschaft der Eidesleistung gleichgeachtet.

Über die Beeidigung wird von dem Urkundsbeamten der Geschäftsstelle[2] ein Protokoll aufgenommen.

1. Vgl. aber Art. 136 der Reichsverfassung Abs. 4.
2. Vgl. Anm. 1 zu § 153.

§ 52 (52). Wenn die Unfähigkeit einer als Schöffe in die Jahresliste aufgenommenen Personen eintritt oder bekannt wird, so ist ihr Name von der Liste zu streichen.

Ein Schöffe bei dem nach seiner Aufnahme in die Jahresliste andere Umstände eintreten oder bekannt werden, bei deren Vorhandensein eine Berufung zum Schöffenamte nicht erfolgen soll, ist zur Dienstleistung ferner nicht heranzuziehen.

Die Entscheidung erfolgt durch den Amtsrichter nach Anhörung der Staatsanwaltschaft und des beteiligten Schöffen. Beschwerde findet nicht statt.

§ 53 (53). Ablehnungsgründe sind nur zu berücksichtigen, wenn sie innerhalb einer Woche, nachdem der beteiligte Schöffe von seiner Einberufung in Kenntnis gesetzt worden ist, von ihm geltend gemacht werden. Sind sie später entstanden oder bekannt geworden, so ist die Frist erst von diesem Zeitpunkt zu berechnen.

Der Amtsrichter entscheidet über das Gesuch nach Anhörung der Staatsanwaltschaft. Beschwerde findet nicht statt.

§ 54 (54). Der Amtsrichter kann einen Schöffen auf dessen Antrag wegen eingetretener Hinderungsgründe von der Dienstleistung an bestimmten Sitzungstagen entbinden.

Die Entbindung der Schöffen von der Dienstleistung kann davon abhängig gemacht werden, daß ein anderer für das Dienstjahr bestimmter Schöffe für ihn eintritt.

Der Antrag und die Bewilligung sind aktenkundig zu machen.

§ 55 (55). Die Schöffen und die Vertrauenspersonen des Ausschusses erhalten eine angemessene Entschädigung für den ihnen durch ihre Dienstleistung entstehenden Verdienstausfall und den mit der Dienstleistung verbundenen Aufwand sowie Ersatz der Fahrkosten. Ist durch die Dienstleistung eine Vertretung des zum Schöffen oder zur Vertrauensperson Berufenen notwendig geworden, so können die Kosten der Vertretung nach billigem Ermessen erstattet werden.

Die Höhe der Aufwandsentschädigung und der Fahrkosten sowie die Höchst- und Mindestgrenzen der Entschädigung für den Verdienstausfall bestimmt die Reichsregierung mit Zustimmung des Reichsrats durch allgemeine Anordnung.

Entschädigung und Fahrkosten werden nur auf Verlangen gewährt. Der Anspruch erlischt, wenn das Verlangen nicht binnen drei Monaten nach Beendigung der Dienstleistung bei dem Gerichte, bei dem die Dienstleistung stattgefunden hat, gestellt worden ist. Beschwerden über die Höhe der Entschädigung und der Fahrkosten werden im Aufsichtsweg entschieden.

§ 56 (56). Schöffen und Vertrauenspersonen des Ausschusses, welche ohne genügende Entschuldigung zu den Sitzungen nicht rechtzeitig sich einfinden oder ihren Obliegenheiten in anderer Weise sich entziehen, sind zu einer Ordnungsstrafe in Geld sowie in die verursachten Kosten zu verurteilen.

Die Verurteilung wird durch den Amtsrichter nach Anhörung der Staatsanwaltschaft ausgesprochen. Erfolgt nachträglich genügende Entschuldigung, so kann die Verurteilung ganz oder teilweise zurückgenommen werden. Gegen die Entscheidungen findet Beschwerde von seiten des Verurteilten nach den Vorschriften der Strafprozeßordnung statt.

§ 57 (57). Bis zu welchem Tage die Urlisten aufzustellen und dem Amtsrichter einzureichen sind, der Ausschuß zu berufen und die Auslosung der Schöffen zu bewirken ist, wird durch die Landesjustizverwaltung bestimmt.

§ 58 (57a). Durch Anordnung der Landesjustizverwaltung kann für den Bezirk mehrerer Amtgerichte einem von ihnen die

Entscheidung der Strafsachen ganz oder zum Teil zugewiesen werden.

Die Landesjustizverwaltung bestimmt die für dieses Gericht erforderliche Zahl von Haupt- und Hilfsschöffen und die Verteilung der Zahl der Hauptschöffen auf die einzelnen Amtsgerichtsbezirke.

Die übrigen Vorschriften dieses Titels finden entsprechende Anwendung.

Fünfter Titel: Landgerichte.

§ 59 (58). Die Landgerichte werden mit einem Präsidenten und der erforderlichen Anzahl von Direktoren und Mitgliedern besetzt. Von der Ernennung eines Direktors kann abgesehen werden, wenn der Präsident den Vorsitz in den Kammern allein führen kann.

Die Direktoren und die Mitglieder können gleichzeitig Amtsrichter im Bezirke des Landgerichts sein.

§ 60 (59). Bei den Landgerichten werden Zivil- und Strafkammern gebildet.

§ 61 (60). Bei den Landgerichten sind Untersuchungsrichter nach Bedürfnis zu bestellen.

Die Bestellung erfolgt durch die Landesjustizverwaltung auf die Dauer eines Geschäftsjahres.

§ 62 (61). Den Vorsitz im Plenum führt der Präsident, den Vorsitz in den Kammern führen der Präsident und die Direktoren. Den Vorsitz in der kleinen Strafkammer (§ 76 Abs. 2) kann auch ein Mitglied des Landgerichts führen, das vom Präsidium für die Dauer eines Geschäftsjahrs bestimmt wird.

Vor Beginn des Geschäftsjahrs bestimmt der Präsident die Kammer, welcher er sich anschließt. Über die Verteilung des Vorsitzes in den übrigen Kammern entscheiden der Präsident und die Direktoren nach Stimmenmehrheit; im Falle der Stimmengleichheit gibt die Stimme der Präsidenten den Ausschlag.

§ 63 (62). Vor Beginn des Geschäftsjahrs werden auf seine Dauer die Geschäfte unter die Kammern derselben Art verteilt und die ständigen Mitglieder der einzelnen Kammern sowie für den Fall ihrer Verhinderung die regelmäßigen Vertreter bestimmt. Jeder Richter kann zum Mitglied mehrerer Kammern bestimmt werden.

Die getroffene Anordnung kann im Laufe des Geschäftsjahrs nur geändert werden, wenn dies wegen eingetretener Überlastung einer Kammer oder infolge Wechsels oder dauernder Verhinderung einzelner Mitglieder des Gerichts erforderlich wird.

§ 64 (63). Die im vorstehenden Paragraphen bezeichneten Anordnungen erfolgen durch das Präsidium.

Das Präsidium wird durch den Präsidenten als Vorsitzenden, die Direktoren und das dem Dienstalter nach, bei gleichem Dienstalter das der Geburt nach älteste Mitglied gebildet; ist kein Direktor ernannt, so besteht das Präsidium aus dem Präsidenten und den beiden ältesten Mitgliedern. Das Präsidium entscheidet nach Stimmenmehrheit; im Falle der Stimmengleichheit gibt die Stimme des Präsidenten den Ausschlag.

§ 65 (64). Der Präsident kann bestimmen, daß einzelne Untersuchungen von dem Untersuchungsrichter, dessen Bestellung mit dem Ablauf des Geschäftsjahrs erlischt, zu Ende geführt werden, sowie daß in einzelnen Sachen, in welchen während des Geschäftsjahrs eine Verhandlung bereits stattgefunden hat, die Kammer in ihrer früheren Zusammensetzung auch nach Ablauf des Geschäftsjahrs verhandle und entscheide.

§ 66 (65). Im Falle der Verhinderung des ordentlichen Vorsitzenden führt den Vorsitz in der Kammer das Mitglied der Kammer, welches dem Dienstalter nach und bei gleichem Dienstalter der Geburt nach das älteste ist. Für den Vorsitzenden der kleinen Strafkammer bestimmt das Präsidium den regelmäßigen Vertreter vor Beginn des Geschäftsjahrs.

Der Präsident wird in seinen übrigen, durch dieses Gesetz bestimmten Geschäften, wenn ein Direktor zu seinem ständigen Vertreter ernannt ist, durch diesen, sonst durch den Direktor vertreten, welcher dem Dienstalter nach und bei gleichem Dienstalter der Geburt nach der älteste ist. Ist kein Direktor ernannt, so wird der Präsident, wenn nicht ein Mitglied des Landgerichts zu seinem ständigen Vertreter ernannt ist, durch das Mitglied vertreten, welches dem Dienstalter nach und bei gleichem Dienstalter der Geburt nach das älteste ist.

§ 67 (66). Im Falle der Verhinderung des regelmäßigen Vertreters eines Mitglieds wird ein zeitweiliger Vertreter durch den Präsidenten bestimmt.

§ 68 (67). Die Bestimmungen der §§ 62 bis 67 finden auf die Kammern für Handelssachen keine Anwendung.

§ 69 (68). Innerhalb der Kammer verteilt der Vorsitzende die Geschäfte auf die Mitglieder.

§ 70 (69). Soweit die Vertretung eines Mitglieds nicht durch ein Mitglied desselben Gerichts möglich ist, wird sie auf den Antrag des Präsidiums durch die Landesjustizverwaltung geordnet.

Die Beiordnung eines nichtständigen Richters darf, wenn sie auf eine bestimmte Zeit erfolgte, vor Ablauf dieser Zeit, wenn sie auf unbestimmte Zeit erfolgte, solange das Bedürfnis, durch welches sie veranlaßt wurde, fortdauert, nicht widerrufen werden. Ist mit der Vertretung eine Entschädigung verbunden, so ist diese für die ganze Dauer im voraus festzustellen.

Unberührt bleiben die landesgesetzlichen Bestimmungen, nach welchen richterliche Geschäfte nur von ständig angestellten Richtern wahrgenommen werden können, sowie die, welche die Vertretung durch ständig angestellte Richter regeln.

§ 71 (70). Vor die Zivilkammern, einschließlich der Kammern für Handelssachen, gehören alle bürgerlichen Rechtsstreitigkeiten, welche nicht den Amtsgerichten zugewiesen sind.

Die Landgerichte sind ohne Rücksicht auf den Wert des Streitgegenstandes ausschließlich zuständig:

1. für die Ansprüche, welche auf Grund des Reichsbeamtengesetzes gegen den Reichsfiskus erhoben werden;
2. für die Ansprüche gegen Reichsbeamte wegen Überschreitung ihrer amtlichen Befugnisse oder wegen pflichtwidriger Unterlassung von Amtshandlungen.

Der Landesgesetzgebung bleibt überlassen, Ansprüche der Staatsbeamten gegen den Staat aus ihrem Dienstverhältnisse, Ansprüche gegen den Staat wegen Verfügungen der Verwaltungsbehörden, wegen Verschuldung von Staatsbeamten und wegen Aufhebung von Privilegien, Ansprüche gegen Beamte wegen Überschreitung ihrer amtlichen Befugnisse oder wegen pflichtwidriger Unterlassung von Amtshandlungen sowie Ansprüche in betreff öffentlicher Abgaben ohne Rücksicht auf den Wert des Streitgegenstandes den Landgerichten ausschließlich zuzuweisen.

§ 72 (71). Die Zivilkammern, einschließlich der Kammern für Handelssachen, sind die Berufungs- und Beschwerdegerichte in den vor den Amtsgerichten verhandelten bürgerlichen Rechtsstreitigkeiten.

§ 73 (72). Die Strafkammern sind zuständig für die die Voruntersuchung und deren Ergebnisse betreffenden Entscheidungen, welche nach den Vorschriften der Strafprozeßordnung von dem Gerichte zu erlassen sind; sie entscheiden über Beschwerden gegen Verfügungen des Untersuchungsrichters und des Amtsrichters sowie gegen Entscheidungen des Amtsrichters und der Schöffengerichte. Die Bestimmungen über die Zuständigkeit der Oberlandesgerichte und des Reichsgerichts werden hierdurch nicht berührt.

Die Strafkammern erledigen außerdem die in der Strafprozeßordnung den Landgerichten zugewiesenen Geschäfte.

§ 74 (76). Die Strafkammern sind als erkennende Gerichte zuständig für die Verhandlung und Entscheidung über das Rechtsmittel der Berufung gegen die Urteile des Amtsrichters und des Schöffengerichts.

§ 75 (77 S. 1). Die Zivilkammern sind, soweit nicht nach den Vorschriften der Prozeßgesetze an Stelle der Kammer der Einzelrichter zu entscheiden hat, mit drei Mitgliedern einschließlich des Vorsitzenden besetzt.

§ 76 (77 S. 2). Die Strafkammern entscheiden außerhalb der Hauptverhandlung in der Besetzung von drei Mitgliedern mit Einschluß der Vorsitzenden.

In der Hauptverhandlung ist die Strafkammer besetzt:

mit dem Vorsitzenden und zwei Schöffen (kleine Strafkammer), wenn sich die Berufung gegen ein Urteil des Amtsrichters richtet;

mit drei Richtern mit Einschluß des Vorsitzenden und zwei Schöffen (große Strafkammer), wenn sich die Berufung gegen ein Urteil des Schöffengerichts richtet.

§ 77 (—). Für die Schöffen der Strafkammer gelten entsprechend die Vorschriften über die Schöffen des Schöffengerichts mit folgender Maßgabe:

Die Landesjustizverwaltung verteilt die Zahl der erforderlichen Hauptschöffen auf die zum Bezirke des Landgerichts gehörenden Amtsgerichtsbezirke. Die Hilfsschöffen wählt der Ausschuß bei dem Amtsgericht, in dessen Bezirk das Landgericht seinen Sitz hat. Hat das Landgericht seinen Sitz außerhalb seines Bezirkes, so bestimmt die Landesjustizverwaltung, welcher Ausschuß der zum Bezirke des Landgerichts gehörigen Amtsgerichte die Hilfsschöffen wählt. Die Namen der gewählten Hauptschöffen und der Hilfsschöffen werden von dem Amtsrichter dem Landgerichtspräsidenten mitgeteilt. Der Landgerichtspräsident stellt die Namen der Hauptschöffen zur Jahresliste der Hauptschöffen zusammen.

An die Stelle des Amtsrichters tritt für die Auslosung der Reihenfolge, in der die Hauptschöffen an den einzelnen ordentlichen Sitzungen der Strafkammer teilnehmen, und für die Streichung eines Schöffen von der Jahresliste des Landgerichts der Landgerichtspräsident; im übrigen tritt an die Stelle des Amtsrichters der Vorsitzende der Strafkammer.

Niemand soll für dasselbe Geschäftsjahr zugleich als Schöffe für das Schöffengericht und für die Strafkammer bestimmt werden. Ist dies dennoch geschehen, oder ist jemand für dasselbe Geschäftsjahr in mehreren Bezirken zu diesen Ämtern bestimmt worden, so hat der Einberufene das Amt zu übernehmen, zu welchem er zuerst einberufen wird.

§ **78** (78). Durch Anordnung der Landesjustizverwaltung kann wegen großer Entfernung des Landgerichtssitzes bei einem Amtsgerichte für den Bezirk eines oder mehrerer Amtsgerichte eine Strafkammer gebildet und ihr für diesen Bezirk die gesamte Tätigkeit der Strafkammer des Landgerichts oder ein Teil dieser Tätigkeit zugewiesen werden.

Die Besetzung einer solchen Strafkammer erfolgt aus Mitgliedern des Landgerichts oder Amtsrichtern des Bezirkes, für welchen die Kammer gebildet wird. Der Vorsitzende wird ständig, die Amtsrichter werden auf die Dauer des Geschäftsjahrs durch die Landesjustizverwaltung berufen, die übrigen Mitglieder werden nach Maßgabe des § 63 durch das Präsidium des Landgerichts bezeichnet.

Die Landesjustizverwaltung verteilt die Zahl der erforderlichen Hauptschöffen auf die zum Bezirke der Strafkammer gehörenden Amtsgerichtsbezirke. Die Hilfsschöffen wählt der Ausschuß bei dem Amtsgerichte, bei dem die auswärtige Strafkammer gebildet worden ist. Die im § 77 dem Landgerichtspräsidenten zugewiesenen Geschäfte nimmt der Vorsitzende der Strafkammer wahr.

Sechster Titel: Schwurgerichte.

§ 79 (79). Für die Verhandlung und Entscheidung von Strafsachen treten bei den Landgerichten nach Bedarf Schwurgerichte zusammen.

§ 80 (80). Die Schwurgerichte sind zuständig für die Verbrechen, welche nicht vor das Reichsgericht oder vor das Amtsgericht gehören.

§ 81 (81). Das Schwurgericht besteht aus drei Richtern mit Einschluß des Vorsitzenden und sechs Geschworenen.

§ 82 (82). Die Richter und die Geschworenen entscheiden über die Schuld- und Straffrage gemeinschaftlich; während der Hauptverhandlung üben die Geschworenen das Richteramt im gleichen Umfang wie die Schöffen aus.

Außerhalb der Hauptverhandlung entscheiden während der Tagung die richterlichen Mitglieder des Schwurgerichts; außerhalb der Tagung entscheidet die Strafkammer des Landgerichts.

§ 83 (83). Vor Beginn des Geschäftsjahrs ernennt der Präsident des Oberlandesgerichts für jede Tagung des Schwurgerichts aus der Zahl der Mitglieder des Oberlandesgerichts oder der in seinem Bezirk angestellten Richter einen Vorsitzenden des Schwurgerichts.

In gleicher Weise ernennt der Präsident des Landgerichts für jede Tagung des Schwurgerichts aus der Zahl der Mitglieder des Landgerichts und der in seinem Bezirk angestellten Amtsrichter einen Stellvertreter des Vorsitzenden, die übrigen richterlichen Mitglieder und ihre Stellvertreter.

Wird im Laufe des Geschäftsjahrs eine Schwurgerichtstagung erforderlich, für die richterliche Mitglieder nicht ernannt worden sind, so können sie nachträglich ernannt werden. Ebenso können nachträglich Stellvertreter ernannt werden, wenn eine Vertretung erforderlich wird und die regelmäßigen Vertreter verhindert sind.

Solange noch nicht bestimmt ist, wann das Schwurgericht zusammentritt, erledigt der Vorsitzende der Strafkammer des Landgerichts die in diesem Gesetze und in der Strafprozeßordnung dem Vorsitzenden zugewiesenen Geschäfte. Das gleiche gilt, nachdem die Tagung geschlossen ist.

§ 84 (84). Für die Geschworenen gelten die auf die Schöffen bezüglichen Vorschriften der §§ 31 bis 57, 77 entsprechend mit den sich aus dem Abs. 2 und den §§ 85 bis 90 ergebenden Maßgaben.

Mindestens die Hälfte der zu einer Tagung heranzuziehenden Geschworenen müssen Männer sein.

§ 85 (86). Die Zahl der Hauptgeschworenen ist so zu bestimmen, daß voraussichtlich jeder Hauptgeschworene nur zu einer Tagung des Schwurgerichts im Geschäftsjahr herangezogen wird.

§ 86 (—). Die Reihenfolge, in der die Hauptgeschworenen an den Tagungen des Schwurgerichts teilnehmen, wird für das ganze Geschäftsjahr im voraus durch Auslosung bestimmt; der Präsident des Landgerichts setzt die Geschworenen von der Auslosung mit dem Hinzufügen in Kenntnis, daß ihnen darüber, ob und zu welchem Tage sie einberufen werden, eine weitere Nachricht zugehen werde.

§ 87 (—). Der Präsident des Landgerichts bestimmt, wann das Schwurgericht zusammentritt, und ordnet die Einberufung der Hauptgeschworenen für die einzelne Tagung nach der Reihenfolge ihrer Auslosung an; zwischen der Zustellung der Ladung und dem Beginne der Tagung soll eine Frist von zwei Wochen liegen.

§ 88 (94). Der Präsident des Landgerichts entscheidet über die von den Geschworenen vorgebrachten Ablehnungsgründe sowie darüber, ob ein Geschworener ferner zur Dienstleistung heranzuziehen ist.

§ 89 (95). Erstreckt sich eine Tagung des Schwurgerichts über den Endtermin des Geschäftsjahrs hinaus, so bleiben die Geschworenen, welche dazu einberufen sind, bis zum Schlusse der Tagung zur Mitwirkung verpflichtet.

§ 90 (97). Niemand soll für dasselbe Geschäftsjahr als Geschworener und als Schöffe bestimmt werden.

Ist dies dennoch geschehen, oder ist jemand für dasselbe Geschäftsjahr in mehreren Bezirken zu diesen Ämtern bestimmt worden, so hat der Einberufene das Amt zu übernehmen, zu welchem er zuerst einberufen wird.

§ 91 (98). Die Strafkammer des Landgerichts kann bestimmen, daß einzelne Sitzungen des Schwurgerichts nicht am Sitze des Landgerichts, sondern an einem anderen Orte innerhalb des Schwurgerichtsbezirkes abzuhalten seien.

Wird in einem solchen Falle die Zuziehung anderer als der zunächst berufenen Geschworenen erforderlich, so werden die Hilfsschöffen des für den Sitzungsort zuständigen Schöffengerichts nach Maßgabe des § 49 herangezogen.

§ 92 (99). Die Landesjustizverwaltung kann bestimmen, daß die Bezirke mehrerer Landgerichte zu einem Schwurgerichtsbezirke zusammengelegt und die Sitzungen des Schwurgerichts bei einem der Landgerichte abgehalten werden.

In diesem Falle hat das Landgericht, bei welchem die Sitzungen des Schwurgerichts abgehalten werden, und dessen Präsident die ihnen in den §§ 82 bis 91 zugewiesenen Geschäfte für den Umfang des Schwurgerichtsbezirkes wahrzunehmen.

Die Mitglieder des Schwurgerichts mit Einschluß des Stellvertreters des Vorsitzenden können aus der Zahl der im Bezirke des Schwurgerichts angestellten Richter bestimmt werden.

Die Zahl der erforderlichen Hauptgeschworenen wird auf sämtliche Amtsgerichte des Schwurgerichtsbezirkes verteilt.

§§ 93—114 betreffen lediglich die Kammern für Handelssachen.

Achter Titel: Oberlandesgerichte.

§ 115 (119). Die Oberlandesgerichte werden mit einem Präsidenten und der erforderlichen Anzahl von Senatspräsidenten und Räten besetzt.

§ 116 (120). Bei den Oberlandesgerichten werden Zivil- und Strafsenate gebildet.

§ 117 (121). Die Bestimmungen der §§ 62 bis 69 finden mit der Maßgabe Anwendung, daß zu dem Präsidium stets die beiden ältesten Mitglieder des Gerichts zuzuziehen sind.

§ 118 (122). Zu Hilfsrichtern dürfen nur ständig angestellte Richter berufen werden.

§ 119 (123 Nr. 1 u. 4). Die Oberlandesgerichte sind in bürgerlichen Rechtsstreitigkeiten zuständig für die Verhandlung und Entscheidung über die Rechtsmittel:

1. der Berufung gegen die Endurteile der Landgerichte,
2. der Beschwerde gegen Entscheidungen der Landgerichte.

§ 120 (—). Die Oberlandesgerichte sind zur Verhandlung und Entscheidung in erster und letzter Instanz in den Strafsachen zuständig, die gemäß § 134 Abs. 2 von dem Oberreichsanwalt an die Landesstaatsanwaltschaft abgegeben werden, oder in denen das Reichsgericht gemäß § 134 Abs. 3 bei Eröffnung des Hauptverfahrens die Verhandlung und Entscheidung dem Oberlandesgericht überweist. In den von dem Oberreichsanwalt an die Landesstaatsanwaltschaft abgegebenen Sachen trifft das Oberlandesgericht auch die im § 73 Abs. 1 bezeichneten Entscheidungen.

Für den Gerichtsstand gelten in diesen Fällen die allgemeinen Vorschriften. Sind jedoch in einem Lande mehrere Oberlandesgerichte errichtet, so können die im Abs. 1 den Oberlandesgerichten zugewiesenen Aufgaben durch die Landesjustizverwaltung einem oder einigen der Oberlandesgerichte oder dem Obersten Landesgericht übertragen werden. Durch Vereinbarung der beteiligten Landesjustizverwaltungen können diese Aufgaben dem hiernach zuständigen Gericht eines Landes auch für das Gebiet eines anderen Landes übertragen werden.

§ 121 (123). Die Oberlandesgerichte sind in Strafsachen ferner zuständig für die Verhandlung und Entscheidung über die Rechtsmittel.

1. der Revision gegen
   a) die mit der Berufung nicht anfechtbaren Urteile des Amtsrichters;
   b) die Urteile der kleinen Strafkammer;
   c) die Urteile der großen Strafkammer, wenn in erster Instanz das mit einem Richter und zwei Schöffen besetzte Schöffengericht entschieden hat;
   d) die Urteile der großen Strafkammer und der Schwurgerichte, wenn die Revision ausschließlich auf die Verletzung einer in den Landesgesetzen enthaltenen Rechtsnorm gestützt wird;

2. der Beschwerde gegen strafrichterliche Entscheidungen, soweit nicht die Zuständigkeit der Strafkammer oder des Reichsgerichts begründet ist.

§ 122 (124). Die Senate der Oberlandesgerichte entscheiden, soweit nicht nach den Vorschriften der Prozeßgesetze an Stelle des Senats der Einzelrichter zu entscheiden hat, in der Besetzung von drei Mitgliedern mit Einschluß des Vorsitzenden. Die Strafsenate sind in der Hauptverhandlung erster Instanz mit fünf Mitgliedern einschließlich des Vorsitzenden zu besetzen.

Neunter Titel: Reichsgericht.

§ 123 (125). Der Sitz des Reichsgerichts wird durch Gesetz bestimmt.[1]

1. Es ist Leipzig.

§ 124 (126). Das Reichsgericht wird mit einem Präsidenten und der erforderlichen Anzahl von Senatspräsidenten und Räten besetzt.

§ 125 (127). Der Präsident, die Senatspräsidenten und Räte werden auf Vorschlag des Reichsrats von dem Reichspräsidenten ernannt.

Zum Mitglied des Reichsgerichts kann nur ernannt werden, wer die Fähigkeit zum Richteramt in einem deutschen Lande erlangt und das fünfunddreißigste Lebensjahr vollendet hat.

Das Dienstalter der Mitglieder des Reichsgerichts richtet sich nach der Ernennung. Auf das Dienstalter ist die Zeit anzurechnen, die das Mitglied als Reichsanwalt, als Rechtsanwalt beim Reichsgericht oder als ordentlicher öffentlicher Lehrer des Rechtes an der deutschen Universität tätig gewesen ist.

Die §§ 126—129 regeln die Versetzung der Mitglieder des RG. in den Ruhestand.

§ 130 (132). Bei dem Reichsgerichte werden Zivil- und Strafsenate gebildet. Ihre Zahl bestimmt der Reichsminister der Justiz.

§ 131 (133). Die Bestimmungen der §§ 62 bis 69 finden mit der Maßgabe Anwendung, daß zu dem Präsidium die vier ältesten Mitglieder des Gerichts zuzuziehen sind.

§ 132 (134). Die Zuziehung von Hilfsrichtern ist unzulässig.

§ 133 (135). In bürgerlichen Rechtsstreitigkeiten ist das Reichsgericht zuständig für die Verhandlung und Entscheidung über die Rechtsmittel

1. der Revision gegen die Endurteile der Oberlandesgerichte sowie gegen die Endurteile der Landgerichte im Falle des § 566a der Zivilprozeßordnung,
2. der Beschwerde gegen Entscheidungen der Oberlandesgerichte in dem Falle des § 519b Abs. 2 der Zivilprozeßordnung.

§ 134 (136 Abs. 1 Nr. 1). In Strafsachen ist das Reichsgericht zuständig für die Untersuchung und Entscheidung in erster und letzter Instanz in den Fällen des Hochverrats, des Landesverrats und des Kriegsverrats gegen das Reich sowie der Verbrechen gegen die §§ 1, 3 des Gesetzes gegen den Verrat militärischer Geheimnisse vom 3. Juni 1914 (Reichsgesetzbl. S. 195). In diesen Sachen trifft das Reichsgericht auch die im § 73 Abs. 1 bezeichneten Entscheidungen.

In Landesverratssachen sowie bei Verbrechen gegen die §§ 1, 3 des Gesetzes gegen den Verrat militärischer Geheimnisse kann der Oberreichsanwalt die Strafverfolgung an die Landesstaatsanwaltschaft abgeben. Es sollen nur Strafsachen von minderer Bedeutung abgegeben werden.

Das Reichsgericht kann in den im Abs. 2 bezeichneten Sachen bei der Eröffnung des Hauptverfahrens die Verhandlung und Entscheidung dem Oberlandesgericht überweisen, wenn der Oberreichsanwalt es bei der Einreichung der Anklageschrift beantragt; auf den Antrag findet Abs. 2 Satz 2 entsprechende Anwendung.

§ 135 (136 Abs. 1 Nr. 2). In Strafsachen ist das Reichsgericht ferner zuständig zur Verhandlung und Entscheidung über das Rechtsmittel der Revision gegen die Urteile der Schwurgerichte und der großen Strafkammer, soweit nicht die Zuständigkeit der Oberlandesgerichte begründet ist.

§ 136 (137). Will in einer Rechtsfrage ein Zivilsenat von der Entscheidung eines anderen Zivilsenats oder der vereinigten Zivilsenate oder ein Strafsenat von der Entscheidung eines anderen Strafsenats oder der vereinigten Strafsenate abweichen, so ist über die streitige Rechtsfrage im ersteren Falle eine solche der vereinigten Strafsenate einzuholen.

Einer Entscheidung der Rechtsfrage durch das Plenum bedarf es, wenn ein Zivilsenat von der Entscheidung eines Strafsenats oder der vereinigten Strafsenate oder ein Strafsenat von der Entscheidung eines Zivilsenats oder der vereinigten Zivilsenate oder ein Senat von der früher eingeholten Entscheidung des Plenums abweichen will.

Die Entscheidung der Rechtsfrage durch die vereinigten Senate oder das Plenum ist in der zu entscheidenden Sache bindend. Sie erfolgt in allen Fällen ohne vorgängige mündliche Verhandlung.

Vor der Entscheidung der vereinigten Strafsenate oder der des Plenums sowie in Ehe- und Entmündigungssachen und in Rechtsstreitigkeiten, welche die Feststellung des Rechtsverhältnisses zwischen Eltern und Kindern oder die Anfechtung einer Todeserklärung zum Gegenstande haben, ist der Oberreichsanwalt mit seinen schriftlichen Anträgen zu hören.

Soweit die Entscheidung der Sache eine vorgängige mündliche Verhandlung erfordert, erfolgt sie durch den erkennenden Senat auf Grund einer erneuten mündlichen Verhandlung, zu welcher die Prozeßbeteiligten von Amts wegen unter Mitteilung der ergangenen Entscheidung der Rechtsfrage zu laden sind.

§ 137 (138).[1]

1. Aufgehoben. Ges. vom 31. März 1926 (RGBl. I S. 190).

§ 138 (139). Zur Fassung von Plenarentscheidungen und von Entscheidungen der vereinigten Zivil- oder Strafsenate ist die Teilnahme von mindestens zwei Dritteilen aller Mitglieder mit Einschluß des Vorsitzenden erforderlich.

Die Zahl der Mitglieder, welche eine entscheidende Stimme führen, muß eine ungerade sein.

Ist die Zahl der anwesenden Mitglieder eine gerade, so hat der Rat, welcher dem Dienstalter nach, und bei gleichem Dienstalter der, welcher der Geburt nach der jüngere ist, oder, wenn dieser Berichterstatter ist, der nächstältere kein Stimmrecht.

§ 139 (140). Die Senate des Reichsgerichts entscheiden in der Besetzung von fünf Mitgliedern mit Einschluß des Vorsitzenden. In erster Instanz entscheiden die Strafsenate außerhalb der Hauptverhandlung in einer Besetzung von drei Mitgliedern mit Einschluß des Vorsitzenden.

§ 140 (141). Der Geschäftsgang wird durch eine Geschäftsordnung geregelt, welche das Plenum auszuarbeiten und dem Reichsrat zur Bestätigung vorzulegen hat.

Zehnter Titel: Staatsanwaltschaft.

§ 141 (142). Bei jedem Gerichte soll eine Staatsanwaltschaft bestehen.

§ 142 (143). Das Amt der Staatsanwaltschaft wird ausgeübt:

1. bei dem Reichsgerichte durch einen Oberreichsanwalt und durch einen oder mehrere Reichsanwälte;
2. bei den Oberlandesgerichten, den Landgerichten und den Schwurgerichten durch einen oder mehrere Staatsanwälte;
3. bei den Amtsgerichten und den Schöffengerichten durch einen oder mehrere Staatsanwälte oder Amtsanwälte.

Die Zuständigkeit der Amtsanwälte erstreckt sich nicht auf das amtsrichterliche Verfahren zur Vorbereitung der öffentlichen Klage in den Strafsachen, welche zur Zuständigkeit anderer Gerichte als der Amtsgerichte gehören.

§ 143 (144). Die örtliche Zuständigkeit der Beamten der Staatsanwaltschaft wird durch die örtliche Zuständigkeit des Gerichts bestimmt, für welches sie bestellt sind.

Ein unzuständiger Beamter der Staatsanwaltschaft hat sich den innerhalb seines Bezirkes vorzunehmenden Amtshandlungen zu unterziehen, bei denen Gefahr im Verzug obwaltet.

Können die Beamten der Staatsanwaltschaft verschiedener Länder sich nicht darüber einigen, wer von ihnen die Verfolgung zu übernehmen hat, so entscheidet der ihnen gemeinsam vorgesetzte Beamte der Staatsanwaltschaft und in Ermangelung eines solchen der Oberreichsanwalt.

§ 144 (145). Besteht die Staatsanwaltschaft eines Gerichts aus mehreren Beamten, so handeln die dem ersten Beamten beigeordneten Personen als dessen Vertreter; sie sind, wenn sie für ihn auftreten, zu allen Amtsverrichtungen desselben ohne den Nachweis eines besonderen Auftrags berechtigt.

§ 145 (146). Die ersten Beamten der Staatsanwaltschaft bei den Oberlandesgerichten und den Landgerichten sind befugt, bei allen Gerichten ihres Bezirkes die Amtsverrichtungen der

Staatsanwaltschaft selbst zu übernehmen oder mit ihrer Wahrnehmung einen anderen als den zunächst zuständigen Beamten zu beauftragen.[1]

Amtsanwälte können das Amt der Staatsanwaltschaft nur bei den Amtsgerichten und den Schöffengerichten versehen.

1. Die Bearbeitung der Jugendsachen ist bei jeder StA. tunlichst in den Händen bestimmter Beamter zu vereinen, § 21 des JugendgerichtsG. vom 16. Februar 1923 (RGBl. I S. 135).

§ 146 (147). Die Beamten der Staatsanwaltschaft haben den dienstlichen Anweisungen ihres Vorgesetzten nachzukommen.

In den Sachen, für welche das Reichsgericht in erster und letzter Instanz zuständig ist, haben alle Beamte der Staatsanwaltschaft den Anweisungen des Oberreichsanwalts Folge zu leisten.

§ 147 (148). Das Recht der Aufsicht und Leitung steht zu:
1. dem Reichsminister der Justiz hinsichtlich des Oberreichsanwalts und der Reichsanwälte;
2. der Landesjustizverwaltung hinsichtlich aller staatsanwaltschaftlichen Beamten des betreffenden Landes;
3. den ersten Beamten der Staatsanwaltschaft bei den Oberlandesgerichten und den Landgerichten hinsichtlich aller Beamten der Staatsanwaltschaft ihres Bezirkes.

§ 148 (149). Der Oberreichsanwalt und die Reichsanwälte sind nichtrichterliche Beamte.

Zu diesen Ämtern, sowie zu dem Amte eines Staatsanwalts können nur zum Richteramte befähigte Beamte ernannt werden.

§ 149 (150). Der Oberreichsanwalt und die Reichsanwälte werden auf Vorschlag des Reichsrats vom Reichspräsidenten ernannt. Für die Versetzung in den Ruhestand und das zu gewährende Ruhegehalt finden die Vorschriften des § 128 entsprechende Anwendung.

Der Oberreichsanwalt und die Reichsanwälte können durch Verfügung des Reichspräsidenten jederzeit mit Gewährung des gesetzlichen Wartegeldes einstweilig in den Ruhestand versetzt werden.

§ 150 (151). Die Staatsanwaltschaft ist in ihren Amtsverrichtungen von den Gerichten unabhängig.

§ 151 (152). Die Staatsanwälte dürfen richterliche Geschäfte nicht wahrnehmen. Auch darf ihnen eine Dienstaufsicht über die Richter nicht übertragen werden.

§ 152 (153). Die Beamten des Polizei- und Sicherheitsdienstes sind Hilfsbeamte der Staatsanwaltschaft und sind in dieser Eigenschaft verpflichtet, den Anordnungen der Staatsanwälte ihres Bezirkes und der diesen vorgesetzten Beamten Folge zu leisten.[1]

Die nähere Bezeichnung der Beamtenklassen, auf welche diese Bestimmung Anwendung findet, erfolgt durch die Landesregierungen.[2]

1. Die zu Hilfsbeamten der StA. bestellten Beamten des Polizei- und Sicherheitsdienstes sind zugleich auch Hilfsbeamte des Oberreichsanwalts, dessen Anordnungen sie mithin gleichfalls Folge zu leisten haben.

2. Über die Bestellung zu Hilfsbeamten der StA. sind in den einzelnen Ländern verschiedenartige Bestimmungen getroffen. Vgl. Anm. 5 zu § 98 StPO.

Elfter Titel: Geschäftsstelle.

§ 153 (154). Bei jedem Gerichte wird eine Geschäftsstelle eingerichtet, die mit der erforderlichen Anzahl von Urkundsbeamten besetzt wird. Die Geschäftseinrichtung bei dem Reichsgerichte wird durch den Reichsminister der Justiz, bei den Landesgerichten durch die Landesjustizverwaltung bestimmt.[1]

1. Der Wortlaut des § 153 beruht auf Art. 1 des Gesetzes vom 9. Juli 1927 (RGBl. I S. 175). Ferner bestimmt Art. 2 dieses Gesetzes: Im übrigen werden in den Gesetzen und Verordnungen des Reichs, vorbehaltlich der Bestimmung im Abs. 2, die Bezeichnung „Gerichtsschreiberei" durch „Geschäftsstelle" und „Gerichtsschreiber" durch „Urkundsbeamter der Geschäftsstelle" ersetzt.

Die Reichsregierung wird ermächtigt, die von der Änderung betroffenen Vorschriften, soweit dies erforderlich ist, anderweit zu fassen und dabei das Wort „Gerichtsschreiber" durch „Urkundsbeamter" oder „Geschäftsstelle" oder durch „Protokollführer" zu ersetzen.

Art. 3: In den Gesetzen und Verordnungen des Reichs wird die Bezeichnung „Gerichtsdiener" durch „Gerichtswachtmeister" ersetzt.

Art. 4: Die in Art. 1, 2 Abs. 1 und Art. 3 enthaltenen Vorschriften sowie die von der Reichsregierung auf Grund des Art. 2 Abs. 2 zu erlassende Bekanntmachung treten mit dem 1. Januar 1928 in Kraft.

Zwölfter Titel: Zustellungs- und Vollstreckungsbeamte.

§ 154 (155). Die Dienst- und Geschäftsverhältnisse der mit den Zustellungen, Ladungen und Vollstreckungen zu betrauenden Beamten (Gerichtsvollzieher) werden bei dem Reichsgerichte durch den Reichsminister der Justiz, bei den Landesgerichten durch die Landesjustizverwaltung bestimmt.

§ 155 (156). Der Gerichtsvollzieher ist von der Ausübung seines Amts kraft Gesetzes ausgeschlossen:

I. in bürgerlichen Rechtsstreitigkeiten:
 1. wenn er selbst Partei oder gesetzlicher Vertreter einer Partei ist, oder zu einer Partei in dem Verhältnis eines Mitberechtigten, Mitverpflichteten oder Schadensersatzpflichtigen steht;
 2. wenn sein Ehegatte Partei ist, auch wenn die Ehe nicht mehr besteht;
 3. wenn eine Person Partei ist, mit welcher er in gerader Linie verwandt, verschwägert oder durch Annahme an Kindes Statt verbunden, in der Seitenlinie bis zum dritten Grade verwandt oder bis zum zweiten Grade verschwägert ist, auch wenn die Ehe, durch welche die Schwägerschaft begründet ist, nicht mehr besteht;

II. in Strafsachen:
 1. wenn er selbst durch die strafbare Handlung verletzt ist;
 2. wenn er der Ehegatte des Beschuldigten oder Verletzten ist oder gewesen ist;
 3. wenn er mit dem Beschuldigten oder Verletzten in dem vorstehend unter Nr. I 3 bezeichneten Verwandtschafts- oder Schwägerschaftsverhältnisse steht.

Dreizehnter Titel: Rechtshilfe.

§ 156 (157). Die Gerichte haben sich in bürgerlichen Rechtsstreitigkeiten und in Strafsachen Rechtshilfe zu leisten.

§ 157 (158). Das Ersuchen um Rechtshilfe ist an das Amtsgericht zu richten, in dessen Bezirk die Amtshandlung vorgenommen werden soll.

§ 158 (159). Das Ersuchen darf nicht abgelehnt werden. Das Ersuchen eines nicht im Instanzenzuge vorgesetzten Gerichts ist jedoch abzulehnen, wenn dem ersuchten Gerichte die örtliche Zuständigkeit mangelt oder die vorzunehmende Handlung nach dem Rechte des ersuchten Gerichts verboten ist.

§ 159 (160). Wird das Ersuchen abgelehnt oder wird der Vorschrift des § 158 Abs. 2 zuwider dem Ersuchen stattgegeben, so entscheidet das Oberlandesgericht, zu dessen Bezirk das ersuchte Gericht gehört. Eine Anfechtung dieser Entscheidung findet nur statt, wenn sie die Rechtshilfe für unzulässig erklärt und das ersuchende und ersuchte Gericht den Bezirken verschiedener Oberlandesgerichte angehören. Über die Beschwerde entscheidet das Reichsgericht.

Die Entscheidungen erfolgen auf Antrag der Beteiligten oder des ersuchenden Gerichts ohne vorgängige mündliche Verhandlung.

§ 160 (161). Die Herbeiführung der zum Zwecke von Vollstreckungen, Ladungen und Zustellungen erforderlichen Handlungen erfolgt nach Vorschrift der Prozeßordnungen ohne Rücksicht darauf, ob die Handlungen in dem Lande, welchem das Prozeßgericht angehört, oder in einem anderen deutschen Lande vorzunehmen sind.[1]

1. Auch die Polizeibehörden sind verpflichtet, auf Ersuchen der StA. und des Untersuchungsrichters derartige Handlungen vorzunehmen.

§ 161 (162). Gerichte, Staatsanwaltschaften und Geschäftsstellen der Gerichte können wegen Erteilung eines Auftrags an einen Gerichtsvollzieher die Mitwirkung der Geschäftsstelle des Amtsgerichts in Anspruch nehmen, in dessen Bezirk der Auftrag ausgeführt werden soll. Der von der Geschäftsstelle[1] beauftragte Gerichtsvollzieher gilt als unmittelbar beauftragt.

1. Vgl. Anm. 1 zu § 153.

§ 162 (163). Eine Freiheitsstrafe, welche die Dauer von sechs Wochen nicht übersteigt, ist in dem Lande zu vollstrecken, in welchem der Verurteilte sich befindet.

§ 163 (164). Soll eine Freiheitsstrafe in dem Bezirk eines anderen Gerichts vollstreckt oder ein in dem Bezirk eines anderen Gerichts befindlicher Verurteilter zum Zwecke der Strafverbüßung ergriffen und abgeliefert werden, so ist die Staatsanwaltschaft bei dem Landgerichte des Bezirkes um die Ausführung zu ersuchen.

§ 164 (165). Im Falle der Rechtshilfe unter den Behörden verschiedener deutscher Länder sind die baren Auslagen, welche durch eine Ablieferung oder Strafvollstreckung entstehen, der ersuchten Behörde von der ersuchenden zu erstatten.

Im übrigen werden Kosten der Rechtshilfe von der ersuchenden Behörde nicht erstattet.

Ist eine zahlungspflichtige Partei vorhanden, so sind die Kosten von ihr durch die ersuchende Behörde zu übersenden.

Stempel-, Einregistrierungsgebühren oder andere öffentliche Abgaben, welchen die von der ersuchenden Behörde übersendeten Schriftstücke (Urkunden, Protokolle) nach dem Rechte der ersuchten Behörde unterliegen, bleiben außer Ansatz.

§ 165 (166). Für die Höhe der den geladenen Zeugen und Sachverständigen gebührenden Beträge[1] sind die Bestimmungen maßgebend, welche bei dem Gerichte gelten, vor welches die Ladung erfolgt.

Sind die Beträge nach dem Rechte des Aufenthaltsorts der geladenen Personen höher, so können die höheren Beträge gefordert werden.

Bei weiterer Entfernung des Aufenthaltsorts der geladenen Personen ist ihnen auf Antrag ein Vorschuß zu bewilligen.

1. Gilt nur für die Gerichte.

§ 166 (167). Ein Gericht darf Amtshandlungen außerhalb seines Bezirkes ohne Zustimmung des Amtsgerichts des Ortes nur vornehmen, wenn Gefahr im Verzuge obwaltet. In diesem Falle ist dem Amtsgerichte des Ortes Anzeige zu machen.

§ 167 (168). Die Sicherheitsbeamten eines deutschen Landes sind ermächtigt, die Verfolgung eines Flüchtigen auf das Gebiet eines anderen deutschen Landes fortzusetzen[1] und den Flüchtigen daselbst zu ergreifen.[2, 3]

Der Ergriffene ist unverzüglich an das nächste Gericht oder die nächste Polizeibehörde des Landes, in welchem er ergriffen wurde, abzuführen.[4, 5]

1. Das durch diese Vorschrift begründete Recht der Polizei zur sogenannten „Nacheile" gewährt den Polizeibeamten auch die Befugnis, eine flüchtige Person durch mehrere deutsche Länder hindurch zu verfolgen.

2. Die Verfolgung ist auch zu dem alleinigen Zweck der Feststellung der Persönlichkeit des Flüchtigen zulässig, ohne daß eine gleichzeitige Ergreifung beabsichtigt zu sein braucht.

3. Unter „Verfolgung" sind alle auf Ergreifung des Flüchtigen gerichteten Maßnahmen zu verstehen.

Beispiel: *Der reisende Handwerksbursche Hoffmann ist des Mordes an dem Altwarenhändler Schulze in Dresden verdächtig und wird von der Kriminalpolizei Dresden gesucht. Der bei dieser Behörde beschäftigte Kriminalsekretär Müller erfährt, daß Hoffmann mit einem Privatkraftwagen von Dresden aus nach Berlin fahren will. Müller ist befugt, die sächsisch-preußische Grenze zu überschreiten und den von Dresden nach Berlin führenden Weg auch auf dem preußischen Gebietsteil zwecks Aufhaltung des Kraftwagens im voraus zu besetzen.*

4. Die in Abs. 2 vorgeschriebene Abführung des ergriffenen Flüchtigen muß auch erfolgen, wenn die ergriffene Person hierauf verzichtet und sich mit ihrer unmittelbaren Überführung an die Behörde des nacheilenden Beamten einverstanden erklärt.

5. Nach der Abführung der ergriffenen Person gelten für das weitere Verfahren die §§ 127 ff. StPO.

§ 168 (169). Die in einem deutschen Lande bestehenden Vorschriften über die Mitteilung von Akten einer öffentlichen Behörde an ein Gericht dieses Landes kommen auch dann zur Anwendung, wenn das ersuchende Gericht einem anderen deutschen Lande angehört.

Vierzehnter Titel: Öffentlichkeit und Sitzungspolizei.

§ 169 (170). Die Verhandlung vor dem erkennenden Gerichte, einschließlich der Verkündung der Urteile und Beschlüsse, ist öffentlich.

§ 170 (171). In Ehesachen ist die Öffentlichkeit auszuschließen, wenn eine der Parteien es beantragt.

§ 171 (172). In dem auf die Klage wegen Anfechtung oder Wiederaufhebung der Entmündigung einer Person wegen Geisteskrankheit oder wegen Geistesschwäche eingeleiteten Verfahren (§§ 664, 679 der Zivilprozeßordnung) ist die Öffentlichkeit während der Vernehmung des Entmündigten auszuschließen, auch kann auf Antrag einer der Parteien die Öffentlichkeit der Verhandlung überhaupt ausgeschlossen werden.

Das Verfahren wegen Entmündigung oder Wiederaufhebung der Entmündigung (§§ 645 bis 663, 675 bis 678 der Zivilprozeßordnung) ist nicht öffentlich.

§ 172 (173). In allen Sachen kann durch das Gericht für die Verhandlung oder für einen Teil davon die Öffentlichkeit ausgeschlossen werden, wenn sie eine Gefährdung der öffentlichen Ordnung, insbesondere der Staatssicherheit, oder eine Gefährdung der Sittlichkeit besorgen läßt.

§ 173 (174). Die Verkündung der Urteils erfolgt in jedem Falle öffentlich.

Durch einen besonderen Beschluß des Gerichts kann für die Verkündung der Urteilsgründe oder eines Teiles davon die Öffentlichkeit ausgeschlossen werden, wenn sie eine Gefährdung der Staatssicherheit oder eine Gefährdung der Sittlichkeit besorgen läßt.

§ 174 (175). Die Verhandlung über die Ausschließung der Öffentlichkeit findet in nicht öffentlicher Sitzung statt, wenn ein Beteiligter es beantragt oder das Gericht es für angemessen erachtet. Der Beschluß, welcher die Öffentlichkeit ausschließt, muß öffentlich verkündet werden. Bei der Verkündung ist anzugeben, ob die Ausschließung wegen Gefährdung der öffentlichen Ordnung, insbesondere wegen Gefährdung der Staatssicherheit, oder ob sie wegen Gefährdung der Sittlichkeit erfolgt.

Ist die Öffentlichkeit wegen Gefährdung der Staatssicherheit ausgeschlossen, so kann das Gericht den anwesenden Personen die Geheimhaltung von Tatsachen, welche durch die Verhandlung, durch die Anklageschrift oder durch andere amtliche Schriftstücke des Prozesses zu ihrer Kenntnis gelangen, zur Pflicht machen. Der Beschluß ist in das Sitzungsprotokoll aufzunehmen. Gegen ihn findet Beschwerde statt. Die Beschwerde hat keine aufschiebende Wirkung.

§ 175 (176). Der Zutritt zu öffentlichen Verhandlungen kann unerwachsenen und solchen Personen versagt werden, welche sich nicht im Besitze der bürgerlichen Ehrenrechte befinden, oder welche in einer der Würde des Gerichts nicht entsprechenden Weise erscheinen.

Zu nicht öffentlichen Verhandlungen kann der Zutritt einzelnen Personen vom Gerichte gestattet werden. Einer Anhörung der Beteiligten bedarf es nicht.

Die Ausschließung der Öffentlichkeit steht der Anwesenheit der die Dienstaufsicht führenden Beamten der Justizverwaltung bei den Verhandlungen vor dem erkennenden Gerichte nicht entgegen.

§ 176 (177). Die Aufrechterhaltung der Ordnung in der Sitzung liegt dem Vorsitzenden ob.

§ 177 (178). Parteien, Beschuldigte, Zeugen, Sachverständige oder bei der Verhandlung nicht beteiligte Personen, welche den zur Aufrechterhaltung der Ordnung erlassenen Befehlen nicht gehorchen, können auf Beschluß des Gerichts aus dem Sitzungszimmer entfernt, auch zur Haft abgeführt und während einer in dem Beschlusse zu bestimmenden Zeit, welche vierundzwanzig Stunden nicht übersteigen darf, festgehalten werden.

§ 178 (179). Das Gericht kann gegen Parteien, Beschuldigte, Zeugen, Sachverständige oder bei der Verhandlung nicht beteiligte Personen, welche sich in der Sitzung einer Ungebühr schuldig machen, vorbehaltlich der strafgerichtlichen Verfolgung, eine Ordnungsstrafe in Geld oder bis zu drei Tagen Haft festsetzen oder sofort vollstrecken lassen.

§ 179 (181). Die Vollstreckung der vorstehend bezeichneten Ordnungsstrafen hat der Vorsitzende unmittelbar zu veranlassen.

§ 180 (182). Die in den §§ 176 bis 179 bezeichneten Befugnisse stehen auch einem einzelnen Richter bei der Vornahme von Amtshandlungen außerhalb der Sitzung zu.

§ 181 (183). Ist in den Fällen der §§ 178 und 180 eine Ordnungsstrafe festgesetzt, so findet binnen der Frist von einer Woche nach der Bekanntmachung der Entscheidung Beschwerde statt, sofern die Entscheidung nicht von dem Reichsgericht oder einem Oberlandesgerichte getroffen ist.

Die Beschwerde hat in dem Falle des § 178 keine aufschiebende Wirkung, in dem Falle des § 180 aufschiebende Wirkung.

Über die Beschwerde entscheidet das Oberlandesgericht.

§ 182 (184). Ist eine Ordnungsstrafe wegen Ungebühr festgesetzt, oder eine Person zur Haft abgeführt, oder eine bei der Verhandlung beteiligte Person entfernt worden, so ist der Beschluß des Gerichts und dessen Veranlassung in das Protokoll aufzunehmen.

§ 183 (185). Wird eine strafbare Handlung in der Sitzung begangen, so hat das Gericht den Tatbestand festzustellen und der zuständigen Behörde das darüber aufgenommene Protokoll mitzuteilen. In geeigneten Fällen ist die vorläufige Festnahme des Täters zu verfügen.

Fünfzehnter Titel: Gerichtssprache.

§ 184 (186). Die Gerichtssprache ist deutsch.

§ 185 (187). Wird unter Beteiligung von Personen verhandelt, welche der deutschen Sprache nicht mächtig sind, so ist ein Dolmetscher zuzuziehen. Die Führung eines Nebenprotokolls in der fremden Sprache findet nicht statt; jedoch sollen Aussagen und Erklärungen in fremder Sprache, wenn und soweit der Richter dies mit Rücksicht auf die Wichtigkeit der Sache für erforderlich erachtet, auch in der fremden Sprache in das Protokoll oder in eine Anlage niedergeschrieben werden. In den dazu geeigneten Fällen soll dem Protokoll eine durch den Dolmetscher zu beglaubigende Übersetzung beigefügt werden.

Die Zuziehung eines Dolmetschers kann unterbleiben, wenn die beteiligten Personen sämtlich der fremden Sprache mächtig sind.

§ 186 (188). Zur Verhandlung mit tauben oder stummen Personen ist, sofern nicht eine schriftliche Verständigung erfolgt, eine Person als Dolmetscher zuzuziehen, mit deren Hilfe die Verständigung in anderer Weise erfolgen kann.

§ 187 (189). Ob einer Partei, welche taub ist, bei der mündlichen Verhandlung der Vortrag zu gestatten sei, bleibt dem Ermessen des Gerichts überlassen.

Dasselbe gilt in Anwaltsprozessen von einer Partei, die der deutschen Sprache nicht mächtig ist.

§ 188 (190). Personen, welche der deutschen Sprache nicht mächtig sind, leisten Eide in der ihnen geläufigen Sprache.

§ 189 (191). Der Dolmetscher hat einen Eid dahin zu leisten:

daß er treu und gewissenhaft übertragen werde.

Ist der Dolmetscher für Übertragungen der betreffenden Art im allgemeinen beeidigt, so genügt die Berufung auf den geleisteten Eid.

§ 190 (192). Der Dienst des Dolmetschers kann von dem Urkundsbeamten der Geschäftsstelle[1] wahrgenommen werden. Einer besonderen Beeidigung bedarf es nicht.

1. Vgl. Anm. 1 zu § 153.

§ 191 (193). Auf den Dolmetscher finden die Bestimmungen über Ausschließung und Ablehnung der Sachverständigen entsprechende Anwendung. Die Entscheidung erfolgt durch das Gericht oder den Richter, von welchem der Dolmetscher zugezogen ist.

Sechzehnter Titel: Beratung und Abstimmung.

§ 192 (194). Bei Entscheidungen dürfen Richter nur in der gesetzlich bestimmten Anzahl mitwirken.

Bei Verhandlungen von längerer Dauer kann der Vorsitzende die Zuziehung von Ergänzungsrichtern anordnen, welche der Verhandlung beizuwohnen und im Falle der Verhinderung eines Richters für ihn einzutreten haben.

Die vorstehenden Bestimmungen finden auch auf Schöffen und Geschworene Anwendung.

§ 193 (195). Bei der Beratung und Abstimmung dürfen außer den zur Entscheidung berufenen Richtern nur die bei demselben Gerichte zu ihrer juristischen Ausbildung beschäftigten Personen zugegen sein, soweit der Vorsitzende deren Anwesenheit gestattet.

§ 194 (196). Der Vorsitzende leitet die Beratung, stellt die Fragen und sammelt die Stimmen.

Meinungsverschiedenheiten über den Gegenstand, die Fassung und die Reihenfolge der Fragen oder über das Ergebnis der Abstimmung entscheidet das Gericht.

§ 195 (197). Kein Richter, Schöffe oder Geschworener darf die Abstimmung über eine Frage verweigern, weil er bei der Abstimmung über eine vorhergegangene Frage in der Minderheit geblieben ist.

§ 196 (198). Die Entscheidungen erfolgen, soweit das Gesetz nicht ein anderes bestimmt, nach der absoluten Mehrheit der Stimmen.

Bilden sich in Beziehung auf Summen, über welche zu entscheiden ist, mehr als zwei Meinungen, deren keine die Mehrheit für sich hat, so werden die für die größte Summe abgegebenen Stimmen den für die zunächst geringere abgegebenen so lange hinzugerechnet, bis sich eine Mehrheit ergibt.

Bilden sich in einer Strafsache, von der Schuldfrage abgesehen, mehr als zwei Meinungen, deren keine die erforderliche Mehrheit für sich hat, so werden die dem Beschuldigten nachteiligsten Stimmen den zunächst minder nachteiligen so lange hinzugerechnet, bis sich die erforderliche Mehrheit ergibt. Bilden sich in der Straffrage zwei Meinungen, ohne daß eine die erforderliche Mehrheit für sich hat, so gilt die mildere Meinung. Ergibt sich in dem mit zwei Richtern und zwei Schöffen besetzten Schöffengerichte, von der Schuld- und Straffrage abgesehen, Stimmengleichheit, so gibt die Stimme des Vorsitzenden den Ausschlag.

§ 197 (199). Die Richter stimmen nach dem Dienstalter, bei gleichem Dienstalter nach dem Lebensalter, Handelsrichter, Schöffen und Geschworenen nach dem Lebensalter; der jüngere stimmt vor dem älteren. Die Schöffen und Geschworenen stimmen vor den Richtern. Wenn ein Berichterstatter ernannt ist, so stimmt er zuerst. Zuletzt stimmt der Vorsitzende.

§ 198 (200). Schöffen und Geschworene sind verpflichtet, über den Hergang bei der Beratung und Abstimmung Stillschweigen zu beobachten.

Siebzehnter Titel: Gerichtsferien.

§ 199 (201). Die Gerichtsferien beginnen am 15. Juli und endigen am 15. September.

§ 200 (202). Während der Ferien werden nur in Feriensachen Termine abgehalten und Entscheidungen erlassen.

Feriensachen sind:

1. Strafsachen;
2. Arrestsachen und die eine einstweilige Verfügung betreffenden Sachen;
3. Meß- und Marktsachen;
3. Streitigkeiten zwischen dem Vermieter und dem Mieter oder Untermieter von Wohnräumen oder anderen Räumen oder zwischen dem Mieter und dem Untermieter solcher Räume wegen Überlassung, Benutzung oder Räumung sowie wegen Zurückhaltung der von dem Mieter oder dem Untermieter in die Mietsräume eingebrachten Sachen;
5. Streitigkeiten zwischen Dienstherrschaft und Gesinde, zwischen Arbeitgebern und Arbeitern hinsichtlich des Dienst- oder Arbeitsverhältnisses sowie die im § 4 Nr. 1 bis 4 des

Gewerbegerichtsgesetzes in der Fassung der Bekanntmachung vom 29. September 1901 (Reichsgesetzbl. S. 353) und des Gesetzes vom 14. Januar 1922 (Reichsgesetzbl. I S. 155) und im § 5 Nr. 1 bis 4 des Gesetzes, betreffend Kaufmannsgerichte, vom 6. Juli 1904 (Reichsgesetzbl. S. 266) in der Fassung des Gesetzes vom 14. Januar 1922 (Reichsgesetzbl. I S. 155) bezeichneten Streitigkeiten.

6. Ansprüche aus dem außerehelichen Beischlaf;
7. Wechselsachen;
8. Regreßansprüche aus einem Scheck;
9. Bausachen, wenn über Fortsetzung eines angefangenen Baues gestritten wird.

In dem Verfahren vor den Amtsgerichten hat das Gericht auf Antrag auch andere Sachen als Feriensachen zu bezeichnen. Werden in einer Sache, die durch Beschluß des Gerichts als Feriensache bezeichnet ist, in einem Termine zur mündlichen Verhandlung einander widersprechende Anträge gestellt, so ist der Beschluß aufzuheben, sofern die Sache nicht besonderer Beschleunigung bedarf.

In dem Verfahren vor den Landgerichten sowie in dem Verfahren in den höheren Instanzen soll das Gericht auf Antrag auch solche Sachen, welche nicht unter die Vorschrift des Abs. 1 fallen, soweit sie besonderer Beschleunigung bedürfen, als Feriensachen bezeichnen. Die Bezeichnung kann vorbehaltlich der Entscheidung des Gerichts durch den Vorsitzenden erfolgen.

§ 201 (203). Zur Erledigung der Feriensachen können bei den Landgerichten Ferienkammern, bei den Oberlandesgerichten und dem Reichsgerichte Feriensenate gebildet werden.

§ 202 (204). Auf das Kostenfestsetzungsverfahren, das Mahnverfahren, das Zwangsvollstreckungsverfahren und das Konkursverfahren sind die Ferien ohne Einfluß.

Sachregister.

(Die Zahlen bedeuten die Seiten.)